U0739378

欧洲大学博物馆及其收藏的特征与价值研究

〔葡〕玛塔·洛伦索/著
赵　轲/编译

电子科技大学出版社
University of Electronic Science and Technology of China Press
·成都·

图书在版编目(CIP)数据

欧洲大学博物馆及其收藏的特征与价值研究 /（葡）玛塔·洛伦索著；赵轲编译. — 成都：电子科技大学出版社，2023.5
ISBN 978-7-5770-0100-5

Ⅰ. ①欧… Ⅱ. ①玛… ②赵… Ⅲ. ①高等学校—博物馆—收藏—研究—欧洲 Ⅳ. ①G269.503

中国国家版本馆CIP数据核字（2023）第004753号

欧洲大学博物馆及其收藏的特征与价值研究
OUZHOU DAXUE BOWUGUAN JIQI SHOUCANG DE TEZHENG YU JIAZHI YANJIU
〔葡〕玛塔·洛伦索　著
赵　轲　编译

策划编辑　谢忠明
责任编辑　谢忠明

出版发行　电子科技大学出版社
　　　　　成都市一环路东一段159号电子信息产业大厦九楼　邮编 610051
主　　页　www.uestcp.com.cn
服务电话　028-83203399
邮购电话　028-83201495

印　　刷　四川煤田地质制图印务有限责任公司
成品尺寸　170mm×240mm
印　　张　18.5
字　　数　300千字
版　　次　2023年5月第1版
印　　次　2023年5月第1次印刷
书　　号　ISBN 978-7-5770-0100-5
定　　价　138.00元

译者的话

Onde a terra acaba e o mar começa.

陆止于此，海始于斯。

——葡萄牙诗人卡蒙斯

2019年5月，我从成都出发，经北京、阿姆斯特丹转机，在一个初夏的午后抵达葡萄牙首都里斯本，开始了关于大学博物馆的“行走”与“心灵之旅”。

玛塔·洛伦索帮我联系了欧洲最知名的几十座大学博物馆，并制定了一个详细的考察计划，希望藉此帮助我理解欧洲大学博物馆的发展框架，从而形成具有全球视野的大学博物馆建设者的眼界和思考方法。

玛塔的安排源于其本人十几年前的博士研究课题。她跨越欧洲、美洲、大洋洲，访问了不同国家的200多座博物馆，与不同国家的博物馆学者和工作人员进行交谈。在此基础上，她梳理了数千篇文献和书籍，对所有的调查报告和研究论文进行系统化地整理，重新分类、归纳，最终形成了一本关于欧洲的大学博物馆的研究论文——《两个世界之间：欧洲大学博物馆和藏品的独特性质及其当代意义》。这既是欧洲的大学博物馆起源和发展的历史，也是欧洲的科学探索和知识产生的历史。

在她的办公室里，我见到了这本论文，这也成为我欧洲调研之旅的“行动指南”。

大学博物馆的定位仿佛站在两个世界的十字路口，一边是“高等教育世界”，一边是“博物馆世界”。站在十字路口的中心，是陷入左右为难的尴尬与困境，还是积极拥抱这种更多选择和机会的自由？这是我们身处大学博物馆的工作者需要思考的问题，或许也是我们一生追寻的答案。

玛塔通过文字带领我们从历史角度循迹深挖，探寻身份认同与终极答案。本书有以下独特之处。第一，通过深入的、广泛的实地考察和调研，在国际视野下对西方的大学博物馆从时间维度进行梳理；第二，它的出现，使得欧洲的大学博物馆建立共同体并向外延伸；第三，玛塔的物理学背景，使她更能关注和理解自然历史类、科学类、医学类博物馆或收藏，也使本书在一个更为宏观的科学知识框架下叙述。其扎实的调查研究和与众不同的叙述架构吸引了我，在我结束调研之旅时，便向玛塔提出希望能将这本论文编译成书，在中国出版，将其分享给中国的学者、学生，她欣然同意。

我原本是学微电子专业的，职业中途进入大学博物馆领域。关于大学博物馆建设的知识体系均来自于实践，为期几个月的欧洲调研之旅以及在国际博物馆协会大学博物馆与收藏委员会的任职经历，更让我从实践层面建立起开放性的、全球性的博物馆知识体系。

本书的翻译和编辑，又使得我从实践回到理论，让我从两个维度——欧洲高等教育变迁和欧洲大学收藏所依托学科的发展，来理解大学博物馆及其收藏。欧洲的大学博物馆和收藏，历经几百年的发展后，最终又在“冥冥之中”与现代科学、教育、经济和社会汇合，其实质是人类在共同的科学知识框架下创造知识、传播知识的动态过程。

最后，特别感谢玛塔将她的学术成果委托给我，带到中文世界传播。同样也感谢一路遇见的欧洲大学博物馆的同行们。感谢他们愿意敞开心扉，热情洋溢地带我走进展厅、仓库、地下室、实验室，植物园、动物标本馆、解剖剧场，彻夜畅谈关于大学博物馆的一切。

特别感谢我的老师陈德利研究员的持续鼓励和悉心指导。感谢王念慈、郝聪婷、叶桂兰等同事的帮助并参与讨论，感谢殷绪玲同学的资料整理和认真校对。

感谢我的夫人、孩子和父母的支持，使我得以完成本书的学习、翻译和编辑。

赵　轲

于中国·成都

2023 年 5 月

前　言

对于典型的旅行者，大学博物馆及其藏品将拥有那些标题为《托斯卡纳的人迹罕至之处》或者《不为人知的巴黎》的旅行书般的吸引力。

——J. 黑尔

最近，莎莉·麦克唐纳（Sally MacDonald）回想了她第一次参观伦敦大学学院皮特里埃及考古学博物馆（以下简称皮特里博物馆）的情景。当时，她正在考虑应聘该博物馆的经理职位。三个星期以来，她一直徒劳地寻找这个博物馆。最后，她设法以潜在候选人的身份参加了一次面试。那是一个寒冷多雪的十二月的日子，她写道：

"……尽管在伦敦生活了十年，但我从未听说过那个博物馆。它被列在旅行指南和电话簿中，隶属于伦敦大学学院……，但电话总机工作人员不确定它是否对公众开放，博物馆分机就一直响个不停。后来发现，是我打电话的时机不对。在一年的大部分时间里，博物馆都因安全升级而闭馆。原因是位于展厅正下方的大学主锅炉产生强烈的柴油烟雾，曾经导致员工撤离。……门一打开，我就被某种感觉征服了，我找到了珍贵之物。去往博物馆的通道，其所在的建筑，是如此平淡无奇……，相比之下，其内容是如此非凡和多样，其陈列是如此丰富，但又如此枯燥——我必须申请这份工作。得到它，感觉仿佛得到了一把大金钥匙"[①]。

任何参观过皮特里博物馆的人，都会同意莎莉的观点。我第一次参观皮特里博物馆是在2002年，也是一个12月的早晨。我有好几张伦敦地图和从网上打印的资料，但仍花了将近一个小时才找到那条街。我进入一个大学餐厅，问一群学生是否知道皮特里博物馆在哪里，所有人都回答从未听说过。当我终于

① S. MacDonald, 2000.大学博物馆和公众：以皮特里博物馆为例.

找到博物馆时，那座建筑看起来格外模糊（虽然它有一个横幅）。

大学博物馆经常与其他学术机构共用建筑物，皮特里博物馆也不例外。它所在的大楼还设有图书馆、无数的部门办公室，当然还有前面描述的大学锅炉。进门后，我遇到了一名保安，他毫不客气地问“什么事”，好像我不应该出现在那儿一样。在我解释了在皮特里博物馆有预约面试后，他指了指某处楼梯。我走上去，发现一扇关着的门，上面谨慎地写着“皮特里埃及考古学博物馆”的字样。我按响了门铃，过了一会儿莎莉就来迎接我了。在那扇紧闭的门后面，是欧洲最杰出的、当然也是我所见过最杰出的埃及文物收藏之一。它自19世纪初弗林德斯·皮特里（Flinders Petrie）教授时代以来，就从未被触碰过。

在过去的三年里，我有幸参观了一部分欧洲最非凡的宝藏。与某些人的想法相反，我认为，不是只在国家级博物馆和档案馆的光环下才有宝藏，在莱比锡、里昂、帕维亚、波尔图、圣安德鲁斯、塔尔图、乌得勒支等许多大学中也可以找到宝藏。在博洛尼亚，我欣赏了建于1551年的阿尔德罗万迪（Aldrovandi）植物标本馆，它的中世纪晚期风格令人惊叹，装饰着金色和红色的图画以及缩写的首字母。在牛津，我瞧见了采采蝇（Glossina morsitans）的原始标本固定在利文斯通博士（Dr. Livingstone）亲笔写的标签上。在佛罗伦萨人类学博物馆，我亲眼看到了库克船长在他的18世纪探险之旅中收集的一些文物。在乌得勒支大学博物馆，我见到了克里斯蒂安·惠更斯（Christian Huygens）在350年前发现土星最大卫星“泰坦”时所使用的透镜，透镜上仍保留着惠更斯的签名，沿着它的边缘用钻石刻成。在乌普萨拉，我看到了安德斯·摄尔修斯（Anders Celsius）的原始温度计，并参观了林奈（Linnaeu）的植物柜。我还可以说出很多很多这样的例子。

在大学博物馆工作后，我很快就意识到，大学博物馆是博物馆界一个独特的类别。在大学博物馆，我所认为的难事实际上很简单，而看起来很简单的事却往往很困难。例如，从头开始设计一个完整的双语网站，为学校团体提供在线预订，为教师提供藏品图像和下载，这出乎意料地简单明了，但要增加安保人员在周日开放展览则似乎永远不可能。在大学博物馆，用于参加科学会议的资金似乎比设计新的展览传单更容易获得。“研究职位”“研究项目”和“特邀科学家”是大学行政日常词汇的一部分，而“互动”“博物馆学（museology）”“博物馆技术学（museography）”甚至“策展人”却从未被听说。有时，大学的管理层会问：为什么博物馆需要摄影师？什么是藏品保管员？为什么展览需要设计师，你们不能自己设计吗？为什么你们需要一个修复师来修理仪器，难道你们不能找个学生来修理它吗？

我们收藏的藏品也不“普通”，至少它们与我之前在科学博物馆看到的藏品不同。我们有“华丽”的仪器，但是，许多仪器都模糊不清；许多仪器缺失大量零部件；或者整个仪器是用来自不同设备的零散部件拼凑，再用橡胶封装起来的。我们也有很多模型：机器模型、拓扑表面模型、建筑模型、原子和分子模型、蒸汽机的微型模型。但大量模型是乏味的，还有一些很丑。与仪器藏品共存的，还有大量的论文和书籍：一些是科学论文，另一些是课程计划、带有数学公式的草稿、机器图、实验室笔记和设备手册等。记得我当时在想：“怎么可能向公众、学校团体和儿童展示这种东西？真令人绝望，最好把它们放到没人能看见的地方。”

我错了。

大学博物馆及其藏品有什么独特之处吗？它们是都独特，还是只有其中的几个独特？是什么使它们与众不同？在《尤利西斯》中，詹姆斯·乔伊斯（James Joyce）写道：“马性，是马之为马的特性。”那么，什么是大学藏品的特性？自从在里斯本大学科学博物馆工作以来，这些问题就一直浮现在我的脑海中。

这项研究启动五年多来，经历了许多波折。它最初的题目名称是“大学博物馆：为什么，何以见得？关于葡萄牙大学博物馆与收藏的研究”（2000年12月）（Museus Universitários： Porquê e Para Quê? Estudo sobre os museus e colecções universitárias em Portugal）。同许多国家一样，葡萄牙的第一批博物馆也是大学博物馆，或者说藏品来源于大学的收藏。1978年，葡萄牙博物馆协会组织了一次关于大学博物馆主题的会议，但在学术或政治层面都未得到有效的后续跟进。在我看来，葡萄牙大学收藏这一群体，它们的历史和现实值得进一步研究。我计划从最近阅读的两篇论文汲取灵感[①]，再对葡萄牙大学收

① H.C. Gouveia, 1997, Museologia e etnologia em Portugal, instituições e personalidades [Museology and ethnology in Portugal: Institutions and personalities']. PhD in Anthropology-Museology, Universidade Nova de Lisboa; J. C. P. Brigola, 2000, Colecções, gabinetes e museus em Portugal no século XVIII['Collections, cabinets and museums in Portugal in the 18th century'].PhD in History, University of Évora.

藏的现状进行全面研究。

2001年，几个幸运的巧合将这项研究推向了国际舞台。转折点可能是我参加了2001年7月在巴塞罗那举行的国际大学博物馆及其藏品委员会（UMAC）的成立会议。2002年2月，我将修改后的博士计划提交给了国立巴黎工艺技术学院（Conservatoire National des Arts et Métiers，CNAM）。2002年7月，里斯本古尔本基安基金会（Gulbenkian Foundation）慷慨地同意，为我考察访问欧洲多所大学收藏提供资金支持。2002年11月，我开启了一段旅程，最终来到了欧洲10个国家的200多个大学的收藏面前。最初，我只计划进行20次考察访问，但每次到达一所新大学时，收藏数量都是预料的五六倍。我通常会待一周，而不是原计划的两天。这意味着，实际收集到了比本书所能呈现的更多信息。因此，我向任何可能因此感到被忽视的人，致以诚挚的歉意。

在欧洲的大学的收藏世界中，并非一切都是不可思议的，当然也并非一切都很好。让人感到艰难的是目睹如此多的忽视、蔑视、重组、分散、孤立和损失。虽然并非出乎意料，但这种随意性和肤浅性的程度，让我措手不及。有时，这种态度导致了对于藏品的不可逆的决策。要知道，在20世纪80年代，有一所大学出售了其有近200年历史的植物园，其中一部分被一家私人公司改造成主题公园，实在堪称“胆小者勿进”。还有一些令人发指的事实（至少从我的角度来看），未在本文书写，或者只进行了最少讨论，因为有更合适的场所来谴责和宣传。此外，本书也无法为大学遗产问题找到简单和合规的解决方案。

这项研究的目的，是增进我们对大学博物馆及其藏品的了解：它们来自哪里，我们现在在哪里，以及它们的当代意义是什么。这个领域正在发生很多事情，而且进展很快。整个博物馆界几乎没有听说大学博物馆收藏的情况，社会上更是没听说过。然而在欧洲，大学收藏是公开的。大学只是它们的监护人，它们真正属于所在国家的人民。

2004年4月，在里尔大学（University of Lille），最古老大学——博洛尼亚大学——的校长皮埃尔·乌戈·卡尔佐拉里（Pier Ugo Calzolari）教授，雄辩地论证了大学遗产是欧洲身份的核心。虽然今天人们似乎对这一欧洲身份没有明确的认识，但确实自15世纪中期（可能甚至更早）以来，除了知识之外，大学收藏也同样从来没有任何边界。无论战争、宗教或政治动荡，它们都在欧洲传播和交换，使用它们的学者和学生也是从阿尔多夫到鲁汶，从鲁汶到帕多瓦，来来往往。而这一切，早已存在于德国、比利时或意大利诞生之前。这些学者和学生对言论自由、普遍性、批判性和多元化的认识，早于这些概念被各国家承认并纳入民主制度的基石之前。

我们大学收藏的命运应该关乎所有欧洲人。

玛塔·洛伦索

于里斯本

2005年7月17日

目录

MU LU

第一章 导 论

2004年4月1日，在里尔大学（University of Lille）举行的大学博物馆专业人士国际会议上，博洛尼亚大学校长、哲学家皮埃尔·乌戈·卡尔佐拉里（Pier Ugo Calzolari）问道："这一切的遗产能有什么意义？为了什么？为了谁？怎么做？"听众们意识到，卡尔佐拉里关注的正是他们共同关注的问题的核心。曾经，大学博物馆和收藏受到重视理所当然，如今，其重要性也正受到密切关注。大学校长若是发言，对问题的直言不讳，则更有意义。首先，它明确地揭示了当今许多校长、副校长所面临的困境。在收藏问题上，大学当前和未来议程存在不一致。其次，卡尔佐拉里不只是提出一个学术问题，他对聚集在会议上的专业人士提出了质疑。需要更多的理解才能提出合理的论点。

如今，世界各地的大学校长、院长和副校长都在问同样的问题。不仅是因为问题本身，也是因为其答案差强人意甚至缺位。人们必须马上采取行动。仅在2003年，美国就有至少14座大学博物馆面临关闭的困境，至今，其中几乎一半已关闭，或者藏品被分散。

2003年，荷兰最古老的五所大学[①]签署了一项协议，将它们三分之二的地质学和古生物学藏品转让给荷兰国家自然历史博物馆、荷兰地方性博物馆和印度尼西亚地质局。同样在2003年，瑞典隆德大学（Lund University）的历史博物馆，因为隆德镇数千名公民签署的请愿书，才免遭关闭。2003年8月，波士顿环球报（Boston Globe）报道，哈佛大学的预算削减可能对哈佛大学艺术博物馆的生存产生严重影响，同时，它观察到哈佛大学"已经忽视其艺术博物馆，而这本应该是其与更大世界的主要联系之一"（Temin，2003）。

① 阿姆斯特丹、代尔夫特、格罗宁根、莱顿和乌得勒支。有关涉及荷兰大学藏品，特别是地质学的最新发展的更详细说明，请参阅克莱克（Clercq 2003）和克里格斯曼（Kriegsman 2004）。

然而，2003年对于大学收藏来说并不是一个特别可怕的年份，2002年已经很艰难了，而下一年只是延续。至少在过去的25年里，大学收藏被重组、忽视、降级、散落、出售以及丢弃。事实上，大学收藏可能一直遭遇重组、分散和丢弃。虽然过去这主要出于科学原因，但在过去的25年，重组和分散主要是由于政治和行政原因。即使是好消息——比如近年来大学博物馆的重组和重建——似乎也常常出于政治动机。一想到收集这些藏品耗费了几十年甚至几个世纪的时间，当前这类现象的发展速度实在令人不安。今天，大学博物馆及其藏品发生了什么？它们面临的挑战和困境是什么？这些博物馆和收藏到底有什么特别之处？为什么它们如此重要，值得我们关心和关注？

问题看起来过于复杂而很难解决，但重要的是客观地评估当前的现实，并尝试理解：是历史事实和发展的结合导致了我们今天的处境。本书所涉研究的两个主要目标是：

（1）使用来自文献和实地考察的数据，对大学博物馆及其藏品的当前知识状况进行综合概述；

（2）帮助我们理解大学收藏的意义，尤其是与教学和研究相关的收藏对大学和当代社会的意义。

本书聚焦于欧洲，大多数考察访问也发生在欧洲，以欧洲的大学模式及其历史作为主要框架。尽管如此，本书的发现和结论，可能同样适用于许多非欧洲大学的博物馆和收藏。

以往有关大学博物馆及其藏品的研究，都集中在单一国家内，在将欧洲看作一个整体处理时需要谨慎，因为不同国家的高等教育体系是不同的。为了克服这个困难，我研究了欧洲整体层面运作的国际机构所采用的“大学”概念的标准，诸如欧洲委员会（CoE）、联合国教科文组织（UNESCO）、经济合作与发展组织（OECD）、欧盟 (EU)等。不幸的是，即使在同一个机构内，标准似乎也在变化。有时，高等教育机构［Higher Education Istitution(HEI) or Tertiary Education Istitution(TEI)］这类通用名称的使用，通常涵盖了欧洲的教学、研究和具有博士学位授予权的机构。经过仔细考虑①，除非另有说明，我在此采用了最广义的高等教育机构"大学（university）"一词，既包括严格意义上的大学，也包括其他高等教育机构，如德国高等专科学校（Fachhochschulen）、法国高等学校（établissements d' enseignement supérieur/grandes écoles）、军事学院（military academies）和理工学院（polytechnics）等。例如，法国的高等教育体系无疑是欧洲最复杂的高等教育体系之一，这里的大学（universités）、综合理工学院（École polytechnique）、国立巴黎工艺技术学院（Conservatoire national des arts et métiers）和国家自然历史博物馆（Muséum national d' Histoire naturelle），都被视为本研究中使用的"大学(universities)"通用类别的代表。

欧洲委员会和经济合作与发展组织在其若干官方文件中②，也采用了"大学（university）"一词（Kelly，2001）。此外，"大学博物馆（university museum）"和"大学收藏（university collection）"这两个术语是文献中使用最广泛的，也是国际博物馆协会（ICOM）通过2001年成立大学博物馆及其藏品国际委员会（UMAC）认可的。但是，为了避免任何可能出现的误解，每一章都以脚注来提醒读者所采用的定义。自始至终，为了简单起见，我将使用"校长（rector）"一词来包括其他名称，例如"副校长（vice-chancellor）"和"负责人（rector）"。

所有大学都有收藏。像赞美诗一样，它们以"古代"和"现代"的形式组织起来，其中，绝大多数都是"现代"的。四分之三的欧洲大学是在1900年之后创建的，其中50%是在1945年之后创建的（Scott，1999）。通常，历史悠久的大学——如牛津大学（1214年）、帕多瓦大学（1222年）、乌普萨拉大学（1477年）——更有可能拥有更丰富、更多样化的博物馆、收藏、建筑和花

---

① 总部位于美国的卡内基教学促进基金会(CFAT)建立了高等教育机构的分类,该分类作为参考,在全世界被广泛采用。2000年的最新版本将大学分为五个主要类别:(1) 博士/研究型大学Ⅰ,(2)博士/研究型大学Ⅱ,(3)学士学位(文科)学院Ⅰ,(4)学士学位学院Ⅱ,(5)副学院(CFAT 2000)。我考虑过采用这种分类,但意识到它对大学收藏问题没有作出重要解释,相反,它会使其更加复杂,这完全不必要。本研究不是关于高等教育系统的研究,而是关于高等教育机构所拥有的博物馆和收藏的研究。事实是,独立于异质性:(1)几乎所有高等教育机构都有收藏,(2)这些机构似乎面临着相似的问题和挑战。

② 在重要的战略文件中包括《大学在知识欧洲的作用》,日期为 2003 年 2 月 5 日［COM(2003)58 终审］。载于:EUR-Lex,欧盟法律,http://europa.eu.int/eur-lex/en/com/cnc/2003/com2003_0058en01.pdf,2004年8月25日查阅。

园；然而，一些较晚成立的大学也是如此，如米兰大学（1924年）、巴斯大学（1966年）和马斯特里赫特大学（1976年）。事实上，大学的成立日期很难作为其遗产重要性的可靠依据，许多欧洲大学在成立后吸收了早期学校、学院等的收藏和建筑，巴斯大学的前身历史至少可以追溯到1856年。同样，在佛罗伦萨大学自然博物馆（Museo di Storia Naturale of the University of Florence）研究文艺复兴时期的收藏时，似乎很难相信该大学成立于20世纪20年代。这同样适用于里斯本大学，它最初成立于1288年，后于1911年重新建立，但收藏、建筑和工作人员来自1837年成立的原政治学校（Escola Politécnica），而反过来原政治学校已经合并了成立于1761年的贵族学院（Colégio dos Nobres）和1603年的基督教堂（Noviciado da Cotovia）。创立于1632年的雅典画院（Atheneum Illustre），是诞生于1877年的阿姆斯特丹大学的前身。在整个欧洲，这样的例子还有很多。

通常，在不同国家、不同大学，甚至是同一所大学内，建立博物馆和收集藏品的原因都各不相同。最初，为了声望和社会地位，欧洲大学或多或少都在收集艺术品、宗教文物和古董。他们还委托艺术家开展创作，用来装饰高贵的房间、建筑和花园。在这一方面，大学与其他组织，无论是公共的还是私人的组织，如基金会、公司或银行等并无不同。更重要的是，至少自16世纪中叶以来，大学已经开始收集藏品，以完成其教学和研究任务（Warhurst，1984；Lewis，1984；Boylan，1999；Clercq，1998、2001；Schupbach，2001）。藏品被组装和收集，用以在不同学科的知识构建和知识传播中，发挥或预计发挥作用。

使用藏品进行学习和研究，并不是大学的专属。最初收集藏品的是2400年前的雅典学园和亚历山大的博物馆。在现代，科学院、医院、国家实验室以及国家和地区博物馆也会研究藏品。中等学校（中学、文理中学和同等机构）自成立以来，一直使用藏品进行教学。尽管如此，大学在博物馆中有着悠久的传统，并且与高中和学园相比，大学在整个博物馆的历史中发挥了重要作用。此外，学习和研究之间的联系在大学里更紧密、更明确，实际上也更特殊。在大学内部，教育和研究不是孤立存在的，而是完全交织在一起的。作为一个社区，大学组织了其结构、人员、建筑物、收藏和课程，因此，有效地学习意味着以学促研（learning to research）。学生在与实际研究人员的直接接触中学习，即使这些学生以后不从事研究工作，研究人员依然不仅教给他们实质内容

（“事实”），而且还教他们研究的固有方法、过程、实践和精湛技艺(savoir faries)。简而言之，大学内在地和动态地将知识创造与知识传播结合起来。这一特点使大学博物馆及其藏品将物品和知识独特地连接起来，本书旨在帮助读者更好地理解这一点。

就定义而言，大学一直是高度活跃的机构。静态的大学，犹如一潭死水。尽管在某种程度上，教学和研究作为大学的核心业务保持不变，但大学反映了当代社会的需求。在过去的40年里，大学面临着重大挑战和转型，从调整课程到响应就业市场的需求和特点，从而以更功利和职业的方式重新定义了自身使命。大学也越来越多地被要求与当地产业建立更紧密的联系，从而为区域和地方发展作出更大贡献。如今，诸如免费参观、学费、洪堡模式①等方面的问题，在欧洲各地都引起了激烈争论。此外，大多数欧洲大学资金长期不足，并被要求减少很大一部分自身的年度预算。

有人说乐园消失了，一座拥有900年历史的机构沦为废墟。也有人说这是新的机遇，“新的大学”也就意味着乐园又失而复得。这场争论的方方面面都很复杂，超出了本书的研究范畴。在此，我想强调的是，人们熟知的大学机构正在经历一个实质性和戏剧性的变化过程，尽管这一过程在一些国家比在其他国家更加剧烈，但从里加到都柏林，这种变化正在蔓延。随着博洛尼亚进程的进行和里斯本战略的实施②，对欧盟经济状况迥异的25个国家来说，大学面临的压力可能会只增不减。此外，在全世界范围内，1980年接受高等教育的学生人数为5100万，1995年增加到了8200万，增长率达61%。到2010年，这一数字飙升至9700万（Sadlack，2000）。其他国家，特别是中国、印度和日本，正在投入大量资源进行基础研究，以便能够在全球知识经济中有效竞争。2001年11月，在阿拉伯联合酋长国多哈，世界贸易组织（WTO）决定将教育服务

① 洪堡模式：由威廉·冯·洪堡建立，强调高等教育不应是一个对职业的专门训练，其原则是教学自由、学术独立、教学与研究统一。

② 所谓的博洛尼亚进程和里斯本战略，是近期对欧洲高等教育体系产生影响的两项重大进展。博洛尼亚进程，旨在通过学习和学位结构的兼容性，来促进欧洲高等教育体系的融合。这将加强欧洲内部的流动性。其更广泛的目标，是发展一个世界级的欧洲高等教育区(EHEA)，使其与美国和其他地方顶尖大学水平相匹配。如今，博洛尼亚进程涵盖了40多个欧洲国家。里斯本战略，之所以这样称呼，是因为它于2000年3月在里斯本欧洲理事会上通过，该战略旨在2010年将欧盟转变为世界上最具竞争力的经济区域。它包括25个国家，由欧盟协调。

纳入《服务贸易总协定（GATS）》的下一轮自由化，这清楚地证实了世界教育市场即将形成。英国高等教育大臣金·豪厄尔斯（Kim Howells）告诉《卫报》（*The Guardian*），副校长们“比任何人都更清楚这是一个市场，这是一个残酷的市场。对管理者来说，这将变得愈加困难，他们将不得不证明自己的价值”[①]。大学正准备通过资源合理化，课程、部门和院系重组，甚至相互合并，来应对这些挑战[②]。在这种令人生畏又难以预测的变化中，博物馆和收藏何去何从？它们如何找到存在的理由？又如何受到保护？

在哈佛大学1845—1846年的年度报告中，爱德华·埃弗雷特校长写道：“……如果没有自然历史各个分支的收藏，要求教授教学似乎几近荒谬”（E. Everett in Kohlstedt，1988：423）。一位欧洲大学校长匿名告诉我，“博物馆是我们大学负担不起的奢侈品”。这两种说法代表了一个有着900多年历史的机构超过150年的倒退。它们的核心，是关于大学是什么或应该是什么的两个完全不同的想法。这两种观点，代表了过去、现在以及将来的大学之间的重大文化鸿沟。

由于上述发展以及科学和教学趋势等原因，考古学、人类学、生物学和医学等课程经历了深刻的转变。这些转变往往导致使用收藏作为研究和教学资源变少。自20世纪80年代末以来，出现了大量讨论自然历史收藏的命运（“危机”）的文献（例如：Hounsome，1986；Diamond 1992、Alberch，1993；Krishtalka & Humphrey，2000；Gropp，2003；Mares，2005）[③]。尽管在使用“危机”一词时需要谨慎，但事实是，现在用于研究的标本只是过去的一小部

① P. Curtis，2004. *Howwells warns of merciless university market*. 卫报，9月23日. In http://education.guardian.co.uk/，accessed 23 September 2004.http://education.guardian.co.uk/

② 例如，在英国2004年由于机构之间的合并，创建了两所“超级”大学。卡迪夫大学（Cardiff University）与威尔士大学医学院（University of Wales College of Medicine）合并，成为英国最大的大学之一（5000名员工和40000名学生）。曼彻斯特维多利亚大学（Victoria University of Manchester）和曼彻斯特科技学院（Manchester Institute of Science and Technology，UMIST）合并成为曼彻斯特大学。早在2002年，伦敦大学学院（University College London）和帝国理工学院（Imperial College）就考虑过合并，认为“联合起来可以帮助他们成为日益国际化的高等教育市场的‘全球参与者’”（BBC News Education. *Top Universities plan merger.* In http://news.bbc.co.uk/1/hi/education/2326511.stm，14 October 2002. Accessed 13 April 2005）。

③ 据我所知，尽管有关博物馆即将关闭的谣言频发，欧洲最近没有关闭任何一座主要的自然历史大学博物馆。不幸的是，特别是在过去的40年里，无数的院系教学和研究收藏，情况却并非如此。

分，对当代生物学和医学研究资助并未发挥太大作用。

每年，世界各地的校长和院长都坐在办公桌前，看着摆在他们面前的预算，思考着他们的“企业化”大学值多少钱，并衡量着目标、绩效指标、成果产出和社会影响。所有这些，都是不到三十年前学术词汇中罕见的术语。最终，他们可能会在预算中搜寻与这些术语不太相关或多余的领域来划掉，博物馆和收藏板块往往成为明显的“方便靶子”。

图1.1 世界上最古老的钢琴之一(莱比锡大学乐器博物馆)
(照片来自J. Stekovics,经莱比锡大学许可转载)

莱比锡大学乐器博物馆的宝物（Inv. No. 170）。由佛罗伦萨美第奇宫廷的乐器制造商巴托罗密欧·克里斯多佛利（Bartolomeo Cristofori）于1726年打造（参见Fontana & Heise 1998，Fontana et al.2001）

大学收藏与大学无关吗？不是的。

它们对于履行其科学、教育和社会使命是多余的吗？不是的。

它们与当代社会无关吗？当然也不是。

大学拥有具有国际意义的宝藏。其中包括世界上最古老的礼服（伦敦大学学院皮特里博物馆），世界上最古老的钢琴（图1.1），克里斯蒂安·惠更斯（Christiaan Huygens）在1655年发现土星最大的卫星土卫六时使用的镜头（乌得勒支大学博物馆），原始的摄氏温度计（乌普萨拉大学古斯塔维纳姆博物馆）（图1.2），林奈的原始植物学柜（乌普萨拉大学），丢勒、莱昂纳多、米罗、亨利·摩尔斯的作品，库克船长在18世纪的探险航行中收集的文物和标本等。除了严格意义上的“宝藏”之外，大学还拥有一些藏品，这是我们如何了解自然、宇宙和我们自己的物质证据。正如我将在本书中指出的那样，这代表了大学遗产的主要特性，也是让公众更好了解它的理由。

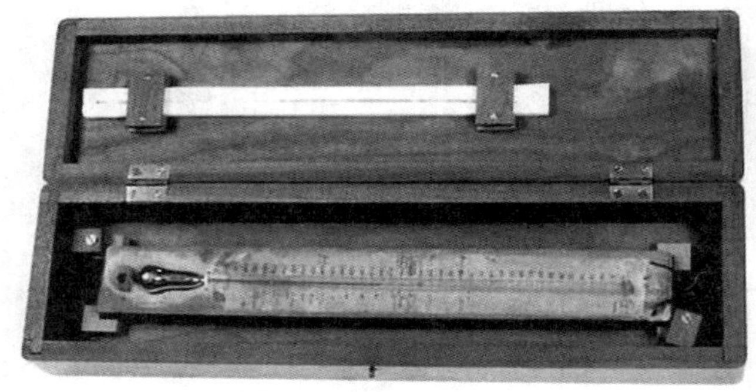

图1.2 安德斯·摄氏在乌普萨拉大学古斯塔维亚纳姆博物馆的原始温度计（照片来自T. Thörnlund，经乌普萨拉大学授权）。

许多大学都意识到其收藏的重要性。然而，卡尔佐拉里校长非常清楚地阐述过，收藏确实使他们陷入了两难境地，可以概括为：我们应该用它们做什么？怎么做？当被问及德国大学如何解决这个问题时，莱比锡大学校长，一位对收藏和遗产的价值十分敏感的人，既遗憾又沮丧地回答道：“目前，该问题无解”（P. Gutjahr-Löser，2004年6月4日采访）。这种困境，部分原因是强加给大学的庞大政治议程（这些收藏似乎不适应这点），部分原因是缺乏对现有内容的客观认知，还有部分原因是对这些收藏的重要性和潜力缺乏认识。关于后者，大学博物馆的馆长以及策展人也有责任，整个博物馆部门都有责任，因为他们往往缺乏足够的影响力。现在，这种情况开始改变，他们的呼声被更好地倾听。如果有解决方案，当然，适用于所有情况的单一解决方案不可能存在，那么肯定需要所有相关人员的互动交流。

作为一个有组织的团体，大学博物馆在不断变化的大学环境中觉醒得很晚，但当它们觉醒时，展现出来的活力会令人眼前一亮。对提高大学博物馆地位的呼吁始于1980年代，自那时以来，合作努力和反思一直在增长和加强。

在世界范围内，现在有八个国家都有由专业人士和大学博物馆组成的协会组织，其中有四个欧洲国家：希腊（2004年）、荷兰（1997年）、西班牙（2002年）和英国（1987年）[①]。一些研究得以在国家层面开展实施，以系统地检查大学博物馆及其藏品的情况，这往往得到了国家博物馆协会的积极支持和建议。

在国际层面，最近的一些进展也很有意义。成立于2000年的欧洲网络（Universeum），发布了一份由十二所欧洲最古老大学签署的声明，指出“大学收藏是教学和研究的有效资源，也是独特且不可替代的历史纪录”。国际博物馆协会（ICOM）下设的国际大学博物馆与收藏委员会（UMAC），于2001年7月在巴塞罗那大会上成立，是第一个国际视野下的大学博物馆及其藏品协会。大学博物馆与收藏委员会的创建，意味着大学博物馆的独特身份，首次得到全球最重要的博物馆和博物馆专业人士组织的认可。国际博物馆协会和大学博物馆与收藏委员会两个机构，共同创作了大量关于大学博物馆及其藏品的出版物，其中包括两期《国际博物馆》（第206卷和第207卷，2000）、《欧洲大学收藏珍藏》（Bremer & Wegener，2001）、《ICOM研究丛书》（第11期，2003）和发表在《博物馆学》（第2卷和第3卷）的《大学博物馆与收藏委员会会议论文集》（2001、2002）。此外，还有几份出版物讨论了国家层面问题，数量庞大，质量上佳。

大学博物馆及其藏品的问题，也引起了一些致力于高等教育和文化交流的国际组织的关注。经合组织赞助了一本关于大学博物馆及其藏品管理的书（Kelly，2001），而欧洲理事会则开发了一个关于欧洲大学遗产的项目（Sanz & Bergan，2002），并且提出了一份关于大学遗产治理和管理的建议草案。注意，欧洲理事会已于1998年通过了一项与大学藏品间接相关的建议书[②]。2004年，另一个利益相关方，即欧洲科学中心和科学博物馆网络（ECSITE），在其年会上首次举行了一次关于大学博物馆及其藏品的特别会议。2005年，在里约热内卢举行的第四届科学中心世界大会上，也发生了同样的事情。

这种对大学博物馆及其收藏的兴趣日益增长，现在已经展现在了大学本身

① 非欧洲国家是澳大利亚（1992年）、巴西（1992年）、韩国（1961年）和美国（1980年）。

② 建议书“Incidental Collections”（Rec. # 1375，1998），欧洲委员会（CoE）。

及其校长身上。2004年，大学至少组织了6次专门讨论大学收藏主题的会议，有些由全国校长会议主办，一些校长积极参与其中①。就在几年前，除了国际博协大学博物馆与收藏委员会、欧洲大学遗产网络和其他专业组织每年组织的那些之外，几乎没有其他专题会议。

总而言之，整体环境有相当大的转变。大学作为一个机构正在重新定义自己，其未来道路的更广泛轮廓似乎已经被描绘出来：仍然专注于教学和研究，但越来越以市场为导向，对公共支出的依赖程度降低，并在全球范围内展开竞争。大学博物馆一直面临着巨大的挑战，也许这是它们历史上第一次迫切需要，说服自己的管理机构相信其收藏的重要性和相关性。毫无疑问，大学博物馆及其藏品目前正在经历近500年来可能最困难，但同时也是最紧张和最有趣的时期。

参考文献

[1] Alberch, P., 1993. Museums, collections and biodiversity inventories. *Trends in Ecology and Evolution*, 8: 372-375.

[2] Arnold-Forster, K., 1993. *Held in trust: museums and collections of universities in northern England*. HMSO, London.

[3] Boylan, P.J., 1999. Universities and museums: past, present and future. *Museum Management and Curatorship*, 18: 43-56.

[4] Bremer, T. & P. Wegener, 2001. *Alligators and astrolabes: treasures of university collections in Europe*. European Union Project “Academic Heritage and European Universities: Responsibility and Public Access”. Druckwerk, Halle.

[5] CFAT, 2000. *The Carnegie Classification of Institutions of Higher Education. A technical report*. Carnegie Foundation for the Advancement of Teaching, Stanford CA.

[6] Clercq, S.W.G. de, 1998. *Bridging history and future, a European approach*. Unpublished paper presented at the 5th Anniversary of the British Society for the

① 在达特茅斯学院（美国）以及里尔和蒙彼利埃（法国）、鲁汶（比利时）、哈勒（德国）和都灵（意大利）的大学。

History of Science, Leeds, 10 September 1998.

[7] Clercq, S.W.G. de, 2001. *Museums, from cabinets of curiosities up to now; and the special character of university museums*. Unpublished paper presented at the University of Uppsala, 27 January 2001.

[8] Clercq, S.W.G. de, 2003. The "Dutch approach" or how to achieve a second life for abandoned geological collections. *Museologia*, 3: 27-36.

[9] Diamond, J., 1992. Issues confronting university natural history museums. Curator, 35: 91- 93.

[10] Drysdale, L., 1990. *A world of learning: university collections in Scotland*. HMSO, Scotland.

[11] Fontana, E. & B. Heise, 1998. *Pleasures for both eye and ear.* Universität Leipzig & Verlag Janos Stekovics, Halle an der Saale.

[12] Fontana, E., K. Schwarz, S. Pollens & G. Rossi-Rognoni, 2001. *Bartolomeo Cristofori*. Verlag Janos Stekovics, Halle an der Saale.

[13] Gropp, R.E., 2003. Are university natural history collections going extinct? *BioScience*, 53: 550.

[14] Hounsome, M.V., 1984. Research: natural science collections. In: J.M.A. Thompson (ed.), *The manual of curatorship*, pp. 150-155. Butterworths & Museums Association, London.

[15] Kelly, M., 1998. The management of higher education galleries and collections in Nova Scotia. *International Centre for Higher Education Management, Occasional Paper*, 5. University of Bath School of Management, University of Bath.

[16] Kelly, M., 1999. The management of higher education galleries and collections in UK. *International Centre for Higher Education Management, Occasional Paper*, 7. University of Bath School of Management, University of Bath.

[17] Kelly, M. (ed.), 2001. *Managing university museums: education and skills.* OECD, Paris.

[18] Kohlstedt, S.G., 1988. Curiosities and cabinets: natural history museums and education on the antebellum campus. Isis, 79: 405-426.

[19] Kriegsman, L.M., 2004. Towards modern petrological collections. *Scripta Geologica, Special Issue* 4: 200-215.

[20] Krishtalka, L. & P.S. Humphrey, 2000. Can natural history museums capture the future? *BioScience*, 50: 611-617.

[21] Lewis, G.D., 1984. Collections, collectors and museums: a brief world survey. In: J.M.A. Thompson (ed.), *Manual of Curatorship*, pp. 7-22. Butterworths & Museums Association, London.

[22] LOCUC, 1985. *Rapport landelijke inventarisatie universitaire collecties*, 1985. Landelijk Overleg Contactfunctionarissen Universitaire Collecties & Ministerie van Onderwijs en Wetenschappen, Den Haag.

[23] Mares, M. A., 2005. The moral obligations incumbent upon institutions, administrators and directors in maintaining and caring for museum collections. In H. H. Genoways (ed.), *Museum Philosophy.* AltaMira Press (in press).

[24] Sadlak, J., 2000. Globalization versus the universal role of the university. *Higher Education in Europe*, 25: 243-249.

[25] Sanz, N. & S. Bergan (eds.), 2002. *The heritage of European universities*. Council of Europe, Strasbourg.

[26] Schupbach, W., 2001. Some cabinets of curiosities in European academic institutions. In: O. Impey & A. MacGregor (eds.), *The origins of museums: the cabinet of curiosities in sixteenth- and seventeenth-century Europe*, second edition, pp. 231-243. House of Stratus, London.

[27] Temin, C., 2003. A troubling picture at Harvard's art museums. *Boston Globe On Line*, accessed 9 August 2003.

[28] Warhurst, A., 1984. University Museums. In: J.M.A. Thomson (ed.), *Manual of curatorship: a guide to museum practice*, pp. 76-83. Butterworths, London.

第二章　建立基础:概念和定义

大学博物馆，既不像大多数博物馆那样是一个面向公众的机构；……也不像西班牙语系或生物化学系这样拥有教师和学生的大学中的院系。如果大学博物馆是其中之一，它的身份、作用、理念和财务状况将被清楚地描绘出来。……那头野兽的确奇怪（The beast is indeed strange）。

——弗罗恩德利希

人们倾向于将其他博物馆作为主要参考模型，来看待大学博物馆及其收藏[①]。大学博物馆本身也倾向于以博物馆界为基准来进行自我评价（Wallace, 2003a、b）。这是很自然的，一些重要和备受瞩目的大学博物馆有许多共同点，如剑桥的菲茨威廉博物馆、格拉斯哥的亨特利安博物馆或巴黎的国立艺术与工艺博物馆。然而，这种观点是片面的，是不全面的。对于大多数大学博物馆及其收藏来说，博物馆界的影响直到最近几十年才变得真正重要，因为在这期间它们的目的受到了严格审视。直到那时，许多大学博物馆才开始关注非大学附属的独立博物馆，以寻找可替代的组织模式、角色，并且寻找更多的认同。

如果不了解大学，就无法理解大学博物馆及其收藏。原因很简单，因为它们是由教授、研究人员、学生、图书馆员和校友，参与规划、建造、指导、组织、扩展、忽视和拆除的。如果不考虑大学的性质、历史和运作方式，人们很可能会发现大学博物馆和收藏非常复杂，它们存在的原因既混乱又随意，它们的公开表现远远低于标准。人们可以而且应该与博物馆界进行基准比较，但只有当大学收藏的性质和意义得到更清晰的了解时才有意义。

① 在本书中，“大学”一词的含义最广泛，指的是欧洲所有高等教育机构，包括高等专科院校、理工学院和大学校等。

在本章中，我将研究是什么让大学博物馆及其藏品如此复杂。我将先详细介绍它们的多样性，并讨论术语问题，然后，提出大学收藏的类型学概念，为讨论它们的过去、现在和未来的重要性提供实用而简单的工具，从而为下一章提供引导。

2.1 什么是博物馆？什么是收藏？

到目前为止，似乎还没有形成明确且全面的大学博物馆的定义。事实上，大学博物馆及其收藏的一个有趣的方面是，它们的本质和历史对博物馆学构成了重大挑战。

在对英国大学博物馆及其收藏的调查过程中，凯莉（1999）发现，许多大学博物馆、收藏和艺术馆[①]可能不符合“官方标准”，同时也认识到博物馆和收藏需要“更具包容性”（Kelly，1999）。她无法给出适当的定义：“除了大学博物馆、艺术馆或收藏行政上是在学位授予机构内之外，我无法对大学博物馆、艺术馆或收藏定义”（Kelly，1999）。事实上，“如果人们认为拥有收藏品是博物馆的基本和必要标准，那么，从无专门人员照看的演讲室滑动柜到系部的收藏，到由最初级的技术人员照看（因为没有其他人愿意做这个工作）的系部的收藏，一直到适当的部门收藏、有指定数量的工作人员来照看，直到那些真正的大学博物馆（正如人们可能会说的），曼彻斯特、纽卡斯尔、格拉斯哥、牛津、剑桥才浮现在脑海中”（Hounsome，1986）。布莱克（1984）则不同意，他指出博物馆是由收藏组成的，但仅仅是收藏，无法构成博物馆。“是什么造就了博物馆”，他写道，“这显然是一个机构化和结构化的事物，但首先是对所有大学社区以及不同程度上对普通公众的收藏的研究、保存和解释的永久承诺”（Black，1984）。金赛（1966）写道，“我对大学博物馆的定义，是一个具有主要博物馆所有含义的机构”，接着他解释说，“我指的不是装有专门用于教学目的的文物和物品的柜子。我也不是指由富有的个人或爱好收藏的校友捐赠的收藏，因为这些人可能会因为自身成功而捐献支持大学”（Kinsey，

① 高等教育博物馆、藏品和艺术馆（HEMCGs）是调查中采用的名称。

1966）。早在20世纪50年代，罗德克就谴责了“博物馆”一词被随意使用，“无论是提到一百万篇文章的永久收藏，……还是教辅收藏，……甚至可以是挂照片的空房间”都用到“博物馆”一词（Rodeck，1952）。

从概念层面和术语层面看，大学中“博物馆”概念的灵活性是有历史原因的。但是，一定程度上的术语清晰度也至关重要。随着博物馆行业的发展和标准的整合，在提到“收藏”时没有理由一定要使用“博物馆”一词。波尔图大学科学学院图书馆的贝托洛奇版画、康奈尔大学心理学系的腌制人脑、都灵大学人体解剖学系的化石，都构成了收藏，但不一定是博物馆。收藏和博物馆在大学中都存在，并且可能都包含需要保存具有重要价值的物品。但是，至少在术语层面上，必须明确区分。当不存在定义时，就需要根据几十年来制定标准的博物馆协会来作出判断。

也许博物馆最统一的定义，也是更广泛应用的定义，是由国际博物馆协会提出的。国际博物馆协会于1946年首次提出“博物馆”定义，随后进行了修订，反映了社会变革、博物馆学研究以及社会期望：“博物馆是一个非营利性的、为社会及其发展服务的永久性机构，向公众开放，为学习目的获取、保存、研究、交流和展览、教育和享受，是人类及其生存环境的物质证据”[①]。这一定义基本上与世界各地的博物馆组织所采用的定义相似，包括英国博物馆联盟、加拿大博物馆协会、美国博物馆协会、澳大利亚博物馆协会、芬兰博物馆联盟以及法国和葡萄牙的法律。因此，国际博物馆协会在其机构名称里使用了“博物馆（museum）”一词。

专业组织的确定义了博物馆，但通常不是收藏[②]。在道德规范（Code of Ethics）的词汇表中，英国博物馆联盟提供了博物馆收藏的操作定义：“收藏是一个选定的人类活动或自然环境的物质证据的组织集合，并附带相关信息。除

① 国际博物馆协会对“博物馆”的最新定义于2001年7月在巴塞罗那获得批准，目前正在争论中。

② 一些大学在其收藏政策中，定义了“收藏”（如果存在）。澳大利亚对大学博物馆和收藏的两项调查之一，将“收藏”定义为“大学内为学习、教育和享受目的获取、保存和研究人们及其环境的物质证据的单位，是有限的、分散的或不被展示的”（大学博物馆审查委员会1996:206，原文粗体）。

了博物馆建筑内的物品、科学标本或艺术作品外，收藏还可以包括建筑物或遗址”（博物馆联盟，2002）。这里我将采用这个定义，可能会稍微修改一下，以确保正如植物标本馆和许多其他大学收藏一样，尽管藏品不在建筑中，但仍能得到永久的收藏。因此，在本书中，术语“收藏”在逻辑连贯意义上，指的是对人类活动或自然环境记录的物质证据，永久或临时收集在先前建立的、明确的目的框架内。就大学而言，这种明确且先前建立的目的，可能是研究、教学、展示或三者的任意组合。

值得注意的是，人们通常认为国际博物馆协会的定义会给大学博物馆带来问题，特别是在对“向公众开放”和“常设机构”这两个术语的解释方面。例如，蒙彼利埃第一大学的解剖学博物馆，创建于1851年，被用作教学资源。该博物馆有一名馆长（同时担任解剖学主席），馆内开支从学院的总预算中划拨。这是一座“教学型博物馆”，这个概念在大学中有着悠久的传统（见第3章）。1945年，该博物馆向公众开放。时至今日，该博物馆仍然存在（图2.1），它仍然有一位馆长，但它不再被用作“教学型博物馆”，并且由于缺乏资金而再次向公众关闭。那么，根据国际博物馆协会对博物馆的定义，解剖学博物馆如果真的曾经是博物馆的话，它在什么时候是真正的博物馆？这个问题值得深思，因为大学博物馆通常在基本运作方面没有自治权，比如公众准入与否，甚至博物馆自身能否继续存在，大学提供了条件、机会和资源。许多大学博物馆被永久关闭，因为它们别无选择。在博物馆这个行业，关闭的博物馆通常会迅速拆除，其藏品被转移到其他机构。某些大学博物馆可能仅仅是关门或者被冻结在几十年的时间里，就像“幽灵博物馆”在等待重生一样，但在目录和清单中却保持着“博物馆”的称号。例如，柏林洪堡大学的罗伯特·科赫博物馆（Robert Koch Museum），都灵大学的切萨雷·隆布罗索博物馆（Cesare Lombroso Museum）和博洛尼亚大学的菲西卡博物馆（Museo di Fisica）[①]。

---

① 希望这种情况会改变，至少对于蒙彼利埃的解剖学博物馆和都灵的切萨雷隆布罗索博物馆来说是这样，因为两者都处于他们大学发起的更新改造项目中。罗伯特·科赫博物馆目前处于危机之中，因为柏林洪堡大学最近出售了它所在的建筑。

图2.1 蒙彼利埃第一大学解剖学博物馆
（照片：B. Pellequer，蒙彼利埃第一大学授权）

大学博物馆被关闭，也可能是由于有意的政策。美国加州大学伯克利分校的脊椎动物古生物学博物馆，在针对所有时期脊椎动物的研究、教学和公共宣传方面很积极，但所有资源都是在线的，没有任何实体资源。只有收藏是实体资源，博物馆只对研究人员和学生开放。他们的宗旨不包括公开展览，只有教学和研究①。如果国际博物馆协会将“向公众开放”的博物馆的定义，解释为“向普通民众开放”，那么加州大学伯克利分校的脊椎动物古生物学博物馆就不是博物馆，但是实际上它是世界最负盛名的博物馆之一，所以这是一个悖论。这个悖论导致汉弗莱（Humphrey）（1992 a，b）认为，大学博物馆需要一个更明确的定义，包括用于教学和研究的大学收藏的独有特征和功能，但这些功能中没有公众参与。我认为，国际博物馆协会的定义是合适的，定义中并没有明确表述禁止把研究人员和大学生算作“公众”。

新技术无疑为公众宣传提供了新的途径。大学博物馆能够很好地从新技术

① 见2005年5月28日访问的 http://www.ucmp.berkeley.edu/museum/museum.html 任务说明。有关加州大学古生物博物馆（UCMP）屡获殊荣的网站开发的更多信息，请查阅 Scotchmoore（2000）。http://www.ucmp.berkeley.edu/museum/museum.html

中获益，并利用新技术来接触研究人员、学生和更广泛的所谓“普通民众”，即使在现实中它们不对公众开放。不对“普通民众”开放并不一定等同于停滞不前。博洛尼亚大学菲西卡博物馆虽然不对公众开放，但拥有信息量很大的网站，并积极参与大学的开放日（G. Dragoni，2003年3月12日采访）[①]。这同样适用于欧洲的许多其他大学博物馆及其收藏。

定义和解释会发生变化，而且应当在它们所处的历史语境下进行理解。标准，成为博物馆历史上相对较新的一项发展，公众作用更是如此。在20世纪60年代，纽约的美国自然历史博物馆（AMNH）等重要的“研究型博物馆”并不认为服务公众是它们的首要任务。美国自然历史博物馆地质学策展人兼哥伦比亚大学教授，科尔伯特（E. H. Colbert）写道，“尽管很大部分公众和相当部分专业博物馆人，似乎认为将博物馆拥有的和研究的收藏展示出来，是博物馆的基本目标，但这一功能是可选的不是基本的。”（Colbert，1969）。直到七年前，荷兰莱顿的国立自然历史博物馆（Rijksmuseum van Natuurlijke Historie）只对研究人员和学生开放，没有任何公众展示。

提高“普通民众”对博物馆的认识和参与度可能是有益的，博物馆在非正式教育中的重要作用是不可否认的（例如 Gil & Lourenco，1999、2001）。然而，出现了令人不安的“霸权”迹象，即参观者成为决定博物馆是什么，应该是什么以及应该如何资助它们的唯一因素。最近，参观者作为教育项目的积极开发者和展览的联合策展人参与其中。此外，人们似乎普遍认为一直都是这样的情况，其实修正主义也影响了博物馆的历史。在过去的几年里，这种趋势也在大学收藏和博物馆中留下了印记。人们虽然不喜欢，但依然越来越倾向于将“普通民众”作为绝对标准，从而建立简单化的价值等级制度，即定义什么是好的或坏的。当然，除非大学博物馆及其收藏能提供公共利益，否则它们就不值得公共资助。但是，公共利益不仅限于公开展览，还需要从最广泛的意义上考虑[②]。从广义上讲，必须考虑国际博物馆协会定义中的“向公众开放”的措辞，从而使其成为解决大学博物馆现实问题重要且合法的起点。

---

① 见博洛尼亚大学菲西卡博物馆，http://www.df.unibo.it/museo/welcome.htm，2005年5月30日访问。

② 由谁负责完全是另一回事，应该分开来看。然而，我的观点是，如果博物馆的职责远远超过展览，但属于“公共利益”，那么如果这些得到适当解释，公众愿意为它们付费。

2.2 大学博物馆及其收藏的多样性

没有人能理解欧洲大学所拥有的科学、艺术和文化遗产究竟有多广。收藏是大学的“暗物质”：我们知道它们在那里，但没人能真正测量它们。尚未有人对整个欧洲层面的大学博物馆及其收藏进行过全面调查，在国家层面的调查也只有少数几个[①]。直到几年前，在一些欧洲大学，有25～30个博物馆向公众开放，罗马大学是其中之一。柏林的洪堡大学和莱比锡大学，各列出了大约30个博物馆和收藏。比萨、苏黎世和基尔各有13个博物馆和收藏。欧洲大学总共可能拥有超过一万个博物馆和收藏，标本总数肯定高达数亿。显然，欧洲的科学、艺术和自然遗产，很大一部分存在于整个欧洲大陆的大学中。在大多数情况下，这种遗产在它所属的大学之外不为人知，而且，在它所属的大学里，往往也不为人知。

大学收藏涵盖所有可能的学科。正如罗德克（1952）所说，“有各种可能的组合 ……以及几乎所有可以想象的主题，从牙科到教会历史，……由某所大学的博物馆代表”。名称可能有所不同，但大学收藏涵盖“传统”领域，如自然历史（在实践中产生了动物学、植物学、矿物学、地质学、古生物学和人类学的任意组合）、艺术、考古学、解剖学、病理学等。大学收藏还包括历史收藏，包括社会史、宗教史、大学历史（大学大事记）、学生生活史、医学史、药学和生药学、技术和工程（图2.2）、物理、化学，以及天文学。大学收藏还涵盖更专业的学科，如设计和纺织史、戏剧史、地球物理学、大地测量学、气象学、遗传学、生态学、微生物学和海洋生物学[②]。

---

① 1980年代和1990年代，荷兰公布了对大学博物馆和藏品的全国性调查。1989—2002年，在英国进行了调查。在法国正在进行一项调查，但尚未公布任何数据。意大利和德国也在进行调查，互联网上已经可以查到数据（见第5章）。

② 有关大学馆藏中所代表的学科以及机构类型的更全面概述，请参阅UMAC的全球数据库，网址为 http://publicus.culture.hu-berlin.de/collections/

图2.2　代尔夫特理工大学技术博物馆仓库

从藏品种类上看，大学收藏包括多种类型，矿物、晶体、陨石、岩石、沉积土壤剖面、植物、真菌、藻类、细菌、海洋和淡水生物、种子库（图2.3）、化石、干湿动物标本、水果、纤维、树脂、树皮、胚胎、皮肤、骨骼、头骨、鸟巢和鸟蛋、畸形和怪物、衣服和纺织品、绘画、素描、雕塑、珠宝、武器、玩具、乐器、天文仪器、手术仪器、温度计、化学设备、声音档案、化学品、测量标准、天平、机器、工具、汽车、飞机、船只、地图、照片、幻灯片、书籍等等。这一清单可以不断列下去。大学收藏还包括石膏、蜡和木模型、复制品、原型和微缩模型。从藏品数量上看，大学收藏可能从几十件到数千万件物品不等。

图2.3　莱比锡大学植物标本馆种子库

图2.4　波尔图大学亚伯萨拉查故居博物馆
（照片来自亚伯萨拉查故居博物馆档案馆）。

从组织层面看，大学收藏有几种模式。除了更为“传统”的博物馆和植物园外，值得一提的是，大学还有历史建筑和故居博物馆，例如萨拉曼卡大学的乌纳穆诺故居博物馆、纳瓦拉大学的奥尔蒂斯·埃查圭博物馆、柏林洪堡大学的森鸥外故居博物馆/纪念馆、剑桥凯特尔庭院和波尔图大学亚伯萨拉查故居博物馆（图2.4）等；科学中心，例如米兰大学数学系的常设展览“对称、镜像游戏”（图2.5）、列日大学的科学之家、曼彻斯特大学的乔德雷尔银行科学中心；天文馆，例如奥胡斯大学的斯泰诺博物馆和里斯本大学的科学博物馆；城堡，例如邓迪大学的达勒姆城堡；水族馆，例如，巴黎第六皮埃尔和玛丽居里大学的滨海巴纽尔斯水族馆；生态博物馆，例如布鲁塞尔自由大学的维罗恩-特雷涅地区生态博物馆；医院博物馆，例如奥胡斯大学的精神病医院博物馆；神圣艺术博物馆，例如哈勒-维滕贝格马西·路德大学神学院基督教考古收藏（图2.6）、塞维利亚大学的天使报喜博物馆、科英布拉大学的神圣艺术博物馆；当代艺术博物馆，例如罗马大学的拉萨皮恩扎当代艺术实验室、阿利坎特大学博物馆。

图2.5　米兰大学数学系的常设展览“对称,镜像游戏 ”
（经米兰大学授权）

图2.6　哈勒-维滕贝格马丁-路德大学神学院基督教考古收藏(部分)
（经哈勒-维滕贝格大学许可转载）

此外还存在由大学，或更一般地说，由高等教育或研究机构直接管理的国家博物馆，例如里斯本大学国家自然历史博物馆、波尔图大学国家医学史博物馆、巴黎国立工艺技术博物馆（CNAM）、马德里理工大学国家建筑博物馆、比萨大学国家计算博物馆以及鲁昂国立体育学院国家教育博物馆。挪威的国家考古和自然历史博物馆位于卑尔根大学。至少有一个博物馆，是由一个国家博物馆和一个研究机构组成的研究院，它就是巴黎国家自然历史博物馆。

图2.7 柏林洪堡大学动物学系声音档案
（经柏林洪堡大学授权）

然而，正如梅里曼（2002）所说，在大学中，“博物馆”和“收藏”之间存在着鸿沟。大学也有收藏，而且是大多数大学。它们通常位于系部、研究所、天文台或其他建筑中。在欧洲，一些重要的例子是巴黎国立高等美术学院的历史收藏，里昂大学克劳德伯纳德大学的古生物学收藏，柏林洪堡大学动物学系的声音档案（图2.7），巴黎综合理工学院的科学仪器收藏，斯特拉斯堡大学的埃及学收藏、伦敦大学学院的高尔顿收藏、里斯本大学的埃加斯莫尼兹收藏等等，包括几乎所有的植物标本馆。公众访问的条件会各不相同，一些收藏陈列在永久和专用的空间中，而公众无法进入，例如艺术收藏和大学纪念物。其他大学在向公众开放的艺术馆中永久展示艺术收藏，例如伦敦的考陶尔德美术馆、列日大学的维特画廊和曼彻斯特大学的惠特沃斯画廊。也存在无收藏的艺术馆，在大学中举办临时展览的情况（图2.8）。虽然在本书的范围之外，但这些艺术馆很普遍，例如里尔大学（科学与技术）、（第戎）勃艮第大学、布鲁塞尔自由大学和罗马大学。

图2.8　里尔科技大学科学仪器收藏：2004年4月在里尔大学空间文化馆的临时展览
（经里尔科学与技术大学授权）

最后，在大学图书馆也可能找到藏品。在图书馆中保存收藏是许多欧洲大学的古老传统。早在1638年，牛津大学博德利图书馆（Bodleian Library）就有一个古物艺术馆（MacGregor，2003）。图书馆管辖下的收藏，可能被命名为“图书馆特殊收藏”或“旧基金”，它们在技术上可能被视为纸质档案馆，但它们可能包含博物馆类型的物品。这些档案可能与大学的历史有关（例如伦敦帝国理工学院的学院档案收藏，第戎勃艮第大学图书馆的皇家和大学基金会）或具有特性（例如布里斯托尔大学图书馆的布鲁内尔收藏）。事实上，“博物馆型”收藏在大学图书馆中非常普遍，以至于图书馆员已经声称拥有一个全新的专业领域——策展（Kemp，1994）。

从这种规模、类型、学科、管理、物品的多样性中，必然得出一个结论：如果要将这些实体作为一个群体来处理，就需要简化，即消除多个且通常不同的命名。有收藏的艺术馆，故居博物馆和历史建筑、科学中心、植物园，都属于国际博物馆协会定义的“博物馆”类型。植物标本馆、图书馆特殊收藏、仪器、特殊档案，被遗弃在阁楼上的“孤儿”收藏等都属于“收藏”范畴。第一个简化是术语和概念上的：上述多样性的名称可以简化为收藏和博物馆（到目前为止，我实际上在本文中已使用这一简化）。第二个简化是承认收藏是主要单位，其研究独立于任何形式的组织。这有两大好处，首先，它具有直观性和包容性。正如沃赫斯特（1986）所说，“我们真正谈论的是大学收藏，其中一些恰好在博物馆中”。其次，它能够消除人们无法控制的因素。虽然在大学里，收集藏品通常是出于人们可以识别和理解的目的，但之后发生的事情却更加难以评估。大学藏品可以置于博物馆、图书馆、艺术馆、仓库、讲堂、办公室、实验室、阁楼或地下室。它们被放置在哪里、如何放置，可以是出于无限多种原因，这些原因或长期或短期。特别是，博物馆的组织可能受到历史、政治、实践或其他“随意和非系统化”等原因影响（Duggan，1964；Maigret，2001），例如，教授的个人和持续参与，突然出现的资金、意外捐赠，甚至纯粹是偶然。

除了具有包容性之外，选择收藏作为主要研究单位也是实际的，并且之前已被采用。在欧洲进行的第一次公开调查就使用收藏作为单位。它由荷兰文化部赞助，其名称为大学收藏调查小组（LOCUC）。后来荷兰的调查也采用了同样的方法，名为国家学术收藏协调小组（Landelijke CoördinatieGroep Academische Collecties）。欧洲大学遗产网络Universeum采用了“收藏”和“博物馆”两个类别（Bremer & Wegener，2001）。在英国，调查开始时使用收藏和博物馆作为单位，但后来采用了首字母缩略词HEMGC（Higher Education Museums，Galleries and Collections. Arnold-Foster，1989、1993、1999、2000、2001）。在北爱尔兰（北爱尔兰博物馆理事会，2002年）、威尔士（威尔士博物馆理事会，2002年）和苏格兰（Drysdale，1990）进行的类似调查，都将收藏作为包容性单位。当凯莉（1999）调查英国大学博物馆及其藏品的管理问题时，她将HEMGC作为一个广泛的类别。HEMGC类别也被梅里曼（2002）使用，并由达尼洛夫（1996）在他的美国目录中进行了轻微的改编。澳大利亚的调查使用了“收藏”和“博物馆”（大学博物馆审查委员会，1996、1998）。那些将包容性作为目标的，通过描述一个国家的整个全景的作者，似乎更喜欢“收藏”或“博物馆和收藏”（Arnold-Foster，2000；Hudson & Leggett，

2000；Labrador，2000；Stanbury，2003；Weber，2003）。在命名国家和国际协会时也是如此。事实上，国际博物馆协会的几个国际委员会是关于“博物馆和收藏的”（例如CIMAM，CIMCIM，CIMUSET，NATHIST，UMAC）。采用收藏作为主要的包容性单位并不意味着博物馆无关紧要。这只是意味着博物馆藏品的组织提出了一系列不同的问题，这些问题最好单独解决。

2.3 术语

名不正则言不顺。

——孔子

最聪明的是什么？数字。仅次之的是为事物命名的人。

——毕达哥拉斯

术语是科学前进的一个重要方面。如果不同的作者使用具有不同内涵的同一个词，或者同一个词表达不同的含义，则会导致混淆。一个一致的术语体系也是“科学成熟”的标志。就博物馆学和博物馆研究中使用的术语而言，尽管学者们进行了一些有价值的尝试，使得术语有了一定规则，但还是经历了很长的混乱时期[①]。至少自1978年以来，国际博物馆协会一直在要求编撰词典和实施标准化，这是大会通过的决议，但到目前为止仍无进展。

术语差异和概念的深度是同一事物的不同方面。术语差异源于缺乏概念深度，概念深度的缺乏反过来又会产生术语问题。就大学博物馆及其藏品而言，它们的多样性、它们与藏品主题的传统紧密联系，以及学术界和一般博物馆部门之间的鸿沟，导致了复杂的术语形式。然而，大学博物馆才刚刚开始将自己视为一个独立机构，随着对其角色和属性的深入理解，术语的差异可能会减少。

① 《博物馆词典》(*Dictionarium Museologicum*)包含20种语言的1632个条目，由国际博物馆协会/国际文献委员会(CIDOC)于1986年出版(布达佩斯)。其他术语同质化项目(在慕尼黑和阿姆斯特丹)也紧随其后，博物馆学国际委员会(ICOFOM)推动了一些关于这一主题的会议。词典是在学科层面上开发的，例如由盖蒂基金会开发。彼得·范·门施(Peter van Mensch)发表了大量关于博物馆学和博物馆术语的文章，有关参考资料和在线论文，请参阅莱因沃特学院的网站 http://www.mus.ahk.nl/。

为了解释，同时也作为更好地了解大学博物馆及其收藏的工具，我们进行了术语调查。作为这次调查的结果，辅之以考察访问期间“收集的”术语，查明了三个主要的术语问题：（a）针对具体国家的术语问题；（b）与非大学附属博物馆共有的一般性和广泛性的术语问题；（c）具体的术语问题。本书将简要讨论这三个问题，同时解释此处采用的术语。

2.3.1 国别术语

鉴于这项研究具有国际视角，因此特别注意术语在不同语言和不同国家的含义。例如，在欧洲，“解剖学”（anatomy）一词的使用存在显著差异。在盎格鲁-撒克逊传统中，解剖学基本上是宏观解剖学的同义词；微观解剖学本身并不存在，而是被命名为组织学（histology）。在拉丁传统中，解剖学可以是微观的和宏观的，组织学只与细胞和组织有关[①]。这些细微差别至关重要，需要考虑在内，以了解不同国家大学收藏的起源和发展。

在美国考古学（archaeology）经常被认为是人类学（anthropology）的一个专业，而在欧洲，两者传统上是两个独立的研究领域（Sturtevant，1969）。由于本研究的重点是欧洲，人们会认为不需要特别谨慎，但事实并非如此。我将用葡萄牙的例子来说明这点。在波尔图大学，考古与史前博物馆不仅包括人类学收藏，而且该博物馆也是自然历史博物馆不可或缺的一部分。这并不是因为波尔图大学与美国传统特别一致，而是源于一段曲折的历史[②]。在里斯本大学，国家自然历史博物馆包括大学收藏的体质人类学，但不包括民族学（这构成了国家民族学博物馆的基础）。在科英布拉大学，自然历史博物馆包括体质人类学和民族学。在其他欧洲国家也存在许多类似的例子，因此，为了理解各种学科名称的含义，始终需要谨慎。

---

① 论文也是如此。在盎格鲁-撒克逊传统中，组织学论文包括微观解剖学。参考文献集通常来自此类论文，不同的术语传统会影响收藏的名称及其组成。

② 考古和史前博物馆起源的教授，安东尼奥·奥古斯托·门德斯·科雷亚（António Augusto Mendes Corrêa）是科学学院的人类学系主任，同时负责人文学院[Letras]的民族学博物馆、美术馆和考古博物馆，他也是该学院的教授。当人文学院于1928年因政治原因而消失时（仅在1961年重新建立）（Santos，1996），其收藏部分转移到科学学院并整合到自然历史博物馆。

2.3.2 通用术语："教学"和"研究"的使用

博物馆的通用术语问题超出了本书的范围。然而，博物馆界对"研究"和"教学"这两个术语的普遍使用，需要进一步解释。洛伦索（2002）讨论了这一问题，但在这里需要进行简短的回顾，因为可能大学博物馆在使用术语"研究"和"教学"时，其含义通常与一般的博物馆界不同。

教育是所有博物馆不可或缺的使命，尽管教育可能采取多种形式，但博物馆界通常不使用"教学"一词，更与时俱进地使用了诸如"非正式教育""解释"或仅仅"教育"之类的术语和表达。博物馆界以参观者为中心，他们自主决定学习和体验。相比之下，"教学"以教师为中心，即教书的人，并且过于依赖正规教育的环境背景。博物馆界也不使用"教师"（teacher）一词，通常更喜欢使用"讲解员"（docent）。"教学"一词在大学中广泛使用，并且具有悠久的传统。"教学"实际上比"研究"要古老几个世纪，其现代意义起源于19世纪。许多大学收藏始于教学收藏，正式教学过去是、现在仍是许多大学博物馆的一项机构责任。除非另有说明，否则在本书中，术语"教学"或"教学收藏"是指高等教育学生的正式教学。

"研究"（research）一词更为复杂，其本身就是一个多层次的概念，每个层次都有许多方面。它通常与"科学"（science）这个词联系在一起，这也不是一个简单的术语。一些作者指出，英语、法语、西班牙语、葡萄牙语和意大利语等语言，无论这些语言在其他方面多么丰富，它们在科学这个词的解释上都相当"狭隘和历史反常"（Schupbach，2001）。与此形成鲜明对比的是，德语和荷兰语的对应词（Wissenschaft / 德语和 Wetenschap / 荷兰语）与广义上的知识进步有着明确而直接的联系。

博物馆界通常如何看待"研究"？这个问题没有直接的答案，因为研究一直是博物馆领域的"热门话题"。关于这个话题有大量的文献，可以从中找到很多种含义。部分是源于博物馆理论和实践的多层次性质；部分是源于上述"研究"一词的复杂性；部分原因是在当代社会中，研究是一个"有威信"的术语，从委员会报告到政府立法，从医院管理人员到记者，从工会到非政府组织，被许多人操纵。研究是一个广义的术语，它包罗万象，并为使用它的人提供了“公信力”。然而，当在博物馆语境下，使用“研究”一词时，必须清楚地说明其含义。

应该明确区分基于学科的研究（例如考古学、艺术史、人类学的研究）和为实现博物馆学目标而进行的研究。虽然两者都将藏品作为信息来源，但是，一个促进了对收藏中所代表的学科的理解，另一个促进了对博物馆学领域的理解。门施（1994）指定前者为“博物馆研究”，后者为“博物馆学研究”，这一术语随后也被贝奈斯（1994）和国际博物馆学委员会（1994）等采用。皮尔斯（1995）以类似的双名词方式指出，“博物馆理论”包括：博物馆物质的基于学科的研究，以及基于博物馆、收藏及运作的历史和性质研究。对于“基于学科的研究”，使用的同义词包括“以研究为导向的策展”（Davies，1984），“藏品研究”（Davies，1984），“策展研究”（Hounsome，1984），“系统对象研究”（Bridgen，1984），“主题研究”（Mensch，1992），“基于博物馆的研究”（Bridgen，1984；Fenton，1995），“基于学科的博物馆物质研究”（Pearce，1995）和“基于学科的专业知识”（Fenton，1995）等。除了多个同义词之外，研究通常被简化为其他博物馆功能，特别是策展和解释（Parr，1963；Bridgen，1984）。研究也可能被误解，特别是在艺术博物馆中，具有藏品认证和保护目的（ Parr，1963）。在《大英博物馆藏品》的最新版本中，最后一章标题为“研究”，在专门研究藏品（埃及学、钱币学等）的章节之后。此章的研究完全与保护相关，并简化为“对收藏的科学检验”，意味着“提供有关藏品何时、如何以及于何地制造，由什么材料制成等重要信息”（Wilson，2001）。

在本书中，“研究”一词不仅指撰写展览标签或目录，回答公众的疑问或确定物品的真实性，还包括调查确定一件物品的收集原因和收集地点。这些是通常被称为“研究”机构的例行程序，它们可能确实符合这样的条件，更多地取决于方式而不是内容。除非另有说明，否则在本书中，术语“研究”或“研究收藏”是指基于学科的研究，即为了增强学科知识的、经深思熟虑的、从假设驱动的活动。

2.3.3 特定术语

多年来，大学博物馆及其藏品形成了一个术语体系，或者更确切地说是行话，通常不被广泛的博物馆界所共享。这种术语的特殊性是几十年来在三个功能，即研究、教学和公共展示之间保持平衡的结果。因此，大学博物馆及其藏品运作的概念框架得以说明。处于两个世界之间，产生了有趣的混合体，例如“展示博物馆”与“工作博物馆”（MacDonald，2000），“展示收藏”（Nicks，1991）和“教师策展人”（Coolidge，1956）。事实上，这个特定术语体系代表了通往大学博物馆及其收藏世界的一条坦途。

正如调查所示，术语“教学收藏”和“研究收藏”，被广泛用于指代源自或支持用于教学和研究的收藏。这也是这些术语在本书中使用的意义。哈德逊和莱吉特（2000）使用“collections didactiques”一词作为“教学收藏”的同义词。在许多博物馆中，教学收藏是专门为学生展示的，这就是为什么巴拉姆基（1970）使用“学生艺术馆”的表述，而范登德里舍（2000）使用“教学艺术馆”。“教学博物馆”的表达和概念也被使用（例如 Warhurst，1984），这个概念本身在大学中就有着悠久的传统。

基恩（1995）使用“研究收集”一词来专门表示在商店中的收藏，这表明展示和研究功能之间不兼容。同样，皮埃尔·巴里安德（Pierre Bariand）在接受关于巴黎皮埃尔和玛丽居里大学（Université Pierre et Marie Curie）矿物收藏的采访时，使用“工作的收藏”一词作为研究收藏的同义词，而不是“展览的收藏”（P. Bariand，1995）。这种二分法在“公众收藏”与“科学收藏”（Jorge，1952），“展示博物馆”与“工作博物馆”（MacDonald，2000）以及“公共展览”和“保留展览”（MacDonald，2000）的使用中进一步放大。

沃赫斯特（1984）将“储备收藏”称为“研究收藏”的同义词，而哈德逊和莱吉特（2000）则使用了“参考和研究物质”一词。调查中发现的研究收藏的其他同义词是“科学收藏”（Parr，1958；Jorge，1941）和“研究藏品”（Collier，1962；Guthe，1966；Nicks，1991）。Hudson & Legget（2000）使用“科学收藏”作为“研究收藏”的同义词，而范登德里舍（2000）则将其用于“精密科学的收藏”（例如物理学史、天文学等）。

在纳入新增和保存之前，大部分来源于实地研究（例如考古学、地质学、古生物学）的物质材料经常要经过研究和选择。在这种情况下，一些作者（例如 Saville，1999、2002）避免使用“收藏”这一名称，而倾向于使用“集合”（ assemblages）。同样，英国博物馆考古学家协会将这些“散装收藏”（Minsky，1976）指定为“实地收藏”（ field collection）。国际博物馆协会的《道德准则》（*Code of Ethics*），使用了“工作收藏”的表达方式（ICOM，2004），这更简单且不言而喻[①]。

术语“子收藏”（sub-collection）也出现在专业文献中（Minsky，1976），作为研究中收藏管理实际的权宜之计。虽然不仅限于大学博物馆，但“子收藏”一词最近作为一个单元，在大学语境中用以应对物品的数量问题，从而更好地评估大学遗产。这样的例子，在荷兰的大学最近的重组项目中有应用。克莱克（2003）将子集合的概念定义为：“……任何一组（在十到几千之间）具有内部逻辑的物品，在专业领域，这很容易理解。就地质学而言，子收藏由收藏家的姓名、年份、地理地点或主题确定，通常由这些因素的组合确立，例如‘亚比特区，玛丽亚山脉（西班牙），德克莱克，学生收藏，1968年’”。

采用的术语种类繁多，这本身就证明了与大学收藏相关的多层次实践。混合并不一定是需要避免的坏事，因为它是大学收藏处于专业博物馆界和高等教育界之间的直接后果。然而，提高术语的明确性和一致性仍是需要的。

2.4 大学收藏的类型学

通常，大学收藏和博物馆根据学科标准进行分类，（例如动物学收藏、考古学收藏、科学博物馆等）。基于物体性质的分类也很常见，例如“穆拉格斯博物馆”、解剖蜡模型、植物标本馆、数学模型收藏、地图收藏、图纸类等。非学科和包罗万象的大学收藏类型很少见，这并不奇怪。首先，它们的多样性，使得很难进行超越单纯学科类别的分类。其次，由于它们会不断变化，同时反映了高等教育和研究的进步，以及大学内部的制度变化，因此大学收藏过于复

① 1986年，在阿根廷布宜诺斯艾利斯举行的国际博协第15届大会上通过的《国际博协职业道德守则》。2001年在西班牙巴塞罗那举行的第20届大会会议上作了修正，2004年在大韩民国汉城举行的第21届大会会议上作了修订。

杂、动态，甚至具有历史意义，无法对其进行严格分类。

从博物馆教科书和手册中提取的类型学，过分依赖于非大学附属博物馆的实践、组织和展览功能（“永久陈列”，“展示收藏”），无法用于广泛的大学收藏。例如，Lord & Lord（1991）根据范围将收藏分类为：代表收藏、系统收藏、关联收藏和机会主义收藏。埃德森和迪恩（1994）根据博物馆的使命，给出了三个类别：永久收藏、研究收藏以及教育计划收藏。Lord & Lord（1991）基于用途，提供了一种替代性的分类：展示收藏、研究收藏、储备收藏、实验收藏、图书馆和档案馆收藏。

然而，大学收藏确实存在一些非学科类型。最近，有机构对北爱尔兰的大学收藏进行了调查（北爱尔兰博物馆理事会，2002年），根据其出处和发展确定了七类大学收藏：

（1）为支持教学和研究而获得的收藏；

（2）作为研究活动的副产品积累的收藏；

（3）对主题或部门的发展具有重要意义的收藏；

（4）将大学视为安全存储库的捐赠者的捐赠的收藏；

（5）委托的肖像和作为纪念品的作品；

（6）大学获得的收藏（礼仪用具、银器）；

（7）为在公共场所展出而获得的作品。

这种类型学在北爱尔兰及世界范围内，都是全面的，提供了大学收藏发展的正确说明。虽然，其优点是区分了为研究装备的收藏和因研究产生的收藏，但分类太多且太复杂。

学界也存在专门为在线数据库而提出的类型学，用作搜索工具为数据库用户的生活提供便利，比用于理论见解更有用。威茨大学数据库和澳大利亚大学博物馆信息系统，都遵循学科标准①。由大学博物馆与收藏委员会开发的数据库“UMAC全球数据库（正在进行中）”，拥有按学科、地理和类型组织起来的三重可搜索系统。列出的22种类型包括：“博物馆”、“收藏”、“解剖剧院”、“水族馆”、“植物园”、“档案馆”、“美术馆”、“艺术中心”、“天文台”、“生物

① 分别见2005年5月28日访问的Wits大学数据库、sunsite.wits.ac.za/mus/ 和澳大利亚大学博物馆信息系统数据库（http://www.lib.mq.edu.au/mcm/aumis/index.htm）。

站”、“植物园”、“拘留室”[①]、“温室”、“植物标本馆”、“故居博物馆”、“纪念馆”、“天文馆”、“科学中心”、“雕塑公园”、“声音档案馆”和“虚拟收藏/博物馆”。

汉密尔顿（1995年）提出了可能最简单和最常被引用的大学收藏分类（用于英国的几项调查）。虽然，汉密尔顿认识到，收藏可能是随机形成的，但他们提出了由四种类型组成大学收藏类型学：

（1）仪式性收藏（ceremonial collections），包括与大学历史相关的物品，例如，大学权杖、银器、仪式设备等；

（2）纪念性收藏（commemorative collections），包括与大学过去有关的杰出人物的肖像、纪念艺术品、银器等；

（3）装饰性收藏（decorative collections），包括大学获得的艺术品，用于装饰大学内的公共或私人空间；

（4）教导性收藏（didactic collections），包括为研究、教学和演示而获得的艺术品、自然历史标本或文物。

汉密尔顿的类型学很简单，但需要修改才具有可信度。首先，它对艺术和人文学科收藏有强烈的偏见；第二，（1）类和（2）类有明显重叠；第三，“教导性收藏”容易被误解，因为“教诲”与教学直接相关，而该类别本身却意味着包括教学和研究两者。

2.4.1 一种可行的类型学

大学收藏，可能有许多类型。以汉密尔顿（1995）为基础，我提出了以下可行的类型学（见图2.9至2.19）。

（1）研究类收藏：最初来源于基于藏品的研究，或为支持此种研究而形成的收藏；

（2）教学类收藏：最初为支持基于藏品的教学，而形成的收藏；

（3）历史类教学与研究收藏：曾经用于教学与研究的具有一定历史的仪器、其他设备和标本，在过时后被组织在收藏中；

---

① “拘留室”是过去大学在学生行为不端时，将他们关起来的地方。一些大学，特别是那些受德国影响的大学，已经修复了这些房间，并向游客开放。格赖夫斯瓦尔德大学、哥廷根大学、德国海德堡大学和爱沙尼亚塔尔图大学等，都修复了“拘留室”。塔尔图大学的“拘留室”是大学艺术博物馆的一部分，（均位于大学主楼中）。

（4）大学历史类收藏：大学纪念物、学生生活的收藏，以及个人，例如前校长、教授或学生的传记式收藏。

下面将会更详细地讨论大学艺术的收藏，因为还有些藏品属于这些类别。

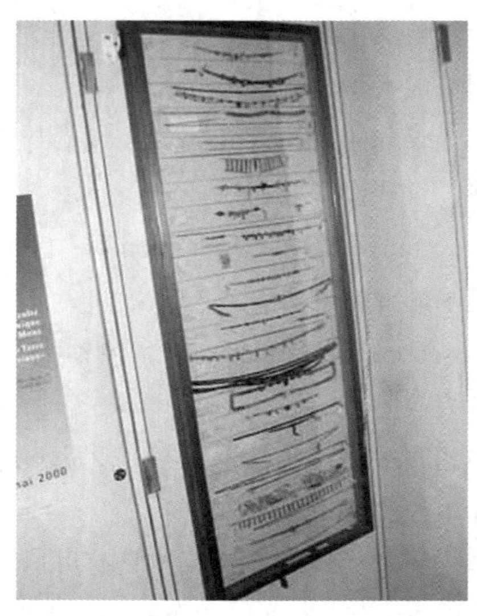

图2.9　研究类收藏：伦敦大学学院埃及考古学皮特里博物馆的珠子收藏

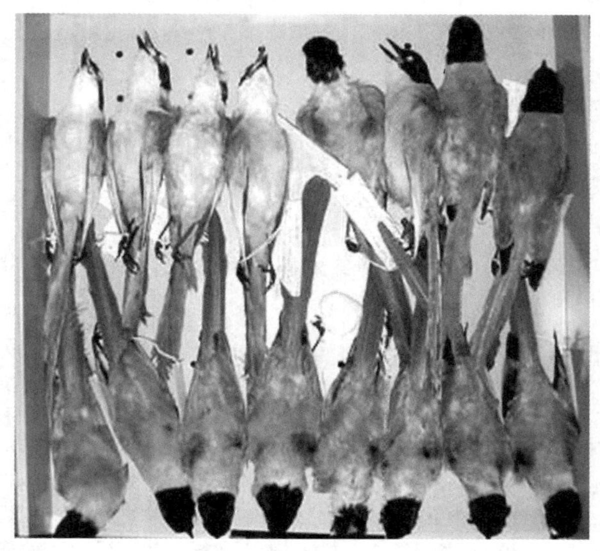

图2.10　研究类收藏：里斯本大学国家自然历史博物馆博卡奇博物馆的一系列灰喜鹊皮毛（照片来自C. J. Hazevoet）

图2.11 教学类收藏:斯特拉斯堡大学路易斯巴斯德分校

图2.12 教学类收藏:比利时鲁汶天主教大学鲁汶新博物馆

图2.13　教学类收藏：米兰大学数学系拓扑模型

图2.14　历史类教学收藏：斯特拉斯堡路易斯巴斯德大学植物研究所木结构植物模型
（照片来自S. Soubiran）

图2.15　历史类教学收藏：牛津大学自然历史博物馆矿物学历史晶体模型
（照片来自M. Price）

图2.16　历史类教学与研究收藏：医疗仪器，班比拉收藏
（展示在帕维亚大学斯托里亚博物馆萨帕教室入口处）

图2.17　历史类教学与研究收藏:代尔夫特技术大学科技馆

图2.18　历史类教学收藏:乌得勒支大学博物馆的斯维伦斯收藏
(包括支持教学的一系列艺术材料、颜料和工具,照片来自P. Rothengatter)

图2.19 大学历史类收藏：哈勒-维滕贝格的马丁-路德大学

以上提出的类型学简单、直观、全面且适用于每个学科。只需要牢记，随着时间的推移，大学收藏会随着人们的认知方式和使用方式发生变化。例如，在多个学科中，研究类藏品也可用于教学。教学类藏品和历史类藏品也可用于研究。许多研究类藏品不再用于其原始目的，但它们并不一定要转化为历史类藏品，由于科学研究的转变，它们可能只是较少使用。收藏的用途是无限的，严格地来说无法在一种类型学中解释，这可以通过大学收藏的历史更好地理解①。如图2.20所示，此处展示的是19世纪收集的巨大卵巢囊肿。鉴于今天患者会接受治疗，这种情况已经非常罕见了。医学和药学的学生在进入药物学学习之前，可将它们作为极端例子进行研究。

① 事实上，大学收藏在用途和用户的多样性方面，并无特别之处。从理论上讲，任何收藏都可以用于无限多样化的用途，而且，类型学无法充分解释所有用途。当一个藏品被认为是“社会历史收藏”时，这并不一定意味着它只被历史学家使用。同样，自然历史收藏也不会因为艺术家使用过而不复存在。收藏，不仅仅是因为它们的用户和用途而成为收藏。

图2.20　目前用于教学的历史类教学藏品示例
（由帕维亚大学图书馆提供）

这种类型学的另一个优点在于，它解释了大学收藏的两个主要过程：通过内部需求驱动的有目的性和选择性的收藏［类型(1)和(2)］，或通过历史积累而来的收藏［类型(3)和(4)］。达尼洛夫（1996）在对美国大学博物馆及其藏品的调查中，确定了这两个过程。

他将那些直接由教学和研究产生的自然历史及相关收藏，命名为“内部生成的”，而对于历史类收藏，则使用常见的学科术语（例如科学博物馆、历史博物馆等）。如果适当且背景明确，我可能会将来自于与教学和研究相关的有目的、有选择的收藏，命名为“第一代大学收藏”；将由历史积累产生的收藏，命名为“第二代大学收藏”（摘要见表2.1所列）。

表2.1　大学收藏拟议类型学摘要

	类别	收集过程	例子
第一代	研究类收藏	有目的地用于研究或作为研究的结果	植物标本馆,古生物学和动物学收藏,生物声学收藏,微生物学、病理学和胚胎学、人类学收藏,考古学收藏等
	教学类收藏	有目的地用于教学	数学中的表面模型、工程和建筑模型、艺术中的雕塑铸件等的收藏
第二代	历史类研究与教学收藏	历史积累	物理学、天文学、医学或其他学科的历史仪器;数学模型等的历史收藏
	大学历史类收藏		与大学相关的肖像和雕塑、传记集、纪念物

2.4.2　大学艺术收藏

大学艺术收藏值得特别关注，毫无疑问也值得大学自身研究。在本书中，我发现艺术收藏的多样性比最初预期的要多。尽管自19世纪以来，许多欧洲的大学都开设了艺术史课程，但这同样不适用于艺术本身。例如在荷兰，绘画、雕塑和设计教授给中等水平的学生。我本以为大学艺术收藏和博物馆的存在，在欧洲会很有限（Zeller，1985），但事实证明我错了。我在欧洲共遇到了五种主要的艺术收藏类型。

（1）与大学历史相关的艺术收藏。校长和教授的肖像和半身像、建筑物的绘画和素描等。这些通常都缺乏文件证明何人委托或捐赠，以及何时捐赠这些收藏。甚至艺术家的身份，有时也可能不清楚。这些作品对上述定义的“大学历史类收藏”类别中的大学历史和景观具有文献价值。

（2）装饰性艺术收藏。陈列在橱柜和公共区域，以便为学习提供愉快和鼓舞人心的环境，同时展现出良好的机构形象。虽然，装饰品在美国和澳大利亚可能更常见（Coolidge，1966），但在欧洲大学中也并不罕见。纯粹的装饰性艺术收藏不属于本书的范畴，因为它们与私人基金会、保险公司、大使馆或银行拥有的艺术收藏没什么不同。艺术收藏是大学中最古老的收藏类型之一，当艺术史在19世纪成为一个研究领域时，许多纯粹的装饰收藏被重组用于教学目的。这个问题将在第3章中讨论。

（3）与艺术史、考古学或美术史相关的教学类艺术收藏。有三个子类别：i. 代表艺术史上特定时期的收藏；ii. 铸件（moulages）收藏，也用于古典考古学的教学；iii. 材料和技术的标准收藏（例如，图2.18中描述的斯维伦斯收藏）。除了检查和研究原件或复制品外，学生还可能被要求撰写专著并策划自己的展览（包括选择作品和编制目录）。与类型（1）、类型（2）中收藏往往是分散的情况相比，本类型收藏通常保存在专用空间（艺术馆或博物馆）中，以方便访问。

（4）由学生或教授创作的艺术作品产生的收藏，例如巴黎国立高等美术学院的“罗马大奖赛”收藏，如今成为了一个“历史类”收藏，包括安格尔、马蒂斯、德拉罗什等人的画作。然而，当安格尔和马蒂斯完成这些作品时，他们仍然是学生，后来才成为大师。今天，美术学院偶尔也继续收藏学生和大师的当代艺术作品（E. Brugerolles，2002年6月26日采访）。另一个例子，是由格拉斯哥艺术学院的麦金托什收藏和档案馆提供的，汇集了查尔斯·雷尼·麦金托什（Charles Rennie Mackintosh）在学生时代完成的作品，以及后来的作品和其他文件。通常，学生的艺术作品通过了正式评估过程。因此，大学认为这些绘画、素描和雕塑与物理或生物学考试完全相同，并存档了固定的期限，通常为五年。波尔图大学美术学院艺术收藏的很大一部分，是来源于这些正式考试[①]。伯明翰大学伯明翰艺术与设计学院的收藏也是如此，“它主要是工作人员和学生作品的艺术收藏”（Everitt，2002）。虽然，这些藏品通常用于艺术史和设计史的研究，但毫无疑问它们具有实验性。它们当然是艺术史上的文件，但作为第一部作品，它们也是艺术创作过程及其逐渐发展的物质证据。

① 虽然严格来说不被认为是艺术收藏，但里斯本大学科学博物馆收藏了大量的机器和模型图纸，这些图纸是学生考试时所作，都灵理工大学和其他欧洲大学理工学院的博物馆也是如此。也许，最重要的技术图纸收藏归巴黎工艺美术博物馆所有。直到最近，“绘画”仍是物理学家、天文学家、数学家和工程师教学中不可或缺的一部分。然而，与绘画在动物学家和植物学家教学中的作用相比，它在教学中的历史作用被认为是次要的，并且通常被忽视。因此，技术图纸的重要性经常被误解，那些收藏被置于博物馆学的边缘地带：它们很少被解释为具有历史价值的教学图纸，并且经常展示半罕见的半艺术品（half-object d'art）。这些收藏属于历史类教学与研究收藏（第二代）类别。

（5）用于支持不同领域研究的艺术收藏。例如切萨雷·隆布罗索收藏、都灵大学的绘画和雕塑或精神病患者完成的其他艺术作品。一些大学经常收集和保护，有时向公众展示儿童艺术收藏，用于儿童教学的发展（例如西班牙马德里大学，澳大利亚麦考瑞大学[①]）。一个特别有趣的例子，是意大利萨勒诺大学的赝品博物馆。该收藏是伪造研究中心的一部分，该中心由研究“伪造的技术、动机和文化”的社会学家萨尔瓦多·卡西略于1990年创建（Willianms，2004）。正如卡西略所指出的，“我们只收集假货。假货越好，我们就越想要”。该博物馆拥有桑德罗·波提切利（Boticelli）和乔治·德·基里科（De Chirico）作品的复制品、希腊和罗马雕塑的复制品以及意大利生产的数百种其他伪造品。

也许比起任何其他类型收藏，大学艺术收藏对分类提出了更多挑战。艺术收藏可能比其他大学收藏具有更多样化的起源和目的。由于其内在性质，艺术收藏也比灌溉系统模型的教学收藏更密集地使用。萨勒诺大学的赝品收藏是在一个博物馆里组织的，引起了公众的极大兴趣，尽管严格来说它属于社会学研究类收藏（有多少参观者知道这一点）。与其他大学收藏相比，艺术收藏也可能不那么容易被随意处置。它们可能来源于最初的捐赠，后来促进了进一步的收购以及教学和研究的发展。它们也可能作为建筑物的一部分进入大学，例如剑桥大学的凯特尔园或波尔图大学的阿贝尔·萨拉查故居博物馆。此外，人种学标本也可以作为艺术品被欣赏、解释、研究和展示。

在大学的艺术收藏中，研究和教学类收藏都存在，即类型（3）、类型（4）和类型（5）。特别是在物品的组织和用途上，这些收藏与其他学科的研究和教学收藏具有共同之处，即，他们有助于在自己的研究领域内构建和传播知识。因此，艺术收藏包括在上面提供的工作类型中。

2.5 类型学的认识论本质

我们的科学思想的价值程度在于，我们在问题面前感到迷失。我们已经看到了它的问题本质，并意识到我们无法在被接受的观念、处方、谚语、纯粹的言语中找到支持。发现新的科学真理的人，不得不将他以前所学到的几乎所有

① 见利里(1999年)。

东西都粉碎瓦解，摒弃掉上千的陈词滥调，最终获得真理时，手上已经沾满了鲜血。

——奥尔特加·加塞特

大学收藏已经参与，还将继续参与到了解我们探索自身和我们生存世界的千年冒险中。但这究竟意味着什么？物品、标本、文物、仪器，在研究和教学中扮演什么角色？收藏又代表什么？

科学解决的是客观现实问题。研究人员旨在为客观现实收集有关信息，然后又仔细审查信息，从而质疑同样的现实。正是在这种创造性的、以问题为导向的、艰难的、动态的、重复的和艰苦的探究过程中，产生了知识。有时，物品在这个过程中至关重要：它们正是获取知识的来源。在其他情况下，物品只是在查询过程中使用，以便获得真正的来源。科学有两个收集有关客观现实的信息，并将其转化为知识的主要过程或方法：一个是通过观察和比较，另一个是通过实验①。这两种方法通常结合使用，最终形成大学收藏认识论发展的基础。

通常，动物学、植物学、地质学、矿物学、微生物学、古生物学、考古学和人类学等学科，部分医学、天文学、艺术、历史和化学等学科都有一个共同的认识论属性：知识是通过直接观察和比较现实中的元素来构建的。或者，根据鲁德威克（1985年）的说法，这些学科共享“理论构建与积累越来越丰富的证据之间的相互作用”。物品至关重要，收集文物和标本，使得他们能够与已知和未知的进行比较。没有这些，我们的理解几乎没有意义。正如普瑞尔等人（2003年）在古生物学的研究案例中指出，“化石的研究需要参考当前的化石，反之亦然”。研究类收藏永远不会过时，因为只要标本和相关文献得以保存，其竞争力就会保持下去。研究类收藏对于研究人员构建当前和未来的知识非常重要。它们在植物学、动物学、考古学、病理学中实现了当前知识过程的物质化。此外，如果研究类收藏年代久远，它也可以记录过去的知识及其过程。如图2.21所示，都灵大学人类古生物学实验室比较骨学研究类收藏，

① 哈维和佩格尔(1991)全面概述了生命科学中的比较方法。对于实验方法,在实验科学的理念和认识论方面,有大量的出版物,包括不同的思想流派和方法。

这些是用于考古动物学研究的哺乳动物骨骼的参考收藏，按类型组织（左侧抽屉中的是下颌骨，右侧的是指骨）。在挖掘过程中，骨骼通常难以辨别；因为它们往往不完整或已损坏。清洁后，骨头被带到实验室，通过与参考收藏的直接比较，进行鉴定。

在物理学及其衍生科学（地球物理学、气象学、生物物理学）中，以及在部分数学、工程学、化学、天文学和其他科学中，认识论过程通常是不同的。知识不是通过从现实中积累元素来创造的，而是通过对现实的实验来创造的。与岩石或鸟皮的收藏相反，仪器不应该“代表”现实，而是基本上用来测量（例如温度计、检流计、伏特表）、执行计算（例如计算器、计算机）、模拟（例如数学模型）或执行行为（例如望远镜观察、电机或机器、手术仪器、演示模型）。科学设备充当研究人员与其正在实验的现实的中间媒介。

图2.21　都灵大学人类古生物学实验室比较骨学研究类收藏

（照片经都灵大学人类古生物学实验室、解剖学实验室、药理学和法医学实验室授权）

这些仪器的关键特性是它们作为媒介的可靠性和性能：它们被期望准确地测量，精确地计算，良好地演示，满意地测试。如果它们达不到要求，也无法用于任何其他实验目的，它们就会被丢弃，被更好的仪器取代。随着时间的推移，只要有人主动保留和保护它们，这种设备不可避免地获得历史价值，并可能构成历史类研究收藏。如图2.22所示，波尔图大学科学博物馆作为第二代大学博物馆，它融合了科学学院物理、数学和化学系的历史类教学与研究藏品，这些藏品大多来自19世纪和20世纪，博物馆保留了一个20世纪初的化学实验室。藏品已基本恢复和列入清单，博物馆还进行了临时展览。另见Araújo（1998）和Santos & Araújo（2003）。

这些收藏在物理学、天文学、工程学等方面记录了过去的知识过程。这些实物往往带有知识过程的有形标记，正如在下一章中说明的那样。

图2.22　波尔图大学科学博物馆仓库
（照片经波尔图大学科学博物馆授权）

有些科学和学科用比较法更容易识别（例如生物学），而其他科学和学科用实验法更容易识别（例如物理学），关键是要把重点放在这个过程上。与其说是比较科学和实验科学，不如说是比较法和实验法。动物学可能有比较和实验过程，就像物理学可能有比较和实验过程一样。两者都可以将对象用作来源或中间媒介。动物学也使用仪器，如显微镜、温度计。天文学使用设备，如望远镜、透镜、镜子，但也使用参考收藏，如摄影板的收藏。这些摄影板是天文观测的记录，自摄影发明以来一直被大量使用，但其使用率随着CCD相机等新技术的引入而逐渐下降。这些馆藏对于研究来说并没有过时，因为在天文学中，在尽可能长的时间跨度内保存观测记录至关重要（Bernardi et al., 2004）[①]。在粒子物理学中，目标在加速器中带有粒子碰撞的痕迹时也会发生

① 都灵大学的皮诺托里尼斯天文台，目前正在恢复其收藏的摄影板，用于当代研究（Bernardi *et al.* 2004）。

同样的情况，它们被识别、描述、积累，数据被比较、处理并与来自设备的数据交叉。化学还使用化学制剂作为参考收藏，如植物学或考古学的参考收藏。也许最好的例子是医学及其他许多专业。大学医学收藏有两大类：（1）真实标本的收藏，更广为人知的是解剖学、病理学和胚胎学收藏等；（2）历史仪器的收藏，更广为人知的是外科、眼科和牙科收藏，或者更一般地说，医学史的收藏。除了将思想历史物质化之外，研究类收藏和历史类研究收藏，还物质化了我们在医学、物理学、植物学、考古学方面的认知。

教学类收藏涵盖更广泛的学科科目。几乎所有学科都可以形成教学类收藏。比起在教科书中看插图，观察、触摸、处理、感受、组装实验，以及经常切割、测试、打开以查看其内部内容，对认知过程更有益，甚至更重要。此外，科学思想可以通过文字传达，但其过程很难通过言语来理解，因为它们涉及实践和实际知识。

图2.23 牛津大学地球科学系的教学收藏

（由牛津大学地球科学系授权）

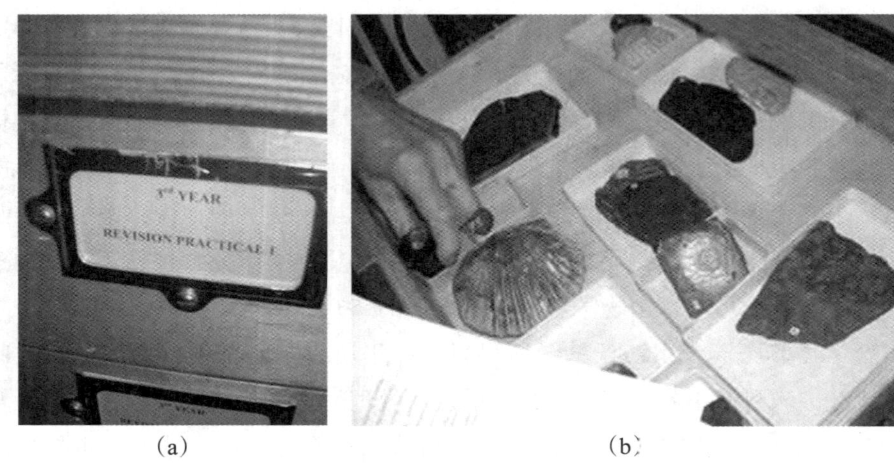

（a） （b）

图2.24 与课程主题和学习年份密切相关的教学类收藏
（由牛津大学地球科学系授权）

一方面，在大学中，教学实际上是为研究服务，因此教学类收藏往往难以与研究类收藏区分开来①。另一方面，学生正处于启蒙阶段，因此现实往往需要以某种方式简化。此外，学科科目往往太大或太小，或太短或太长，或太抽象，如果不进行建模和模拟就无法掌握。教学类收藏通常比研究类收藏具有更简单的组织标准，这些标准使给定的观点对学生来说更明显易懂。因此，在几乎所有学科中，从动物学到考古学，从解剖学和病理学到数学、物理学和工程学，物品都被刻意组织和排列在收藏中，以简化解释，提供类比、说明或演示特定观点，或模拟现实，例如牛津大学地球科学系的教学收藏，如图2.23和图2.24所示，图2.23中展厅里到处都是抽屉和陈列柜，里面放置着地质标本和支撑文件（地图等），图2.24（a）中，抽屉对应于“地质学，第3年，修订实践I”课程。抽屉内［图2.24（b）］是15个标本和一张带有简要说明的纸。在这种情况下，标本没有任何其他文档。标本的“科学的”价值无关紧要，尽管它们肯定都是真实的标本。重要的是（1）某些说明性特征；（2）它们在抽屉中组合在一起的事实，允许进行某些比较；（3）指向给定课程内容的链接。教学类收藏和历史类教学收藏在今天和过去将知识传播的过程物质化了。

① 正是这种紧密的表达方式将大学收藏与(1)中等学校的收藏和(2)研究实验室和其他博物馆(主要是研究)的收藏区分开来。

简而言之，研究类收藏和历史类研究收藏，物质化了现在和过去的研究过程（分别是探究的比较过程和探究的实验过程）。教学类收藏和历史类教学收藏，将现在和过去的教学过程物质化了。它们共同组成了知识史的物质证据。下一章大学收藏的起源，将帮助我们更好地理解这些想法。重点包括从学科和科学到知识过程的转变，对大学收藏的保存和当代意义，以及它们对更广泛公众群体的解释都有影响。

2.6 小　　结

理解大学博物馆及其收藏，首先意味着要考虑它们的学术语境。理解大学博物馆及其收藏，也意味着降低其复杂性，区分影响它们的多个层面。大学博物馆及其收藏的多样性令人震惊，包括：

（1）学科和类型的多样性；

（2）术语多样性，从术语的倍增，例如博物馆、具备和不具备收藏的艺术馆、植物标本馆和档案馆，到同一术语的通常不同的用法，例如博物馆；

（3）博物馆和非机构化收藏的共存；

（4）规模和管理模式的多样性；

（5）用途的多样性：为教学、研究、公开展示而收集的收藏，以及因大学纪念物和艺术积累而产生的收藏；

（6）在大学结构内定位的多样性，导致自治权模式的多样性：部门、院系、图书馆、大学执行委员会（校长、副校长等）之下的博物馆和收藏；

（7）公众和用户的多样性：大学馆藏可以提供给研究人员和学生使用，它们可以向公众开放，它们可能不再有用（孤立的）。

要分解这种复杂性，必须区分收藏的层次（被认为是主要和包容性的单位）、博物馆的层次和大学的层次。这三个层次中的每一个都提出了具体问题，尽管这些问题显然是相关的，但如果分开处理，这些问题更容易理解。收藏的层次，包括诸如教学和研究、收藏管理和组织、藏品的作用及其相关性和重要性等问题。此外，博物馆还提出了另一个问题层次，例如公众的作用、工作人员和培训、专业标准、机构身份、自治、管理等。最后，鉴于收藏和博物馆的自主权通常有限或直接不存在，那么需要考虑第三个层次，即收藏和博物馆与其母体机构的关系。这一层还提出了具体问题，例如机构责任、法律地位，在大学结构中的定位、地位和认可、授权等。

在本章中，确定了术语“博物馆”和“收藏”的定义，以及使用术语“研究”和“教学”的含义。藏品在大学收藏中的作用得到了反映。根据收藏过程和不同学科的认识论本质，提出了大学收藏的工作类型学。归类为：（1）教学类收藏；（2）研究类收藏；（3）历史类教学与研究收藏；（4）大学历史类收藏。在以下章节中，我经常将（1）和（2）称为第一代大学收藏，（3）和（4）作为第二代大学收藏。尽管许多大学艺术收藏也可以分为（1）和（2）类，仍呈现了相当大的分类挑战。这不是一个分类系统，与理想状态差之甚远。这里提出的类型学基于藏品的作用，是经验性的，旨在检视大学收藏的历史和发展，并能够反思其独特的性质。

参考文献

[1] Anonymous, 1995a. La collection de minéraux de l' Université Pierre et Marie Curie. Entretien avec Pierre Bariand. *La Lettre de l' OCIM*, 38: 3-5.

[2] Anonymous, 1995b. *Universitaire collecties en cultuurschatten 1.*

[3] Anonymous, 1997. *Universitaire collecties en cultuurschatten 2*. No publisher given.

[4] Araújo, J.M de, 1998. A science museum at the University of Oporto. In M.A.A. Ferreira & J.F. Rodrigues (eds.), Museums of Science and Technology, pp. 141-145. Fundação Oriente/Museu de Ciência da Universidade de Lisboa, Lisboa.

[5] Arnold-Forster, K., 1989. *The collections of the University of London. A report and survey of the museums, teaching and research collections administered by the University of London.* London Museums Service, London.

[6] Arnold-Forster, K., 1993. *Held in trust: museums and collections of universities in northern England.* HMSO, London.

[7] Arnold-Forster, K., 1999. *Beyond the Ark: museums and collections of higher education institutions in southern England.* Southern Museums Agency, Winchester.

[8] Arnold-Forster, K., 2000. ‘A developing sense of crisis’ : a new look at university collections in the United Kingdom. *Museum International*, 52 (3): 10-14.

[9] Arnold-Forster, K. & J. Weeks, 1999. *Minerals and magic lanterns. The university and college collections of the south west.* South West Museums Council, Somerset.

[10] Arnold-Forster, K. & J. Weeks, 2000. *Totems and trifles: museums and collections of higher education institutions in the Midlands*. West Midlands regional Museums Council, Bromsgrove.

[11] Arnold-Forster, K. & J. Weeks, 2001. *A review of museums and collections of higher education institutions in the eastern region and the south east region of the South Eastern Museums Service.* South Eastern Museums Service, Bury St Edmunds.

[12] Baramki, D., 1970. The museum and the student. In: *Museum and Research. Papers from the 8th general conference of ICOM*, pp. 30-34. Deutsches Museum & International Council of Museums, München.

[13] Bene, J., 1994. Museological researches and their application. In *ICOFOM Study Series*, 21: 34-37 [ICOFOM, Museological research. Proceedings of a symposium in Quebec, Canada-23 September 1994].

[14] Bernardi, G., B. Bucciarelli, W. Ferreri, L. Lanteri & G. Massone 2004. *Lastre dell' altro secolo: Il patrimonio fotografico dell' Osservatorio di Pino Torinese*. Poster presented at the 14o Congresso dell' Associazione Nazionale Musei Scientifici, 10-12 November, Turin.

[15] Black, C.C., 1984. Dilemma for campus museums: open door or ivory tower? *Museum Studies Journal*, 1 (4): 20-23.

[16] Bridgen, R.D., 1984. Research: social history collections. In: J.M.A. Thompson (ed.), *The manual of curatorship,* pp. 170-174. Butterworths & Museums Association, London.

[17] Clercq, S.W.G de, 2003. The 'Dutch approach', or how to achieve a second life for abandoned geological collections. *Museologia*, 3: 27-36.

[18] Collier, D., 1962. Museums and ethnological research. *Curator,* 5: 322-328.

[19] Coolidge, J., 1956. The academic art museums of America. *Museums Journal*, 56: 167-171.

[20] Council of Museums in Wales, 2002. *Dining amongst the bones: a survey of museum collections in Welsh universities*. Council of Museums in Wales, Cardiff.

[21] Danilov, V.J., 1996. *University and college museums, galleries, and related facilities-a descriptive directory*. Greenwood Press, Westport CON.

[22] Davies, D.G., 1984. Research: archaeology collections. In: J.M.A. Thompson (ed.), *The manual of curatorship*, pp. 164-169. Butterworths & Museums Association, London.

[23] Drysdale, L., 1990. *A world of learning: university collections in Scotland.* HMSO, Scotland. Duggan, A., 1964. The functions of a modern medical teaching museum. *Museums Journal,* 63: 282-288.

[24] Edson, G. & D. Dean, 1994. *The handbook for museums*. Routledge, London.

[25] Everitt, S., 2002. *Awakening the archives*. In: MDA Conference 2002, http://www.mda.org.uk/conference2002/paper09.htm, accessed 5 February 2005.

[26] Fenton, A., 1995. Collections research: local, national and international perspectives. In: Anne Fahy (ed.), *Collections management,* pp. 224-232. Routledge, London.

[27] Freundlich, A.L., 1964-65. Is there something the matter with college museums? *Art Journal*, 24: 150-151.

[28] Galen, H. van & E. Stoop (eds.), 2000. *Universitaire collecties en cultuurschatten* 4. No publisher given.

[29] Gil, F.B. & M. Lourenço, 1999. Que ganhamos em levar os nossos alunos a um museu? *Comunicar Ciência* (Direcção Geral do Ensino Secundário, Ministério da Educação, Lisboa), 1 (3): 4-5.

[30] Gil, F.B. & M. Lourenço, 2001. Que cultura científica para o séc. XXI? O papel dos museus de ciência e tecnologia. In Julián Betancourt Mellizo (ed.) *Red-Pop 10 años. Reflexiones y realidades*, pp. 59-70. RED-POP, Bogotá.

[31] Guthe, A.K., 1966. The role of a university museum. *Curator*, 9: 103-105.

[32] Hamilton, J., 1995. The role of the university curator in the 1990s. *Museum Management* and Curatorship, 14: 73-79.

[33] Harvey, P.H. & M.D. Pagel, 1991. The comparative method in evolutionary biology. Oxford Series in Ecology and Evolution, Vol. 1. Oxford University Press.

[34] Hounsome, M.V., 1984. Research: natural science collections. In: J.M.A. Thompson (ed.), *The manual of curatorship,* pp. 150-155. Butterworths & Museums Association, London.

[35] Hounsome, M.V., 1986. Zoological collections of university museums. In: P.J. Morgan (ed.), *A national plan for systematic collections.* Proceedings of a Conference held at the National Museum of Wales in conjunction with the Biology Curators Group, July 1982, pp. 29-33. National Museum of Wales, Cardiff.

[36] Hudson, N. & J. Legget, 2000. University collections in Aotearoa New Zealand: active past, uncertain future. *Museum International*, 52 (3): 21-26.

[37] Humphrey, P.S., 1992a. University natural history museums systems. *Curator*, 35: 49- 70. Humphrey, P.S., 1992b. More on university natural history museums systems. *Curator*, 35: 174-179.

[38] ICOFOM, 1994. Museological research. Proceedings of a symposium in Québec, Canada-23 September 1994. ICOFOM Study Series 21.

[39] ICOM, 2004. *ICOM Code of Ethics for Museums*, in http://icom.museum/ethics.html, accessed 24 April 2005.

[40] Jorge, A.R., 1941. Museus de história natural. *Arquivos do Museu Bocage*, 12: 79-112.

Jorge, A.R., 1952. A dupla missão-científica e cultural-dos museus de história natural, à luz da biologia e da museologia modernas. *Arquivos do Museu Bocage*, 23: 125-144.

[41] Keene, S., 1995. Les collections d' étude du Science Museum. *La Revue*, 10: 11-16.

[42] Kelly, M., 1999. The management of higher education galleries and collections in UK. *International Centre for Higher Education Management, Occasional Paper*, 7. University of Bath School of Management, University of Bath.

[43] Kemp, J., 1994. Art in the library: should academic libraries manage art? *Journal of Academic Librarianship*, 20: 162-166.

[44] Kinsey, W.F., 1966. A college museum and the nature of its community. *Curator*, 9: 106-113.

[45] Labrador, A.P., 2000. Educating the muses: university collections and museums in the Philippines. Museum International, 52 (3): 4-9.

[46] Leary, K. 1999. Childhoods past: Children' s art of the twentieth century. Thames & Hudson, Port Melbourne, Victoria.

[47] Lord, G.D. & B. Lord, 1991. *The manual of museum planning*. HMSO, London.

[48] Lourenço, M.C., 2002. *Is research special in university museums*? Unpublished paper presented at UMIS (University Museums in Scotland) Meeting, 7-8 November 2002, University of St. Andrews.

[49] LOCUC, 1985. *Rapport landelijke inventarisatie universitaire collecties, 1985*. Landelijk Overleg Contactfunctionarissen Universitaire Collecties & Ministerie van Onderwijs en Wetenschappen, Den Haag.

[50] Museums Association, 2002. *Code of ethics for museums*. MA, London (downloadable at Museums Association, in http://www.museumsassociation.org/asset_arena/text/ cs/code_of_ethics.pdf, accessed 3 June 2005).

[51] MacDonald, S., 2000. University museums and the public: the case of the Petrie Museum. In: P. McManus (ed.), *Archaeological displays and the public: museology and interpretations*, second edition, pp. 67-86. Archetype Publications, London.

[52] MacGregor, A., 2003. *University museums: were they ever worth it*? Unpublished paper presented at the Conference 'University collections: are they worth it?', Whipple Museum, University of Cambridge, 4-6 July 2003.

[53] Maigret, J., 2001. Les collections d'histoire naturelle: définitions et statuts. 1ères Rencontres du Patrimoine naturel en Rhône-Alpes, Grenoble, 11-12 octobre 2001, pp. 13-18. Muséum d'Histoire Naturelle, Grenoble.

[54] Mensch, P. van, 1992. *Towards a methodology of museology.* Unpublished PhD thesis, University of Zagreb.

[55] Mensch, P. van, 1994. Museological research. In *ICOFOM Study Series,* 21: 19-29 [ICOFOM, Museological research. Proceedings of a symposium in Québec, Canada-23 September 1994].

[56] Merriman, N., 2002. The current state of higher education museums, galleries and collections in the UK. *Museologia,* 2: 71-80.

[57] Minsky, D., 1976. On curating a small university collection. *Curator*, 19: 37-44.

[58] Nicks, J., 1991. Planning for collections management. In: G.D. Lord & B. Lord (eds.), *The manual of museum planning*, pp. 103-126. HMSO, London.

[59] Northern Ireland Museums Council, 2002. *A survey of the university collections in Northern Ireland.* Belfast.

[60] Parr, A.E., 1958. Systematics and museums. *Curator*, 1: 13-16.

[61] Parr, A.E., 1963. The function of museums: research centers or show places. *Curator*, 6: 20- 31.

[62] Pearce, S., 1995. Patterns of research in museums studies. In: *Musées et Recherche.* Actes du Colloque de Paris, Musée National des Arts et Traditions Populaires, 29 November-1 December 1993, pp. 257-259. OCIM, Dijon.

[63] Prieur, A., J. Thomas & N. Podevigne, 2003. Inventaire, numérisation et mise sur réseau des collections de paléontologie. *Journal de l'Association Paléontologique Française*, 45: 37-51.

[64] Rodeck, H.G., 1952. Present situation among college and university museums. *Museum News*, 30 (January): 4-6.

[65] Rolfe, W.D.I., 1969. A university's museum. *Museums Journal,* 69: 7-10.

[66] Rudwick, M.J.S., 1985. *The meaning of fossils. Episodes in the history of paleontology.*

[67] Second edition. University of Chicago Press.

[68] Santos, C. dos, 1996. *Universidade do Porto. Raízes e memória da instituição.* Universidade do Porto.

[69] Santos, C dos & J.M de Araújo, 2003. 2o *Centenário da Academia Real da Marinha e Comércio da Cidade do Porto. 1803-1837.* Reitoria da Universidade do Porto, Porto.

[70] Saville, A., 1999. Thinking things over: aspects of contemporary attitudes towards archaeology, museums and material culture. In: N. Merriman (ed.), *Making Early Histories in Museums,* pp. 190-208. Leicester University Press, London.

[71] Saville, A., 2002. *Archaeology, material culture studies and museums.* Unpublished paper presented at UMIS (University Museums in Scotland) Meeting, University of St. Andrews, 7-8 November 2002.

[72] Schupbach, W., 2001. Some cabinets of curiosities in European academic institutions. In: O. Impey & A. MacGregor (eds.), *The origins of museums: the cabinet of curiosities in sixteenth- and seventeenth-century Europe*, second edition, pp. 231-243. House of Stratus, London.

[73] Scotchmoore, J., 2000. Sharing science through technology. *Curator,* 43: 139-146.

[74] Society of Museum Archaeologists, 1993. *Selection, retention and dispersal of archaeological* collections. Guidelines for use in England, Wales, Northern Ireland. London.

[75] Stanbury, P., 2003. Adding value to university collections. *Museologia,* 3: 1-4.

[76] Stoop, E., 1999. *Universitaire collecties en cultuurschatten* 3. No publisher given.

[77] University Museums Review Committee, 1996. *Cinderella collections: university museums and collections in Australia.* Australian Vice Chancellors Com-

mittee, Sydney.

[78] University Museums Project Committee, 1998. *Transforming Cinderella collections: the management and conservation of Australian university museums, collections & herbaria.* Australian Vice Chancellors Committee, Sydney.

[79] Van den Driessche, B., 2000. University and universality in Belgium. *Museum International*, 52 (3): 38-44.

[80] Wallace, S.-A., 2003a. Challenges for university museums: museums, collections and their communities. *ICOM Study Series*, 11: 28-30.

[81] Wallace, S.-A., 2003b. University museums at the crossroads. *Museologia,* 3: 5-8.

[82] Warhurst, A., 1984. University Museums. In: J.M.A. Thomson (ed.), *Manual of curatorship: a guide to museum practice*, pp. 76-83. Butterworths, London.

[83] Warhurst, A., 1986. Triple crisis in university museums. *Museums Journal,* 86: 137-140.

[84] Weber, C., 2003. A renaissance of German university collections. *Museologia,* 3: 45-50.

[85] Williams, D. 2004. Sure, it's real! Real fake. In the edifice of art, copies forge a niche. *Washington Post*, 12 September, p. D01.

Wilson, D., 2001. *The collections of the British Museum*. Second edition. British Museum Press, London.

[86] Zeller, T., 1985. The role of the campus art museum. *Curator,* 28: 87-95.

第三章　它们来自哪里？大学收藏的起源

大量收集所有藏品对于科学研究和艺术实践是有必要的……像一种感官的百科全书……所有这些收藏，不像在其他地方那样分散，而是组合起来。如此，其中每一部分单独看来没有任何价值，在一起却呈现出宏大的结合。

——J.W. 冯·阿切诺尔茨

没有过去的人，也没有未来。

——威廉·冯·洪堡

了解大学收藏的历史[①]，有助于了解它们在当下的角色。历史学家倾向于忽视收藏和博物馆的作用，因此在物理学、生物学、考古学和其他学科的历史研究中，大学收藏的历史在很大程度上仍被忽视。虽然这本身是一个较新的研究领域，但意识到有许多科学史被研究和出版，却没有参考收藏的历史，特别是大学收藏及其与高等教育研究政策、课程和体系的关系，这是相当令人困惑的。在这方面，像科尔施泰特一样（1988、1991、1995）关于美国生命科学史的作品，仍然是少有的。也许更能说明问题的是，在有关博物馆历史的文献中，对大学博物馆及其收藏的引用很少。大学收藏并没有被忽视——许多收藏太重要了，不容忽视——但大学方面的重要性经常被遗漏。例如，阿什莫林博物馆通常被认为是第一个公共博物馆，但与牛津大学的联系却往往没有被提及（Belk，1995）。同样，比萨大学的植物园被誉为世界上第一个植物园，尽管是在比萨大学创建的。在《运动中的博物馆》（*Museum in Motion*）

① 在本文中，“大学”一词以它最广泛的含义使用，指所有欧洲高等教育机构，包括高等学校（*Fachhochschulen*）、军事院校、理工学院和大学校（*grandes écoles*）。

一书中，亚历山大（Alexander，1979）从学科的角度探讨了博物馆的历史，其中对大学博物馆的引用较少，且很分散。最近，在《遗产和博物馆：文化的制度》（*Patrimoine et musées：l' institution de la culture*）一书中，普洛特（Poulot，2001）对博物馆和纪念碑在塑造现代文化（主要是艺术）中的作用进行了全面概述，但没有明确提及大学收藏或博物馆。

刘易斯（Lewis，1984）在《策展手册》（*Manual of Curatorship*）中，对博物馆的历史进行了全面的非学科审视，包括主要的大学博物馆。著名的《博物馆的起源》（*The Origins of Museums*）（Impey & MacGregor，2001）结合了地理和学科方法，其中有一章专门介绍大学博物馆（Schupbach，2001）。吉尔曼（1918）和威特林（1949）的早期作品也遵循了类似的方法。达尼洛夫（1996）简要介绍了美国的大学收藏和博物馆。而博伊兰（1999）则将大学博物馆视为一个整体，并对欧洲进行了全面的历史概述。麦格雷戈（2003）问道："大学博物馆：它们是否值得？"，并就大学博物馆收藏的效用进行了广泛的历史叙述，还引用了英国、荷兰和意大利的例子。显然，需要在大学的历史和发展背景下，对大学博物馆及其收藏进行更多的研究。

大学博物馆及其收藏本身，理应成为历史研究的主题。它们的创造和发展出现了不同的问题，这些问题在"主流"博物馆史[①]和"主流"科学史中最好的情况是被淡化，最坏而言则是被省略。

本章对大学收藏进行了历史概述。本章的布局遵循上一章概述的类型学，因此不一定是按时间顺序排列的。第一部分涉及第一代收藏，即为满足教学和研究需求而有目的地收集的收藏。我将讨论教学收藏、研究收藏的起源，以及第一代大学博物馆，还包括一个专门讲艺术收藏的单独板块。在第二部分中，我将讨论第二代大学收藏，即那些由与教学和研究、大学大事记相关的历史物品积累而来的收藏。鉴于主要文献只提供了有限的比较分析，本章的来源大部

---

① 除少数例外，博物馆历史是由博物馆专业人士撰写和教授的。博物馆作为历史批评的主题，只受到历史学家的有限关注（参见 Hooper-Greenhill，1992）。最近，斯塔恩（2005）认为博物馆应该对历史学家很重要，并呼吁历史学家更多地关注博物馆历史，并指出"…与历史学家相比，博物馆实际上在更长的时间里，向更多的人，更有效地提供了更多的历史"，并且鉴于"…许多历史学家首先从博物馆中感受到对历史的渴望，肯定比从学校阅读的教科书中得到的更多"（2005），如果缺乏兴趣，就难以理解这一点。

分是次要的——关于博物馆历史、大学历史和科学史的分散文件。这使历史概要得以展开，反过来又促进了对不同欧洲国家共同模式的认同①。

3.1 用于研究和教学的早期“收藏”

毫无疑问，收藏以一种独特的方式“解放了”老师的讲授，增强了学生的理解（Hamilton，1995）。这似乎可以追溯到古代。早期教学“收藏”中最引人注目的发现之一，是考古学家伦纳德·伍利（Leonard Woolley）于20世纪初在今天伊拉克的乌尔发现的。伍利挖掘出了一所可追溯到公元前530年的学校，其中包含一间教室，里面有几件古物。这些古物比学校早了1600年。这所学校是由巴比伦最后一位国王纳博尼都斯（Nabonidus）的女儿恩尼加尔迪-南纳（En-nigaldi-Nanna）建立的。如果这个发现还不够吸引人，与这些古物一起被发现的似乎还有带有黏土“博物馆”标签的东西则够惊人（Woolley &Moorey，1982）。

还有更多早期收藏的例子。《神农本草经》（*Sheng Nung Peng Tsao*）被认为是最早的药物学著作，基于约公元前2800年中国皇帝神农创造的百草园-记录了超过10000种药用物质。至少从公元前1500年开始，埃及和亚述就存在植物园和动物园（Alexander，1979；Lewis，1984；Foster，1999），尽管学习研究工作可能与休闲和社会地位交织在一起。公元前4世纪，亚里士多德在雅典学园收集了用于教学和研究的标本，其中还包括亚历山大大帝捐赠的动物园

① 本章介绍的大学收藏的历史基于原始类型的演变，这些类型基于共同的特征：例如教学类收藏、研究类收藏等。我知道博物馆历史学家对这种观点持批评态度，尤其是在最近的博物馆历史中。胡珀-格林希尔警告不要寻求概括和统一性，而是建议“寻找差异、变化和决裂”（1992）。她的另一种方法呈现了一系列单独的地标：佛罗伦萨的美第奇宫、多宝阁（Wunderkämmer）、17世纪的自然历史收藏，特别是伦敦皇家学会的存储库，以及革命后的卢浮宫是现代“学科博物馆”的原型。这就会导致博物馆历史不连续，更不用说所有博物馆的统一历史了（Starn，2005）。韦尔观察到“博物馆的历史是一个虔诚的骗局”（1995）。我同意，也不认为大学收藏的单一历史能够构建出来。然而，作为一门学科，博物馆历史已经经历了100年的发展，因此，博物馆历史学家可以不将他们的观点概括化。博物馆历史拥有充足的主要来源、选集和合成，以瞄准深入的非传统视角。大学收藏和博物馆的历史并非如此，在某种程度上，这一事实本身就证明了寻找“概括和统一性”的合理性，为未来的研究和非正统的历史方法创造了条件。

（Whitehead，1970）。缪斯博物馆（Museion）由托洛米·索托尔于公元前290年在亚历山大创立，拥有修道院、公共演讲室、植物园和动物园、图书馆，以及供艺术家指导的绘画、雕塑和铸像（Bateman，1975；Canfora，1990；Boylan，1999）。缪斯博物馆是当时科学、艺术和文学的发祥地，吸引了德米特里厄斯、斯特拉托、欧几里得、阿基米德、阿波罗尼乌斯和埃拉托斯特尼等学者。缪斯博物馆利用了分类。一般来说，在希腊和罗马时期，一些“致力于特定哲学传统的学院将拥有大量的肖像收藏，很可能是用于公共展示”（Boylan，1999）。而在欧洲，自9世纪[①]以来就开始种植草药。在西班牙穆斯林王朝建立的早期“大学”里，特别是科尔多瓦、塞维利亚和格拉纳达，有教授医学和药物学[②]。波斯学者伊本·西纳（Ibn Sina，980-1037），在西方被称为阿维森纳（Avicenna），描述了在山上发现的水生和其他动物的化石遗骸，并将山脉解释为地壳剧变作用的产物（Van-Praët，2004；Toulmin & Goodfield，1965 ）。

关于早期伊斯兰科学和技术的文献非常丰富。但据我所知，在伊比利亚伊斯兰“大学”中，或就此而言，在早期伊斯兰世界的其他地方，例如君士坦丁堡和巴格达，不存在关于收藏或收藏原型的研究。虽然，我们目前的知识现状不足以讨论这些早期“收藏”的规律性或永久性，更不用说早期学者和教师有

① 第一份记录来自9世纪的瑞士圣加尔修道院（Abbey of Saint-Gall ）（Paiva，1981 ）。目前尚不清楚早期的修道院花园到底是什么样子，但圣加尔的计划保存了下来，该计划展示了果园、鱼塘、葡萄凉亭、草药和蔬菜作为食物和药品，以及用于祭坛的装饰花卉。有关植物园历史的更多信息，请参阅英格沃森（1978）和莫顿（1981）。

② 伊斯兰文明从8世纪到14世纪在伊比利亚的部分地区蓬勃发展。科尔多瓦“大学”成立于10世纪，吸引了来自中世纪世界各地的学者。在其鼎盛时期（900—1030年），科尔多瓦在社会、政治、科学、艺术和文化发展方面堪称典范。基督教和犹太社区都蓬勃发展，使得其成为欧洲最有文化的城市，并与君士坦丁堡和巴格达一起成为中世纪世界的三个文化中心之一（见“阿卜杜勒·拉赫曼三世 Abd al-Rahman III”，收录于：大英百科全书2005年，http://concise.britannica.com/ebc/article?tocId=9354388，访问于2005年6月3日）。该市人口约50万（相比之下，巴黎当时有40000居民），拥有70个图书馆。哈里发哈卡姆二世的图书馆藏书约40万册（而上述圣加尔修道院有约600册）。有关欧洲早期伊斯兰文明的更多信息，请参阅例如海耶斯（1992）。关于这个问题，也有大量西班牙语文献。

何种“收藏”理念[①]，但很难相信教学和研究收藏只出现在16世纪中叶。使用收藏进行教学和研究，可能与教学和研究本身一样古老。

我们很难确定大学创建的确切日期，因为标准各有不同，比如课程从一个日期开始，官方的教皇诏书或皇家法令会接着出现，等等。人们普遍认为博洛尼亚拥有欧洲第一所大学，虽然在1088年没有完整的记录，但它被广泛接受为博洛尼亚大学的建立日期（Rüegg，1996a）。巴黎大学创建于1150年至1170年之间，尽管官方仅承认其建立于1211年（Verger，1996）。在中世纪早期，博洛尼亚大学是南欧大学的典范，巴黎大学是北欧大学的典范。第一个校长头衔，于1214年在牛津大学授予。

3.2 教学收藏

教学收藏长期存在，它们是大学收藏里的前辈了。教学收藏首次出现的时间和地点尚不清楚，一些作者坚持认为除了皇家珍宝和宗教收藏外，中世纪欧洲几乎没有任何收藏（Lewis，1984；Belk，1995）。

中世纪教学的学术氛围和理论性质并没有刺激藏品的收集，因为直接观察和实验并未形成惯例。中世纪文化崇尚稀有、不寻常、奇妙和奇迹。自然历史主要由独角兽和美人鱼等神话野兽主导，这主要来源于公元2世纪至5世纪一本被称为《自然史》（*Physiologus*）的匿名著作（Ritterbush，1969；Whitehead，1970）。此外，“研究”和“科学进步”的概念在中世纪的大学中也不流行（Verger，1996）[②]。大学参与发现和发展知识，只是伴随启蒙运动和民族国家的建立而来的（Rudy，1984）。

人们用完全不同的眼光看待教育学。在早期的大学里，典型的课程从阅读

---

① “收藏”一词显然不存在。该术语在英语中的使用始于14世纪（梅里亚姆·韦伯斯特在线词典）。

② 然而，教授们应该取得一定程度的“进步”，这意味着他们的表述越来越接近真理（Verger，1996），但这种“进步”是通过对希腊、罗马和阿拉伯手稿的研究和解释获得的。到12世纪末，亚里士多德的大部分作品已被翻译成拉丁语，并在大多数大学中教授（Whitehead，1970；Leff，1996；Rüegg，1996a）。阿尔伯特·马格努斯（Albert Magnus，1206—1280）和他的学生托马斯·阿奎那（Thomas Aquinas，1225—1274）是亚里士多德作品的杰出诠释者。

官方文本开始，然后，老师进行评论——这被称为演讲（lectio），其目的是让学生习惯于“权威”。演讲之后是辩论（disputatio），这是一场口头辩论，其中需要讨论和不断提及权威的具体案例，以建立、支持或反驳给定的论点。演讲-辩论模式在早期大学中普遍存在（图3.1）（Verger，1996、1999；Rudy，1984）①。在这个教学框架内，几乎不需要收藏。

图3.1　中世纪的教学和学习

（14世纪手稿，米兰布雷登斯国家图书馆Biblioteca Nazionale Braidense）

然而，当更仔细地关注中世纪大学教授的科目和课程时，所谓缺乏收藏的说法就逐渐变得不可信。大学在四大院系的经典模式下组织：艺术、神学、法律和医学。有七艺，分为三艺和四术。三艺包括语法、修辞和逻辑，四术包括音乐、算术、几何和天文。是否至少可能有某种形式的“收藏”用于四艺中的医学教学？

大学和科学的历史表明，这些疑问并非没有根据。14世纪上半叶，牛津

① 当时，大学系统地反对其他形式的知识表达。无论是修道院文化中使用的神秘释经，还是更具创新性的实验、测量和历史分析方法，都是不允许的。后者在15世纪末和16世纪初随着人文主义运动才逐渐引入（Verger，1996）。有关人文主义在大学中影响的更多信息，请参阅鲁伊格（1996b）。

大学默顿学院的计算器是将数学定律应用于运动研究的先驱，它们还测量了物体的物理性质（Leff，1996）。同样的事情发生在1350年的巴黎，与妮可奥雷斯梅（Nicole（d′）Oresme）以及在他之前的简·布里丹和阿尔伯特·德·萨克斯（Leff，1996）一起。莱夫（1996）认为“牛津计算器和巴黎逻辑学家创造了数学和机械仪器”，如果是这样，他们很可能使用这些仪器进行教学。一般来说，物理学和四术发展了音乐、光学和天文的仪器，这些仪器“既用于实际目的，也用于研究”（Rüegg，1996）。象限、早期星盘模型、太阳钟和行星定位仪（用于研究欧几里得天文学）等仪器被用于教学。克拉科夫大学就是一个早期的例子，该大学早在1349年（North，1996）就开创了一门独立的天文学课程。

至于医学[①]，“自意大利萨勒诺大学创建第一所医学院以来，就存在实验演示”（Siraisi，1996）。维萨里是一位佛兰德博物学家，曾在鲁汶和巴黎学习，并于1537年前往帕多瓦。他反驳了盖伦对人体的描述，并首次实践了现代解剖。因此，他委托建造了一个解剖学剧院（没有保存下来），他很可能已经收集了藏品。公共分类早在1316年就在博洛尼亚出现，于1340年在蒙彼利埃分类学依法建立（Siraisi，1996）。巴黎从1267年开始便教授解剖学和病理学，尽管官方解剖并不频繁，但教师定期为学生进行私人解剖（Clin，1994）。解剖的目的是人体解剖学的教学，而不是掌握解剖技术（据说是外科医生的任务）[②]，因此，骨骼可能会被保留下来以备将来使用。此外，尽管在大学中第一个植物园的确切记录可以追溯到1450年代，但它们可能在之前就已经以基本形式存在，如前所述，草药至少自9世纪以来一直在欧洲出于医学原因被种植；中世纪大学教学中使用的阿拉伯语论文明确地认为植物药理学（本草学）是一个独立的研究领域（Siraisi，1996）；还有医学生必须熟悉亚里士多德的《论自然哲学》（*libri naturales*）。

基于收藏的教学可能发生在中世纪的大学中，以促进思想的传播。这些收藏可能被单独或成组地反复使用，但其组织和使用记录仅在16世纪之后才存在。重要的是，收藏历史学家、大学历史学家和博物馆历史学家，通常会检验大

① 关于中世纪大学医学研究和实践的概述，见西莱西（1996）和科林（1994），后者特别与巴黎大学的早期医学史有关。

② 内科医生和外科医生从古至今都是不相关的，因为医学和外科医学藏品往往是分开发展的。事实上，内科医生在大学里接受教育，并接受书本导向的训练。

学历史的主要来源，以阐明这些方面。

内科医生是学者。相比之下，外科医生被看作是工匠并接受实践训练（Clin，1994）。直到15世纪和16世纪，外科医生才开始接受大学培训。

教学收藏贯穿文艺复兴时期的大学，一直持续到19世纪至今。在文艺复兴时期的大学——比中世纪的大学更开放地对待教学创新（Verger，1996）——模型、草图、铸件、复制品，以及标本和乐器等实物，被制作、组装，并用于说明、演示和解释。

3.2.1 医学和解剖学：为教学“博物馆”创造了条件

文艺复兴时期的奇物柜[①]已经过详细研究（Pomian，1987；Impey & Macgregor，2001；Alexander，1979；Mauriès，2002）。许多多宝阁，尽管其布置具有象征性且其风格独特，大学教师和学者仍认为它们很重要。大学教师和学者定期探访这些多宝阁（Aimi等，2001），其中许多最终进入大学[②]。伴随着人文主义运动和宗教改革，在文艺复兴时期引发私人收藏发展的相同条件（如发现外国土地，瘟疫后的欧洲人口增长，钟表和印刷机等新发明，人文主义，以及资产阶级的兴起）也影响了大学和大学教学[③]。

在文艺复兴时期的大学收藏历史中，应该考虑两个重要的标志：植物园和解

① “奇物柜”一词先于“博物馆”发现。源自拉丁语cavea，意为空腔，最初指的是存放标本的家具。后来，其含义被扩展到包括容纳收藏的整个房间或建筑物。意大利人逐渐开始称这些橱柜为自然博物馆（贝特曼，1975）。在14世纪法国，奇物柜的前身被称为*estudes*；在15世纪和16世纪的意大利，他们被称为studioli。“收藏室”（*Kunstkammer*）和“多宝阁”（*Wunderkammer*）这两个术语，首次出现在塞缪尔·基切贝格于1565年出版的关于博物馆学的著名论文《提图利大剧院的铭文》（*Inscriptiones vel Tituli Theatri Amplissimi*）（Mauriès，2002）中。

② 丹麦国王弗雷德里克二世（King Frederik II of Denmark，1609—1670）的博物馆是哥本哈根大学动物学和矿物学博物馆的基础，二者分别建立于1862年和1870年（Gundestrup，2001）。布拉格大学的19世纪雕塑收藏，起源于诺斯蒂茨伯爵的内阁（Dufková，1988），安德鲁·巴尔福爵士（Sir Andrew Balfour，1630—1694）的古物和自然历史内阁于1697年进入爱丁堡大学（MacGregor，2001a）。在美国，属于荷兰格罗嫩代克家族（Dutch Groenendijk）的电气仪器收藏于1959年被麻省理工学院迪布纳科学技术史研究所收购。格罗嫩代克收藏又起源于阿姆斯特丹的费利克斯·梅里蒂斯协会，成立于1777年（D.A. Pantalony ，2005年2月18日）。许多欧洲大学都收集了科学学会的藏品，如雅典大学收纳了雅典自然历史学会和阿姆斯特丹大学皇家动物学会“阿提斯动物园（Natura Artis Magistra ）”的藏品（Roselaar，2003），成为重要大学博物馆的核心。

③ 有关文艺复兴时期和早期现代大学的更多信息，请参阅Ridder-Symoens（1996）。

剖剧院的兴起。这些促进了大学中有记录的第一批收藏和“博物馆”的发展。

与中世纪大学的历史一致，第一批有组织的收藏无疑与医学教学有关：药用植物园（hortus medicus或hortus simplicium）和解剖剧院（theatrum anatomicum）（Olmi，2001；Schupbach，2001）。第一个植物园于1540年代在意大利的帕多瓦或比萨建立（图3.2），第一个解剖剧院于1594年在帕多瓦建立（图3.3）。植物园和解剖剧院迅速传播到其他欧洲大学，始终以医学教学为根本①。在17世纪的前几十年，博洛尼亚、费拉拉、莱顿和蒙彼利埃的大学，都有解剖剧院。药用植物园和解剖剧院与大学博物馆及其藏品的历史相关，原因有两个：（1）几种类型的收藏和早期保存技术的发展源于它们；（2）因为它们代表了第一次有组织的尝试，将物品聚集在一个永久的位置，供特定的观众使用。这些早期植物园中的一部分尽管经过改造至今仍然存在，但大多数解剖剧院已被破坏或改建为其他用途。

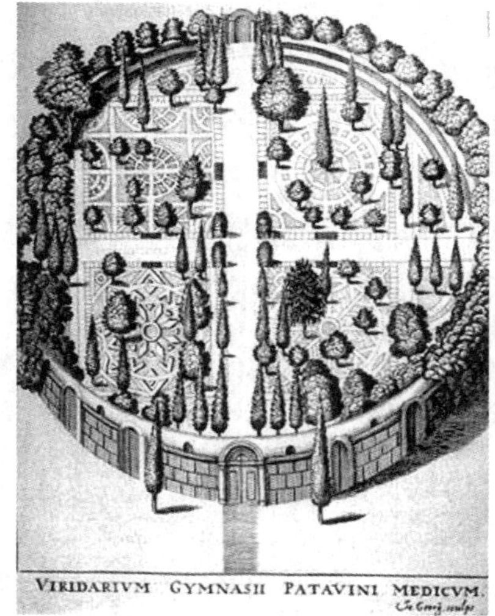

图3.2　帕多瓦大学的药用植物园平面图(发表于1654年)

图3.3　帕多瓦大学解剖剧院(1594年)(照片S. de Clercq,经帕多瓦大学授权)

① 阿姆斯特丹植物园的创建既典型又有趣。1635年,阿姆斯特丹遭受了瘟疫的袭击,这种流行病非常严重,几乎一半的人口因此死亡。商人、药剂师、假医生和医生都在兜售各种(将是)药物。1636年,阿姆斯特丹镇为医生建立了一个培训和认证项目,迫使他们通过考试(选择)。药用植物园的成立是为了支持培训,并受到一群来自雅典学院(阿姆斯特丹大学的前身)的医生的监督。1638年,约翰内斯·斯尼彭达尔(Johannes Snippendaal)被任命为植物园的第一任主任(B. Ursem,2002年8月13日)。

在这些植物园中，植物被晒干、混合，最终用于医疗目的，从而产生了植物标本和药物学，例如复椰子的干燥种子（图3.4）。也许更出乎意料的是，地质学标本也被收集起来，因为这些标本被认为具有治疗能力和象征意义（Torrens，2001；Mauriès，2002）。16世纪末和17世纪初，剑桥大学药物学收藏包含大量的矿物和化石，这些标本也在欧洲其他医学院被发现，例如莱顿和牛津（Torrens，2001）。蜡像模型的第一批记录也出现在16世纪，与骨材料一起在解剖剧院中展出（Olmi，2001；Schupbach，2001）。

图3.4 复椰子的干燥种子

（经里斯本大学植物园授权）

3.2.2 教学“博物馆”

当然，这些植物园和药物学收藏的储存需要一个特殊的空间，以便学生和学者都可以轻松访问。因此，它们可能是在植物园和解剖剧场附近，如此展览才能首先在大学中安装展出。虽然，我们无法提及现代国际博协意义上的博物馆，但教学收藏的展览被称为教学“博物馆”，这个表达方式至今仍在使用。事实上，使用“博物馆”一词并非完全不合适，因为展览是永久性的，偶尔会有更普遍的公众参观。因此，教学“博物馆”作为阿什莫林博物馆和整个大学博物馆的明确前身，这一自1600年代初以来就已经存在的论调似乎是合理的。

建于16世纪90年代的教学“博物馆”的第一条记录，来自比萨的植物园（Alexander，1979）。1600年，在莱顿建造了一座类似的植物园（图3.5）。解剖学教学博物馆（位于解剖剧院附近）后来才出现，第一个可能是在莱顿建造的[①]。但是，有必要提醒一下。人们应该注意，那是17世纪末至18世纪初。伽利略当时大约30岁，佐丹奴·布鲁诺在罗马还没有被烧死，牛顿50年后才出生，林奈100年后才出生。提最早的教学“博物馆”是模棱两可的，它们合并了学生和公众（即特权精英和旅行者），教学和奇迹，以及具有象征意义的原始分类。麦格雷戈（2003）指出，在比萨的陈列室中，有“自然和人造的奇珍异宝，从墨西哥神像到扭曲的镜子”；在莱顿花园附近的陈列室中，陈列着“与植物学研究没有任何直接关系的标本——巴西动物、响尾蛇、大象象牙等”。纽伦堡阿尔特多夫大学图书馆的解剖学收藏，包括一名克罗地亚人“在被追捕之前，曾恐吓过纽伦堡街道，他的骨骼……被陈列在图书馆的马背上，嘴里塞着一根烟斗”（MacGregor，2003）。

展示教学收藏是实用的，其原因显而易见，后来教学“博物馆”也传播到艺术等其他领域。17世纪是“美术（beaux-arts）”学院黄金时代的开始。绘画、雕塑和建筑，是通过直接观察并频繁模仿艺术名家来学习的。在此期间，石膏模型成为雕塑和建筑中的研究对象（Mossière，1996）。像他们的解剖学和植物学同行一样，艺术教学博物馆展示了原创、复制品、草图和教学模型。尤其是在19世纪的高等教育改革之后，教学“博物馆”和陈列室，也在化学实验室和天文台附近修建。

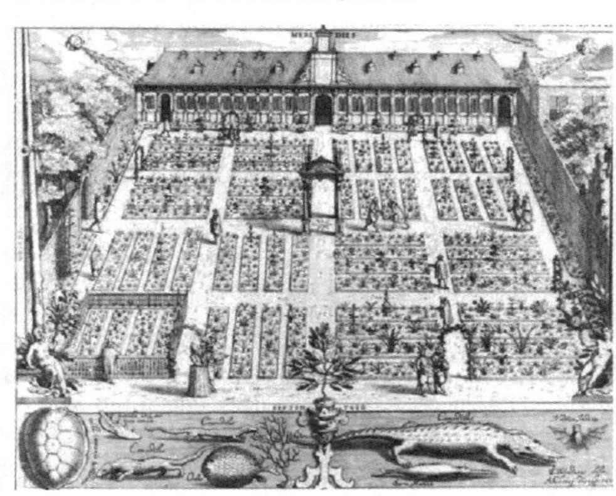

图3.5　莱顿大学医学植物园(1587年)

(附有教学陈列室和解剖剧院(1597年),描绘了标本和公众,版画可追溯到1610年)

---

① 教学博物馆模式也在大学之外被采用。例如,在17世纪五六十年代,鹿特丹和代尔夫特的外科医生协会是最早建造解剖剧院以满足好奇心的协会之一(Schupbach 2001)。

许多教学“博物馆”设定了规律的开放时间，方便公众进入，因此成为当代意义上的博物馆。然而，即使在“向公众开放”之后，许多博物馆在讲解和博物馆学方面，都保留了它们的教学使命，因此，它们经常服务有限和专业的观众。许多教学博物馆最终被现有的大学博物馆吸收。在19世纪和20世纪，博物馆和收藏的复杂性大大增加。

3.2.3 自然哲学陈列室（物理学陈列室）

物理学陈列室或自然哲学陈列室[①]，是一种特殊类型的教学收藏。在18世纪和19世纪欧洲的大学中很常见，这种类型的博物馆由一系列为教学目的而组装的仪器组成，通常固定在一处，因此命名为“陈列室”。建于1739年的帕多瓦大学自然哲学陈列室，建于1766年的里斯本贵族学院（Colégio dos Nobres）物理陈列室［1772年转移到科英布拉大学，在那里继续用于教学（图3.6）］，以及建于1778年的帕维亚大学物理学陈列室（伏特陈列室），则是18世纪欧洲自然哲学教学收藏的三个重要例子[②]。还有更早期物理学的大学陈列室，如莱顿大学陈列室（1675年）和乌得勒支物理学陈列室（1706年）[③]。通常，这些陈列室建立之时就会任命一位负责创建物理学课程的教授，这在实践中意味着编写课程和收集馆藏以支持它，例如里斯本和科英布拉的乔瓦尼·达拉·贝拉（Giovanni Dalla Bella，1730—约1823），帕维亚的亚历山德罗·伏特（Alessandro Volta，1745—1827）以及帕多瓦的乔瓦尼·波莱尼（Giovanni Poleni，1683—1761）。

---

① 不要与私人的(例如德美第奇家族等)奇闻异见陈列室混淆，这些收藏也包括物理仪器，这里只涉及教授们为在大学里教授自然哲学而收集的仪器。

② 关于科英布拉收藏的历史，见卡瓦略(1959，1978)。吉尔与卡内利亚斯（1987）以及吉尔等人(1987)还提供了从贵族学院到1911年在里斯本大学科学学院成立的物理学教学的全面历史叙述。关于伏特陈列室，见贝洛迪等人(2002)，和著名的Mediateca Voltiana，由伦巴第研究所和帕维亚大学于2002年发行的一套四张DVD盒。关于帕多瓦博物馆，见佩鲁齐和塔拉斯(2004)。

③ 关于莱顿陈列室，见克莱克(1992，1997)；关于乌得勒支陈列室，见乌得勒支物理学会(1977)。

图3.6　说明射弹抛物线轨迹的装置，18世纪科英布拉大学物理博物馆（索引1788：G.IV.178）（照片来自何塞·佩索阿（José Pessoa）©葡萄牙博物馆研究所文献部，经科英布拉大学物理博物馆授权）

物理学陈列室在19世纪继续被组织，佛罗伦萨托斯卡纳技术研究所（Istituto Tecnico Toscano）的物理学陈列室就是一个特别好的例子（图3.7）。该博物馆几乎完好无损地保存下来，包括"约3000件藏品"，并且"就19世纪的物理学教学和研究而言，它肯定是意大利最大的、欧洲最完整的博物馆之一"（Brenni，2000）[①]。今天，该陈列室与前研究所的其他历史类教学和研究收藏一起，由科学与技术基金会（Fondazione Scienza e Tecnica）负责，该基金会正在修复它，并计划很快举办展览（P. Brenni，2004年1月13日采访）。

图3.7　1898年托斯卡纳技术研究所的物理学陈列室
（经佛罗伦萨科学与技术基金会授权）

① 关于博物馆的进一步资料，另见布伦尼（1995）和吉亚蒂与米尼亚蒂（2001）。

在这一点上，应该简要提及两个方面。首先，这些教学收藏（可能包括天文仪器和数学模型）也可以用于学生和教授的学习研究，随着19世纪物理学的发展，这种双重作用将会增强。其次，这些收藏通常既包括从商业制造商处购买的仪器，也包括在大学工作坊中内部制造的仪器。达拉贝拉从英国的商业制造商那里获得了部分仪器，但葡萄牙仪器制造商若阿金·何塞·多斯·雷斯（Joaquim José dos Reis）制造了相当多的仪器，他是贵族学院（Carvalho，1959）的工匠。这些"内部"仪器制造商的作用往往远远超出了遵循上级的严格指示。他们中的许多人都是颇有才华的工匠，受雇或签约于大学，并且经常匿名，没有在制造的仪器上签名。他们的工作包括设计和制造仪器，改造或制作从商业仪器制造商处获得仪器的复制品，并经常构思实验，协助教授进行演示（Carvalho，1959；Gil & Canêlhas，1987）。

有时，仪器由教授自己设计、制造、使用、改进和再次使用。一个说明性的例子，是莱顿陈列室，其仪器完全由莱顿大学的教授制造（Clercq，1992）。最著名的有W.J.斯-格拉沃桑德（W.J. 's-Gravesande，1688—1742）和彼得·范·穆森布洛克（Peter van Musschenbroek，1692—1761）。特别是斯-格拉沃桑德，构建并组装了"一系列系统的仪器，目的是以数学方式向学生展示牛顿的理论"（Clercq，1992）。像任何其他大学教学收藏一样，科学或教学程序的重大变化会影响物理学陈列室。随着物理教学在19世纪中后期从讲座演示转变为实践和实验室教学，物理工作坊和"内部"仪器制造者的作用变得更加突出。

在20世纪，大多数幸存下来的物理学陈列室，都被组织成第二代大学博物馆。科英布拉、帕多瓦、帕维亚和乌得勒支的陈列室，一直保留在原来大学中，分别在科英布拉大学物理博物馆（1938）、帕多瓦大学物理历史博物馆（1990）、帕维亚大学历史博物馆（1932）以及乌得勒支大学博物馆（1928）。莱顿大学陈列室目前是国家科学与医学史博物馆（布尔哈夫博物馆）的一部分，也位于莱顿。

3.3 学习研究收藏

16世纪，另一类重要的标志性收藏出现了：学习研究收藏。由于教学“博物馆”或“陈列室”代表大学博物馆的初期，学习研究收藏则代表着研究收藏的初期。在16至18世纪的欧洲，各种各样的研究收藏在学术团体和学院、商人、贵族等的手中蓬勃发展。然而，我们在这里感兴趣的是与大学密切相关的学习研究收藏——即由大学教授根据自己的个人和专业兴趣收集，同时用于学习研究和教学的收藏。第一个可能是由博洛尼亚大学的动植物化石教授尤利西斯·阿尔德罗万迪（Ulisse Aldrovandi，1527—1605）（图3.8）建立的收藏（Olmi，2001）。

图3.8 尤利西斯·阿尔德罗万迪(1527—1605)。

这些收藏有什么特别之处，是什么让它们成为现代研究收藏的开端？学习

研究收藏[①]，可能代表了通过直接观察和实验，以有组织的方式研究和记录藏品的第一次尝试，并进行越来越“自然的”分类（Ritterbush，1969；Whitehead，1970）。多宝阁中现实被象征性地重建，与之相反，学习研究收藏被视为探索、记录和理解世界的工具（Whitehead，1970；Olmi，2001；Laurencich-Minelli，2001）。在阿尔德罗万迪的收藏中，艺术品与自然物体分开（Ritterbush，1969），常见物体（如来自博洛尼亚的动物和植物）也被呈现出来（Olmi，2001）。然而，大多数作者并不认为这些早期的学习研究收藏是“真正的”研究收藏。展览中的风格主义和对称性是流行的组织标准（Olmi，2001），这是一种“保留了中世纪宝库的各个方面”的遗产陈列（Mauriès，2002）。许多不同的分类系统[②]不仅仍然不完整，而且基于活体动物及其生活方式［例如

① 一些私人学习研究收藏包括：米兰的曼弗雷多·斯特拉、维罗纳的洛多维科·莫斯卡尔多、博洛尼亚的费迪南多·科斯皮和安东尼奥·吉甘蒂(Olmi，2001)；米兰的杰罗拉莫·卡尔达诺，吉安·巴蒂斯塔·克拉里奇和彼得罗·安东尼奥·托伦蒂诺(Aimi等人，2001)－后者加入了阿尔德罗万迪的收藏，今天可以在博洛尼亚大学的波吉宫看到。在1550年的苏黎世，“那个时代最伟大的博物学家”(Rudwick，1985)康拉德·格斯纳(1516—1565)，拥有最早的博物馆之一，主要致力于自然历史(Alexander，1979)；巴塞尔的费利克斯·普拉特(1536—1614)拥有他那个时代最引人注目的博物馆之一，特别是其丰富的自然历史标本(Whitehead，1970)。

在大革命前的法国，解剖学家父子苏收藏了1000多件物品，其中大多数是石蜡模型，后来捐赠给巴黎高等美术学院；解剖学家德索有一座奇鲁吉库姆博物馆(Museum Chirurgicum)；弗拉戈纳尔在阿尔福特有一个解剖学陈列室(Delmas，1995)。雅克·邦尼尔·德拉马松(Jacques Bonnier de la Masson)在他位于巴黎的家中，有七个一楼的房间用于他的艺术收藏，一楼有一个专门用于科学收藏的房间(Bateman，1975)。有关法国自然历史陈列室的更多信息，请参阅莱苏斯(1986)。

在荷兰，必须提到阿姆斯特丹的药剂师和商人阿尔伯特·塞巴(1665—1736)(Whitehead，1970)，药剂师雅各布·斯瓦默达姆(Jacob Swammerdam)以及商人莱维努斯·文森特(Levinus Vincent，1958)的收藏。

在英国，约翰·雷、弗朗西斯·威勒比、约瑟夫·班克斯、约翰和威廉·亨特、阿什顿·勒弗尔和汉斯·斯隆等商人的学习研究收藏，不容忽视。

至于学术团体，至少有以下收藏：佛罗伦萨的奇门托学院(1650年)；巴黎皇家科学院(1666)；伦敦皇家学会(1660)；伊特鲁里亚学院(1726)，在罗马进行了挖掘并建立了公共美术馆(Leiws，1984)；乌得勒支的物理学会(1777)(S. Clercq，2002年8月11日)；哈勒姆的霍兰切科学学会(1778)(Leiws，1984)；其他学院，如林塞学院(1603)和物理数学学院(1677)，都位于罗马；施韦因富特的德国自然古玩学院(1652)曾计划建造博物馆(Schupbach，2001)，但从未实现。然而，托伦斯(2001)提到林塞学院有地质收藏品。这些私人收藏中的许多，都与欧洲和美国的大学收藏相交(Kohlstedt，1988)。

② 康拉德·格斯纳和阿尔德罗万迪都开发了自己的分类系统(Rudwick 1985，Ray 2001)，约翰·雷和弗朗西斯·威勒比(Ray 2001)也是如此。约翰·特拉德斯坎特采用了德国人乔治·阿格里科拉(1494—1555)开发的系统，至少在他的矿物收藏中是如此(Rudwick，1985；Torrens，2001)。

河豚毒素和气球鱼（图3.9）］，这一传统可以追溯到普林尼和生理学（George，2001；Olmi，2001）。由于这个原因，学习研究收藏必须在很大程度上超越象征主义，在自然历史的情况下，这意味着接受标本代表现实的基本假设（Ritterbush，1969）。

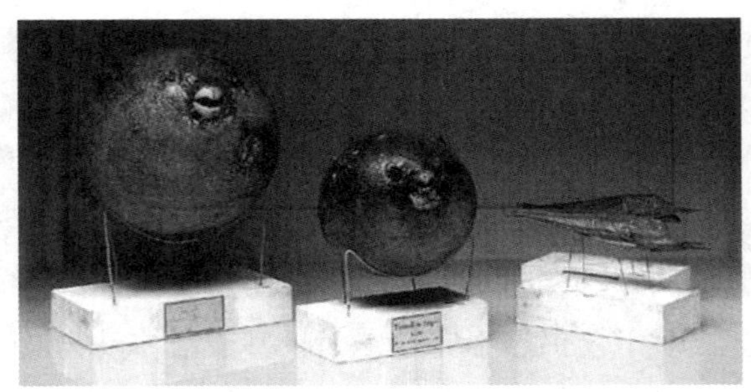

图3.9　来自阿尔德罗万迪收藏的河豚毒素和气球鱼（经博洛尼亚大学波吉宫博物馆授权）

学习研究收藏的重要性不应被低估。学术收集一直持续到17世纪和18世纪，例如哥本哈根大学的奥劳斯·沃尔姆（Olaus Worm，1588—1654），雅典学院（阿姆斯特丹大学的前身）的弗雷德里克·鲁伊施（Frederik Ruysch，1638—1731）（他组建了解剖学小组），哈勒-维滕贝格大学的约翰·海因里希·舒尔茨（Johann Heinrich Schulze，1687—1744）等。许多大学教授在大学和家中（学生经常访问）以及学术团体中，保存学习研究收藏，当需要学习研究和教学时，再把标本从一处移动到别处[①]。

学习研究收藏中对古物和自然历史标本的研究，包括18世纪中叶林奈的分类系统和布冯的动物地理学理论，1781年豪伊的矿物分类，1809年拉马克的进化论，1800年左右居维叶建立古生物学和比较解剖学的新学科，以及1836年汤姆森的考古分类创造了条件。标本的初始鉴定和分类花了几代人的时间。在适当的时候，这些收藏中的大多数将成为研究收藏，其中许多被纳入博物馆。

① 学生使用收藏取决于课程的设计方式。在美国缺乏自然历史标准课程的情况下，在19世纪30年代之前，学生的课堂演示是"随意的"和"间歇性的"："……学生需支付费用才能在自然历史学会中或私人那里观看到特殊展示，这些人将标本用于说明科学观点"（Kohlstedt，1988）。当然，这些私人个人往往是教授本身。

3.4 研究收藏

很难说清第一个研究收藏于何时何地出现，因为学习研究收藏和研究收藏之间的界限并不清晰①。正如莱苏斯（1986）在讨论18世纪法国自然历史陈列室时，所指出的那样："事实上，我们今天所做的区分是人为的：博物馆很少是专门的，它们的内容几乎总是不仅在物理、化学和自然科学中出现，而且还在解剖学、艺术甚至考古学中出现。"

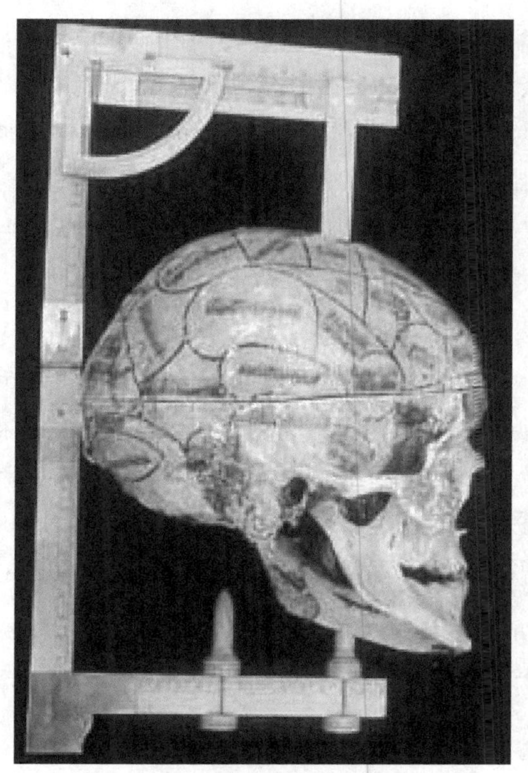

图3.10 带测量仪的颅相学颅骨，乌得勒支大学博物馆，档案号No. Up.363.
（照片来自罗莎蒙德·珀塞尔Rosamond Purcell，由乌得勒支大学博物馆授权）

① 关于美国生物学的发展，见班森（1991）和科尔施泰特（1988，1991）。加斯特卡（1982）对这个主题进行了简明的历史概述。

从18世纪后期开始，在那些需要积累标本和实物以进行比较和产生新知识的科学中，出现了研究收藏。研究收藏在动物学、古生物学、植物学、矿物学和地质学、考古学、人类学和民族学以及一些医学领域蓬勃发展，例如乌得勒支大学博物馆的人类学收藏（图3.10）。

这些科学的历史是有据可查的（Parr，1959；Sturtevant，1969；Zusi，1969；Watson et al，1971；Rudwick，1985；Greene，1995；Farber，1997）。毫无疑问，伟大的探险和研究收藏的持续使用，培根、布冯、居维叶、莱尔、达尔文和海克尔等作家的作品，以及保存技术和科学插图的发展，都对自然历史的发展产生了重大影响（Whitehead，1970；Farber，1997）。此外，林奈的工作催生了第一个广泛接受的标准化和植物学和动物学命名系统[①]。考古学的研究收藏是在1836年之后才出现的，当时C.J.汤姆森根据所使用的材料（石头、青铜和铁）引入了史前三时代。随后，金斯·沃萨伊（Jens Worsaae）将石器时代分为旧石器时代、中石器时代和新石器时代，并且认识到这些时代的区域差异[②]。人类学/民族学研究收藏，也只出现在自然历史收藏之后。人类学收藏和自然历史收藏之间的分离，于19世纪30～40年代导致了独立的人类学博物馆的诞生。人类学家的正式大学培训，始于19世纪50年代的法国，随后是1860年代的德国、1870年代的荷兰、1880年代的英国和1890年代的美国（Sturtevant，1969）。

从学习研究收藏到研究收藏，藏品获得了越来越重要的文献价值，它们被收集来回答特定问题或获得答案（Clercq & Lourenço，2003）。这一作用被考古学和人类学（Greene，1995；Boylan，1999）及其他领域（例如，代表特定风格或时期的艺术收藏）采用和改造。研究收藏直到今天继续发挥着作用，它们可能不怎么被大量使用了，但其作用和相关性从未改变。

① 关于命名系统的全面历史叙述，特别是动物学命名系统，见梅尔维尔（1995）。

② 在19世纪之前，我们无法正确地谈论考古学，而是说“无定形的古物主义”（S. Piggott，1995）。

3.5 艺术收藏

艺术收藏在欧洲大学中历史悠久，但其发展路径很独特。在中世纪的大学里，有档案、纪念物、肖像、神圣艺术、手稿记录，后来有了印刷书籍（Gieysztor，1996）。正如博伊兰（1999）所指出的，“几乎可以肯定，大学里的第一批实物收藏分为两大类：宗教和仪式收藏，以及艺术作品”。据推测，艺术作品与当代贵族收藏具有相同的作用：用以装饰雄伟的房间、小教堂和学院的墙壁，同时投射出贵族的社会地位。大学里的第一个艺术收藏，可能是牛津大学基督教堂学院的画廊，成立于1546年。牛津大学的阿什莫林博物馆于1683年首次向公众展出，其中超过一半的藏品都是艺术作品、古物和硬币，其他是自然历史标本。艺术作品的收购标记着大学历史，并在21世纪继续存在，即使在财政资源有限时亦在收购[①]。

图3.11　阿姆斯特丹大学法学院1930年代的壁画

① 在美国，大学里的艺术博物馆更为常见，并且自1960年代以来得到了相当大的扩展（Danilov，1996）。在美国，人们认为鉴赏艺术可以提升品味，增强体验美的能力，也可以向学生灌输道德价值观（Read，1943）。此外，欧洲大多数大学建在城镇或城市，艺术博物馆很多。与此相反，美国的许多校园都建在乡村地区，通常距离最近的艺术博物馆数百公里（Rosenberg，1964—1965）。事实上，第一个也解释了英国艺术收藏和艺术馆的形成，正如凯莉（1999）引用一位艺术策展人的话所说的那样：“……希望是……艺术会抹去，从眼角被带走。因为眼角是通往心灵深处的一个很好的捷径”（A. Bennett in Kelly，1999）。艺术作品通常摆放在高级人员的办公室或仪式室里，学生无法自由或定期访问，因此与艺术的有益接触可能不是获取和展示艺术的主要因素（Collet，2004）。

装饰艺术收藏可能具有多种形式，从绘画到雕塑公园和壁画［例如阿姆斯特丹大学法学院的壁画（图3.11）］，其中文艺复兴时期意大利大学的壁画特别引人注目。凯利（1999）评论说，当今大学的艺术展览提供了“逃避学术生活压力的途径，是一个特殊的沉思，欢乐的特殊场所……以及招待会、会议和开放日中吸引人的背景，或构成来访贵宾隆重参观的一部分”——换句话说，是振奋人心的氛围和公共关系的工具的混合体。人们应该记住，地位和声望的形象通常与教学和研究的表现一样重要，而且往往更加重要。从一开始，大学就利用了尊重传统和学术创新之间的矛盾关系，而收藏有时成为两者之间的权宜之计。在19世纪，最初只是装饰性的艺术收藏，可能已经因教学和研究目的而重组。虽然艺术收藏是古老的大学传统，但大学艺术博物馆是欧洲大学中相对较新的现象。

3.6　大学博物馆

希腊博物馆（museion）或罗马博物馆（museum or musæum），是知识性讨论和研究的场所（Whitehead，1970；Lewis，1984；Hunter，2001；Taub，2001）。亚历山大的缪斯博物馆建于公元前290年，是由天文学家、数学家、医生、博物学家、作家、历史学家和哲学家组成的社区，他们一起生活、工作和思考。国王邀请他们来，支付他们工资，为他们提供图书馆、演讲室、餐厅、实验室、安静的沉思花园、植物园、动物园以及一系列绘画和雕塑（Whitehead，1970；Lewis，1984；Canfora，1990；Boylan，1999）。缪斯博物馆是一个研究和教学中心，也是一座学院，人们在其中通过直接观察和一些实验进行学习。人们经常指出，缪斯博物馆与我们今天所谓的博物馆几乎不相关（例如Bateman，1975；Lewis，1984；Canfora，1990）。根据洛德（2000）的说法，“缪斯博物馆（museion）及其学院学者和图书馆，更像是大学的先驱，而不是保存和解释物质遗产的机构”。

事实上，奥德加德（1963）问为什么“大学”实际上不被命名为“缪斯庵”（museion）：“如果大学的起源是……一个致力于学习和教学生活的学者社区，人们想知道为什么他们没有选择缪斯庵（museion）这个词来称呼大学”。可能是因为他们重视在一起带来的灵感，即“大学”（universitas），而不是缪

斯的灵感。无论如何，大学博物馆与缪斯博物馆（Museion）有很多共同点，这并非偶然。

3.6.1 阿什莫林模型

阿什莫林博物馆已被认可为第一个具有可识别现代形式的大学博物馆，它是一个永久性机构，拥有收藏，自1683年以来一直向公众开放。几个世纪以来，大学一直在收集藏品，但由于两个相关但不同的原因，在定义“博物馆”等级时需要谨慎。首先，创建博物馆需要大学的承诺、投资和动员，还要求大学意识到这一承诺所产生的影响。麦格雷戈（2003）认为，“直到16世纪末，博物馆这样的场所才用于课程中。这简直不可思议，博物馆花了几个世纪才在大学环境中找到其无可争议的定位”。换句话说，收集和使用藏品是一回事——它是某些学科的教学和研究所固有的——但是当涉及到博物馆时，大学必须“学习”如何包容它们进入大学使命。经过漫长而有时痛苦的过程，他们最终在19世纪才找到了完美的搭配。其次，由于这种渐进的过程，原始大学博物馆的概念过于简化。没有一个独特的共同“祖先”，之后创建的所有大学博物馆都是效仿[①]。然而，阿什莫林博物馆为后继者留下了重要的遗产，与通常的看法相反，这一遗产不是普通公众。阿什莫林为大学博物馆留下最重要的遗产是其结构：一个连贯的建筑、组织和功能综合体，旨在综合“一个稀有和奇妙物质的存储库，一个研究机构和一个教育学院”（MacGregor，2001），换句话说，教学、学习研究和展示三者的共生。

欧洲大学直到1683年才醒悟——向公众开放。早在1316年，博洛尼亚就曾进行过公开解剖。在莱顿，公众过去常常成百上千地蜂拥而至，参加由该市教堂钟声宣告的解剖剧院的解剖（Rooseboom，1958）。阿什莫林开馆之时，已经有几个博物馆向公众开放。在牛津大学，基督教会学院的画廊建立于1546年。1638年，德国旅行家格奥尔格·克里斯托夫·斯特恩（Georg Christoph Stirn）在其笔记中，提到了博德利安图书馆（Bodleian Library）展出的奇

① 正如胡珀-格林希尔（Hooper-Greenhill）（1992）所指出的——她的话在大学博物馆的特殊情况下可能更合适——“没有必要的博物馆。博物馆不是一个预先构成的实体，在任何时候都以相同的方式构成。没有直接的祖先……或基本作用……可以被识别。”最近关于ICOM-L中博物馆定义的辩论，特别说明了这种复杂性（ICOM-L是ICOM基于网络的讨论论坛，见 http://icom.museum/distlists.html，访问于2005年6月4日）。

珍异宝（MacGregor，2003）。1617年，阿尔德罗万迪和科斯皮的“博物馆”在博洛尼亚的公共宫殿（Palazzo Publico）展出（Laurencich-Minelli，2001）。1662年，巴塞尔市购买了巴西利乌斯·阿梅尔巴赫的陈列室，并将其捐赠给大学。1671年，也就是阿什莫林开放前12年，公众得以允许进入这座博物馆（Lewis，1984；Ackerman，2001）。事实上，贝特曼（1975）评论说，巴塞尔博物馆“可能是第一座大学博物馆”。

阿什莫林一直是几项深度研究的主题（例如MacGregor，1983、1988、2001；MacGregor & Headon，2000；Ovenell，1986）。只有一份原始文档提供了有关其组织方式的见解。在一封日期为创建之年1683年的信中，化学教授兼第一任管理人罗伯特·普洛特（Rober Plot）解释了阿什莫林的运作方式：它有一所自然历史学院，在底层设有演讲室和演示室，在地下室有一间化学实验室，在上层有一个展示区，都由普洛特本人领导（MacGregor，2001a）。这种旨在整合教学（学校）、学习研究（实验室）和公共展示（展览）的组织结构，代表了与早期习俗的决裂。以前的教学“博物馆”或“陈列室”只是一个展示藏品的位置，用于教学便利和偶尔展示。这同样适用于在大学图书馆或画廊对收藏的偶尔展示。据了解，这些收藏没有特定结构，没有馆长或任命的员工，简而言之，没有具体的机构使命或存在意义。阿什莫林允许所有人定期访问，这显然很重要。然而，它的主要突破是教学、研究和公共展示的融合，以及其在教授职位下，及连同教授职位的组织化安排。阿什莫林将三大使命制度化，正是这种模式，构成了阿什莫林留给大学博物馆的主要遗产。从18世纪末到20世纪中叶，这种模式被世界各地的大学博物馆效仿和改造。从斯德哥尔摩到悉尼和东京，无论多小型、多专业化，大学博物馆都配备了教室和研究室、演示室和礼堂（剧院）、展示区和图书馆，由一位教授领导。

虽然这种模式是创新的，但实质上，阿什莫林并没有引发大学的革命。阿什莫林的基本目标仍然与早期收藏、图书馆和档案馆相同：成为支持教学的工具，并在解释、描述和存档自然方面发挥积极作用。对于阿什莫林，这个目标被赋予了一个有目的的结构。

具有讽刺意味的是，阿什莫林博物馆也是有记录以来第一个沦为“大学博物馆诅咒”（或者也许是它“发明”了这个说法）的牺牲品的大学博物馆：要么博物馆用于教学和研究——根据定义，这意味着不断重塑自己——否则它将停滞不前并渐渐消亡。尽管阿什莫林大学加强了其古生物学收藏，但在建立

100年后，阿什莫林收藏面临着“逐渐碎片化的过程”，停滞不前，遭受虫害、霉菌和自然腐烂的侵袭，随后便失去了“为课程贡献任何有价值的东西”的能力（MacGregor，2003）。它向公众开放的事实，几乎没有带来什么安慰。1755年，在一场臭名昭著的毁灭性大火中，阿什莫林的渡渡鸟（Raphus cucullatus）的头部、腿部和脚，在最后一刻被完全摧毁。这些现在保存在牛津大学博物馆，代表了这种来自毛里求斯，于18世纪被灭绝的命运多舛的不会飞的鸟，仅剩软组织标本。

除了少数例外①，阿什莫林博物馆几十年来一直都很突出，在许多方面，它的模式都是前卫的。当然，大学继续收集教学和学习研究收藏，但只有在19世纪，三大使命模式才会繁荣发展，变得多元化。这需要新的发展，特别是我们今天所知道的机构研究的想法。

3.6.2 大学博物馆的黄金时代

一方面，整个18世纪和19世纪初的科学进步，提高了基于收藏研究的数量和质量。另一方面，当威廉·冯·洪堡（Wilhelm von Humboldt）为1810年创建的柏林大学制定课程时，他将研究和培训视为核心②。这意味着19世纪的科学将收藏置于研究的核心，而洪堡模式则将研究置于大学的核心③。一些欧洲国家实施的高等教育改革，刺激了收藏和博物馆的建立。在这种情况下，大学收藏和博物馆得以扩大和繁荣。

① 例如，隆德大学（1735）和都灵大学（1739）的动物学博物馆，帕维亚大学（1771）、科英布拉大学（1772）和佩皮尼昂大学（1777）的自然历史博物馆，格拉斯哥大学的亨特利安博物馆（1783），巴黎的国家自然历史博物馆（1793）和艺术与工艺学院（1794）（其中一些可能并非始终遵循三大使命）。植物园、物理博物馆和其他教学和研究收藏以及教学“博物馆”继续坚持自己的道路。

② 现代大学是由威廉·冯·洪堡提出的。洪堡围绕研究的关键思想组织了柏林大学，同时在训练中保留了人文主义传统，即寻求与世俗生活有关的所有事项的知识和理解，同时强调人类存在和文化的重要性。洪堡模式促进了研究的进步，有利于职业生涯的训练，后者是当时的法国模式。这种模式是德国的知识和科学保持活力的核心，1885年在柏林学习的埃米尔·涂尔干（Emile Durkheim）对此表示钦佩。当索邦大学在第三共和国（1870—1940）期间进行改革时，也纳入了德国模式的某些方面，然而，法国大学系统仍然是一个复杂和混合的系统，持续至今。洪堡模式传遍了整个欧洲和世界各地。尽管有些人对财务成本及其适应当代经济的难度表示怀疑，但洪堡模式仍然是当今流行的大学模式。

③ 请注意，动物学博物馆是与柏林大学共同创建的，该博物馆于1814年向公众开放。有关柏林博物馆历史的更多信息，请参阅阿伦斯（1925）。

图3.12　塔尔图大学艺术博物馆
（艺术博物馆档案馆，经塔尔图大学艺术博物馆授权）

此外，在19世纪期间，艺术史、考古学、人类学和其他人文学科获得了自己的科学的和机构的身份，古物和艺术收藏获得了不同的意义。一些机构发起了海外探险以及本地考古发掘。渐渐地，文物不再仅仅被视作增加光泽或提高地位的装饰品，而成为一份文件，一种系统地理解其他的工具——无论是在遥远的空间上（人类学）还是在时间上（考古学）。已经拥有艺术和人文学科收藏的大学，将它们聚集在新创建的博物馆中：1803年，塔尔图大学艺术博物馆［图3.12，它是第一代大学博物馆（艺术史教学和学习研究），创建于1803年4月19日。这是爱沙尼亚最古老的博物馆，也是欧洲大学最古老的石膏模型收藏之一。这两张照片都可以追溯到1898年］；1816年，剑桥的菲茨威廉博物馆；1819年，帕维亚考古博物馆；1820年，哈勒-维滕贝格的版画陈列室；1823年，蒙彼利埃的阿特格博物馆；1833年，阿伯丁的马歇尔博物馆（人类学、考古学和艺术）；1894年，波尔多民族志博物馆；1869年，佛罗伦萨人类学博物馆；1890年和1899年，蒙彼利埃和里昂的穆拉格斯博物馆分别开馆[①]。

① 在美国，第一座大学艺术博物馆于1831—1932年在耶鲁大学建立，其次是瓦萨（1863）、普林斯顿（1882）、斯坦福大学（1885）、韦尔斯利（1889）和哈佛大学（1895）。此前，哈佛大学、达特茅斯学院和鲍登学院已经存在基于牛津模式（基督教堂画廊）的艺术收藏（Rorschach，2004）。关于美国大学和学院艺术博物馆的历史和功能，请参阅达尼洛夫（1996）、罗素和斯宾塞（2000），以及里德（1943）、柯立芝（1956，1966）、索耶（1964，1965）、佩西奥（1971）和斯隆和斯威本（1981）的早期作品。

同时，佛罗伦萨的自然历史博物馆在1878年分成了不同的学科博物馆[①]。在牛津，阿什莫林的自然历史收藏第一个进入自然历史博物馆，并成为其核心，该博物馆创建于1860年。同年，硬币收藏被转移到博德利安图书馆。1886年，民族学标本被纳入皮特·里弗斯将军在皮特里弗斯博物馆的收藏，该博物馆建立于1863年（Blackwood，1991；Petch，1998）[②]。当时，"古老的"阿什莫林留下的是考古学和艺术。该博物馆达到今天的地位，其使命可以追溯到1683年，但根据19世纪的学科专业化进行了重塑："……确保大学教师和学生有办法通过研究收藏和标本，来补充他们的书本学习"（Harden，1947）[③]。原阿什莫林所在地今天被另一个大学博物馆所占据：也就是创建于1925年的科学史博物馆。

大多数大学艺术和人文博物馆，都是在1800年至1930年代之间创建的，就像大多数自然历史和医学（解剖学和病理学）的大学博物馆一样，例如波尔图大学动物学博物馆和实验室（图3.13）。在此期间，基于收藏的博士论文成倍增加，标本、文物和收藏在课堂上被大量使用来说明、演示和解释。博物馆是大学院系的核心，通常出现在它们之前（例如剑桥的塞奇威克博物馆）。这是大学博物馆的黄金时代，大卫·默里在1904年的《博物馆：他们的历史及其使用》（*Museums*：*Their History and their Use*）一书中总结了这一时代："每一科学分支的每一位教授都需要一个博物馆和一个实验室。因此，我们所有伟大的大学和其他教学机构都拥有独立的植物学、古生物学、地质学、矿物学和动物学，解剖学，生理学，病理学和药物学，考古学——史前和历史，古典和基督教博物馆——每个教学科目都有自己合适的收藏"（D. Murray in Arnold-Foster，1989）。

① 大学本身也将人文科学与科学分开。例如，1848年，都灵大学将科学与数学学院和文学与哲学学院分开，直到那时，文学与哲学学院才代表一个独立学院。

② 有关皮特里弗斯博物馆历史的更多信息，见格雷（1905）和佩奇（1999，2001）。

③ 大英博物馆的自然历史收藏也与考古学收藏分开——1880年至1883年，自然历史收藏搬到了南肯辛顿，至今仍放置在那里，并于1963年从大英博物馆获得了自治权。

图3.13　波尔图大学动物学博物馆和实验室
（它创建于1916年,但其收藏至少可以追溯到1885年照片动物学博物馆“奥古斯都·诺布尔”的档案）

3.6.3　有没有“法国特性”？

不同欧洲国家的大学博物馆及其藏品的历史，在很大程度上仍未得到研究。虽然不可能在本书中填补这一空白，因为这会显得不够客观，但在1789年法国大革命后，法国出现博物馆学的情况很大程度上在欧洲是独一无二的，因此值得简要讨论。

法国没有类似于德国、意大利和英国的大学自然历史博物馆模式。在对法国大学的考察访问中，我曾思考过这个问题。凡普拉特和弗罗蒙（1995）给出了解释，他们认为，两个因素的共同作用促成了法国的特殊情况。首先，皇家药用植物园（Jardin royal des Plantes médicinales）（1635）在大革命后转变为国家自然历史博物馆（Muséum national d'Histoire naturelle）（1793），两者都是在索邦大学学术领域之外创建的，在法国自然科学的发展中发挥了主导作用。其次，19世纪，在法国每个主要城镇建立起了共22个自然历史博物馆的系统，这也发生在学术领域之外，且在地方当局的管辖下。此外，在对这些市政博物馆进行调查后，凡普拉特和弗罗蒙（1995）发现，在可以确定博物馆的发起人时（在三分之一的案例中），当地大学都没有参与，而大学教授亲自参与了10%的案例。

凡普拉特和弗罗蒙（1995）的评价是中肯的。鉴于到1892年，法国拥有了一个活跃的自然历史博物馆网络，这是欧洲或全世界其他国家所没有的，因此大学里不需要自然历史博物馆。我想在法国大学收藏的更广泛背景下，进一步阐述他们的论点。

巴黎博物馆是由公约而不是由大学创建的，具有明确的国家遗产（patrimoine

national）概念，但同时它完全融入了欧洲大学博物馆的传统——这同样适用于艺术和工艺学院，下面将讨论这一点。巴黎博物馆过去遵循，今天也遵循着三大使命——教学、研究和公开展示。它本身被组织成一个小型综合学院，其部门和收藏围绕教授职位发展①。在居维叶博物馆学习的瑞士鱼类学家路易斯·阿加西兹，受到与教授一起建立收藏的深刻启发，这并非偶然（Kohlstedt，1988）。在哈佛大学任教时，阿加西兹于1859年使用那种博物馆模式创建了比较动物学博物馆。虽然那座博物馆垄断了法国自然历史研究的很大一部分，但它无法授予学位，这至关重要，因为大学保留了很大一部分教学和博士研究。与欧洲同行一样，法国大学在博物馆创建之前和之后，建立了自然历史教学和研究的收藏。与欧洲同行不同，它们没有将这些收藏纳入到博物馆中，因为没有必要公开传播自然历史。里昂有一个博物馆，斯特拉斯堡有一个博物馆，图卢兹有一个博物馆，最重要的是，巴黎有一个博物馆，里面有全世界最重要的自然历史收藏之一。

法国特性存在于博物馆层面，但不存在于收藏层面。

例如，我们知道，自1777年以来，佩皮尼昂大学有一个自然历史陈列室（Bourgat，2002）。巴黎大学（现为皮埃尔和玛丽居里）的矿物学收藏，可以追溯到1809年（Ruppli，1996）。同样在巴黎，矿物学校的矿物学收藏，可能追溯到1789年之前。里昂大学从19世纪40年代开始，便有古生物学收藏（Prieur等，2003），例如克劳德·伯纳德的古生物学收藏（图3.14），更不用说教学收藏本身，如无数的教学面板、矿物学和植物学模型等。

我们还知道，教授们从巴黎博物馆搬到了巴黎师范学院，然后从那里搬到了索邦大学，他们经常同时在两个机构担任主席——例如，从1808年到1841年，E. 杰弗里·圣希莱尔（E. Geoffroy Saint）在博物馆担任哺乳动物学和鸟类学的主席，在科学学院担任动物学主席；而亨利·米尔恩·爱德华兹（Henri Milne Edwards）在1862年至1876年担任相同的两个职位（Appel，1987）②。

① 事实上，植物园已经存在教授职位。1788年，园区有三个教授职位，“处于自十七世纪以来所教授的同一科目中”（Appel，1987）。关于植物园和博物馆的历史有许多资料来源，例如利摩日（1980）、彼得斯（1981）、范普拉特（1991）。

② 当时，索邦大学的教授在巴黎其他高等院校中聘任也非常顺利。正如阿佩尔（1987）所写的那样，“起初，科学学院只不过是免费公共课程的另一个来源，它的存在几乎没有改变动物学家的训练”。通常，有抱负的动物学家会“相反……获得医学学位，同时……旁听博物馆、法兰西学院和科学学院的课程“（Appel，1987）。显然，亨利·米尔恩·爱德华兹是该学院第一位认真对待动物学家教育工作的动物学教授。

虽然由市政厅管理，但斯特拉斯堡博物馆馆长传统上在斯特拉斯堡大学担任教授（M. D. Wandhammer，2003年12月9日采访）①。

图3.14　里昂大学克劳德·伯纳德(Claude Bernard)的古生物学收藏
（由里昂大学克劳德伯纳德授权）

大学和博物馆之间的关系似乎在不同时期都很亲密。勒内·科勒于1895年，在比斯开湾进行深海疏浚活动，这一活动是里昂科学学院的倡议，他是该学院的动物学教授，该活动得到了里昂博物馆的支持（Richoux等人，1997）。收藏经常从博物馆网络转移到大学，反之亦然，例如，佩皮尼昂博物馆的核心收藏创建于1840年，是大学陈列室收藏（Bourgat，2002）；1890年，斯特拉斯堡博物馆的矿物学和地质学收藏，被转移到大学的矿物学和地质学研究所（Leypold，1996）。最近，在20世纪70年代，里昂天主教大学的地质收藏被转移到了里昂博物馆（J. Clary，采访于2004年5月18日），当然还有其他几个例子②。这些在法国大学、博物馆和博物馆网络之间进行的，人员、收藏和知识交换的实质，当然值得进一步研究。为什么会发生这些情况？是出于科学原

① 由市政厅于1619年创建的医学植物园，已经遵循了由斯特拉斯堡大学的一位教授担任其馆长的传统(Le Minor，2002)。斯特拉斯堡可能在法国高等教育体系的背景下提出了一个特殊问题，因为它是按照德国模式塑造的。

② 20世纪，大学之间也有大量的自然历史收藏的交换。普里耶等人(2003年)报告说，里昂克劳德·伯纳德大学于1972年从克莱蒙费朗大学，1978年从矿业学院(可能是当巴黎学院迁往枫丹白露时)，1995年从里昂天主教大学和法兰西学院获得古生物学收藏。

因、特定策展人的个人参与，还是财务困难？当收藏从大学转移到博物馆时，是否根据不同标准进行了重组，反之亦然？

在博物馆没有收集和展示的其他知识领域，或者至少没有明显收集和展示的领域，法国大学确实创建和组织了博物馆。这发生在医学领域，后来也发生在艺术和人文学科中。在这些领域，法国大学遵循欧洲同行的模式。就医学而言，法国大学的遗产非常重要，可以追溯到法国大革命之前。巴黎大学是欧洲第二所大学，创建于1211年[①]，尽管自公元650年以来，巴黎一直有医学的教学（Clin，1994），但有组织的院系出现的第一个证据可以追溯到1213年（Siraisi，1996；Crémer，1997）。蒙彼利埃医学院的章程，于1220年由教皇批准（直到1789年才改变），并于1289年正式成为一所大学（一个单一的常规研究院）（Rüegg，1996b）。到1788年，像古代政权的许多其他机构一样，法国的高等教育相当“贫瘠、蒙昧和反动”（Rudy，1984）。1600年，亨利四世完全控制了索邦大学，甚至详细规定了其课程体系的各个方面。随后两个世纪，人们反对进行教学创新，回避有争议的问题，孟德斯鸠认为卢梭等人的作品具有颠覆性，禁止纳入学术界。然而，法国大学创建了植物标本馆、药物收藏、植物园和解剖剧院，并至少从16世纪中叶开始收集用于教学和学习研究的收藏。然而有证据表明，至少在1180年，蒙彼利埃就开始教授医学了（Siraisi，1996；Verger，1996）。在斯特拉斯堡，第一次正式的解剖发生于1517年，解剖剧院于1670年建立（Le Minor，2002）。1593年，受帕多瓦植物园的启发，亨利四世委托蒙彼利埃医学院植物学和医学教授皮埃尔·里彻·德·贝勒瓦尔建造植物园（Jarry，1995；Cuénant，2002）。巴黎医学院紧随其后，于1604年建造了第一个解剖剧院和植物园。以前，学生们的确学习草药，但他们必须前往让蒂伊平原（plains of Gentilly）（Clin，1994）。在过去的几个世纪里，其他几所大学创立起来，例如1229年的图卢兹、1303年的阿维尼翁、1409年的普罗旺斯地区艾克斯，但我一直无法找到标志这些机构创建早期收藏或原始收藏的数据。

---

① 虽然可能成立还早40～60年，但官方承认的年份通常是1211年。不可避免的是，早期大学的确切成立日期是有争议的，巴黎大学的成立日期尤其难以确定，因为“它从未在特定时刻成立；相反，它从镇上已经存在的大教堂学校慢慢地自发地演变。”（Rudy，1984）。

法国大革命对法国高等教育体系产生了巨大影响，对其进行了彻底的改革[①]，也影响了医学教学。在1792年停办后，巴黎大学、蒙彼利埃大学和斯特拉斯堡大学的医学院，根据1794年12月24日的一项公约法令重新建立。该法令明确规定，每所学校应拥有一个“学院”，包括解剖学教学收藏、外科器械收藏和医学自然历史收藏（Cuénant，2002）。巴黎的“学院”在不到一年的时间内开业（Clin，1994），蒙彼利埃也是如此（Cuénant，2002；Bonnel等人，2002）[②]——除非收藏已经存在，否则这不可能发生得如此迅速。在斯特拉斯堡，自1670年解剖剧院创建以来，收藏就一直存在，而仅仅因为学院建立而重新组织起来（Le Minor，2002）[③]。

与欧洲同行一样，19世纪的法国大学见证了医学的专门化和学科博物馆的倍增，例如蒙彼利埃大学解剖学博物馆（图3.15），1840年的里昂大学的解剖学博物馆，1835年的杜普顿病理解剖学博物馆和1847年的奥菲拉比较解剖学博物馆，全部都在巴黎大学。艺术和人文学科的情况也类似：蒙彼利埃大学的阿特格博物馆于1823年创建（一个非常特殊的艺术博物馆，位于医学院内），美术学院的胡吉尔博物馆于1836年创建[④]，蒙彼利埃穆拉格斯博物馆于1890年创建，里昂穆拉格斯博物馆于1899年创建。

① 关于法国大学的历史，见韦尔格（1986）。更广泛地说，法国大革命标志着传统秩序与历史新时代之间的过渡点(Rudy，1984)。在法国大革命之后的一个世纪里，民族主义、世俗主义、民主、技术和科学的综合作用，对欧洲高等教育体系产生了相当大的影响，并从根基上改变了它。

② 在蒙彼利埃，巴黎高等学校从字面上理解“学院”一词，只允许收集标本的学生参加考试：“除非学生出示了存放在学院的天然或人工解剖学作品，否则不得进行期末考试。”(M. Peronnet，2002)

③ 在当时的欧洲，“通过法令”建立大学收藏和陈列室的情况并不少见。例如，帕维亚大学的植物园、物理学陈列室、自然历史陈列室和解剖剧院，是根据奥地利的玛丽亚·特蕾莎于1783年颁布的法令建立的。正是由于这项法令，布鲁萨蒂和博尔谢里(花园)，伏特(物理学陈列室)，斯科波利(自然历史陈列室)和斯卡帕(解剖学)由帕维亚大学任命。1837年，创建里斯本理工学院的法令(里斯本大学的前身，1911年重建)，决定建立天文台、物理博物馆、化学实验室、自然历史陈列室和植物园(Gil & Canêlhas，1987)。1815年，当莱顿大学、格罗宁根大学和乌得勒支大学成为国立大学时，荷兰也颁布了类似的法令：每所大学都应该有一个医学陈列室，里面有解剖学、生理学和病理学的配制品和仪器；天文台需配有天文仪器；化学实验室；自然历史陈列室，包括动物学和比较解剖学；地质和矿物学陈列室；以及植物园和植物标本馆(S.de Clercq，2002年8月11日)。

④ 1795年至1806年，在小奥古斯丁修道院有一座博物馆，即法国纪念碑博物馆(Musée des Monuments Français)，由巴黎市创建。亚历山大·勒努瓦(Alexandre Lenoir)自1791年以来担任馆长(Poulot，2001)。有关该修道院(始建于1608年)及其对改编为美术学院的详细信息，请参阅雅各(2001)。

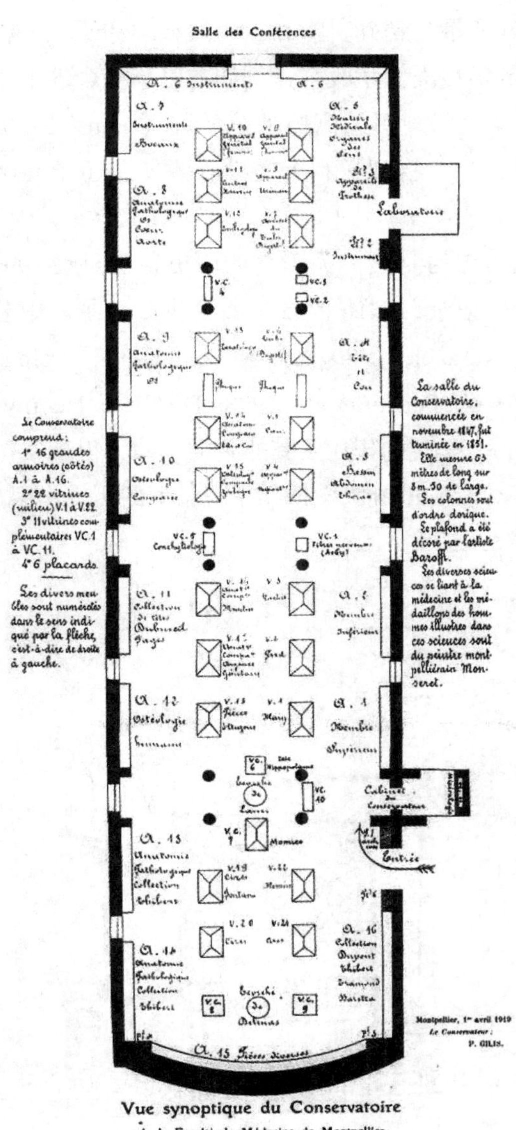

图3.15　蒙彼利埃大学解剖学博物馆平面图
（该文件由保管员P. Gilis于1919年签署，
由蒙彼利埃第一大学解剖学博物馆档案馆提供）

一般来说，这些博物馆的目标是建立三重使命模型（“阿什莫林模型”）。例如，1889年，巴黎美术学院的胡吉尔博物馆包括几个公共展示区，一个图书馆和一个档案馆，以及一个附属的解剖学博物馆和实验室，实验室里准备了用于教学的人类骨骼和关节（Jacques，2001）。

1794年，在巴黎成立的艺术与工艺学院，以及大多在学术领域之外建立的天文台网络，也有着相同的目标（尽管就公共传播而言，其影响力可能不如博物馆网络）。与其他欧洲国家（例如剑桥惠普尔博物馆、牛津科学史博物馆、科英布拉物理学博物馆、里斯本科学博物馆、博洛尼亚和那不勒斯的菲西卡博物馆①）不同，法国的大学中没有科学史博物馆网络。因为根本没有必要，博物馆在有需要时才被创建，例如在传统上不受学院覆盖的地区（医学史和药学史博物馆）。然而，在收藏层面，法国大学与欧洲的其他大学没有什么不

① 应该指出的是，史学性质的大学博物馆是欧洲20世纪的一种现象。

同：有仪器收藏，因为学院没有垄断所谓的精确科学和工程的教学和研究。法国有重要的物理学、数学和天文学的历史类大学收藏，例如在巴黎综合理工学院（Thooris et al.，1997；Thooris，1999）、里昂高等师范学院（Artu，1996）和斯特拉斯堡的路易斯巴斯德大学，除了物理学和天文学收藏外，还于1900年创建了地震学和地球磁学博物馆。

现在不是描述艺术与工艺学院历史的时候，关于它的历史特别是在1990年代翻新后的最新研究工作有充分的记录，例如1905年版《收藏目录》中艺术与工艺学院底层平面图（图3.16）（Mercier，1989、1994；Fontanon & Grelon，1992—1994；Le Moël & Saint-Paul，1994；Ferriot et al.，1998；Ferriot & Jacomy，2000；Jacomy，2000；Ferriot，2001）。学院的作用及其非凡的收藏，得到了国际认可。在这里，我只简要介绍一下学院在欧洲大学博物馆背景下的历史作用。

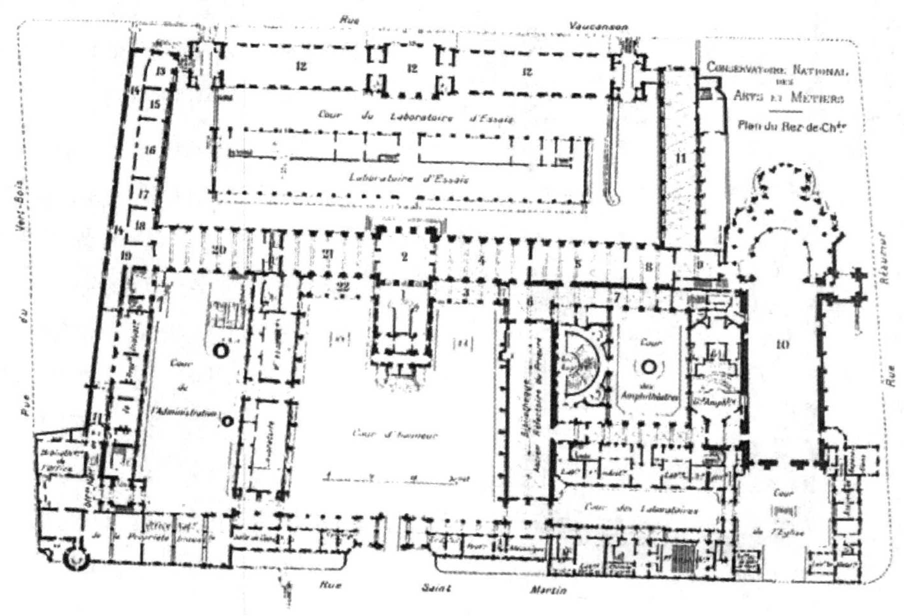

图3.16　1905年版《收藏目录》中艺术与工艺学院底层平面图
（其中还包括一楼和二楼的平面图，经工艺与艺术博物馆授权）

就像博物馆一样，学院符合欧洲大学博物馆更广泛的传统：拥有实验室、教室和展览区，其组织将三重使命制度化。学院也从1819年开始聘用教授

(Ferriot et al.，1998)。欢迎学生和公众出席课程和圆形剧场的演示，参观展览室或使用图书馆。具有讽刺意味的是，就像在阿什莫林一样，在存续了100年之后，由进步带来的瓦解开始了：“随着科学教学变得更加抽象，保护和演示的目标已经逐渐分离”（Ferriot et al.，1998)。公共使命逐渐背离了另两个使命（研究/创新和教学)，这最终形成了在高等教育机构内阐释的博物馆，而不是1794年，特别是自1819年以来的单一和综合机构：“在20世纪20年代，当学院逐渐明确其作为高等教育机构的使命时，博物馆不再前进，从此停滞……”（Ferriot & Jacomy，2000)。因此，博物馆经历了一场严重的身份危机，直到在20世纪90年代的翻新期间才重新找到了自己的身份定位和角色作用，正如多米尼克·费里奥特所强调的那样，这一身份尊重其在1794年的原始使命：“学院的首要任务是通过允许工匠‘复制正确的模型’，对于那些能够‘看得更远’以‘制造新组合’的人，即发明；这就是为什么翻新的艺术和手工艺博物馆忠于其主要使命，成为技术创新博物馆（技术的历史和时事）“（D. Ferriot，2005年7月29日)。

值得强调的第二个方面，是学院对19世纪欧洲大学创建博物馆的影响。例如，学院模式对1862年在都灵理工大学创建的意大利工业博物馆产生了明显的影响，并且仍然对其现在的继任者，城市博物馆和建筑博物馆（V. Marchis，2003年4月7日采访）产生着重大影响。鲜为人知的是，学院还影响了佛罗伦萨托斯卡纳技术学院的技术博物馆，其物理学陈列室在本章前面已经提到过。技术博物馆根据1857年建立该学院的同一法令所创建，其第一任馆长菲利波·科里迪拜访了学院院长并与之联系（Brenni，1990；Gori，2001)，这并不意味着“仅仅是机器、模型、天然和人造产品的存储库”，而意味着“将对工业、商人和技术人员有用——可供他们以托斯卡纳工业进步的名义操作、研究和复制”（Brenni，1990）[①]。这段摘录与1794年10月10日创建学院的原始公约法令之间的类比，是非凡的。

① 博物馆创建法令第35条规定：“技术博物馆有几个收藏，对学院学生的技术教学有用，以及对工匠、商人和所有有兴趣了解科学应用的人。”第36条详细介绍了收藏的类型：“科学设备和机器、技术设备和机器、家用设备和机器，图纸和模型、矿物和岩石、有机产品、冶金样品的收藏。”(Brenni，1990)学院还启发了里斯本和波尔图类似博物馆的创建：分别是艺术与官方艺术学院(1836年)和葡萄牙艺术与官方学院(1837年)——但不是在大学内，而且无论如何，两者都只是短暂的存在。

那么，是否存在“法国特点”？博物馆（Muséum）和学院（Conservatoire）是否在法国创造了一种特殊情况，从而限制了大学博物馆及其收藏的创建和进步？在博物馆层面，以及在博物馆（和博物馆网络）和工艺博物馆所涵盖的主题中，答案是肯定的。法国的大学没有建立有关自然历史和科学技术史的大学博物馆。在收藏层面，答案是否定的。法国的大学建立了广泛学科的第一代和第二代收藏——包括自然历史和科学技术史，以及解剖剧院、植物园、植物标本馆，就跟他们的欧洲同行一样。

不管“法国特性”如何，这是一个肯定可以从进一步深入研究历史中受益的主题（特别是就法国大学收藏的历史而言）。事实是，博物馆和学院以外的法国大学遗产在欧洲内外都肯定算是丰富的、多样的和重要的。

它还未获得应有的认可。总而言之，它在调查、报告和重大翻新中被系统地抛在了后面。我的观点是，博物馆、CNAM法国国立工艺学院和其他法国高等教育机构的收藏，本质上具有相同的性质：它们被组装和组织起来进行研究和学习。除非以综合的方式看待这一遗产，把它们作为全国分布的知识史收藏，否则，法国大学收藏将得不到应有的认可，并且可能在几十年内有很大的丢失风险。这需要比目前更多的合作。

3.7 第二代：历史收藏

20世纪，另一代大学收藏出现了：历史类收藏。第二代大学收藏的起源和因此带来的发展，与迄今为止所呈现的内容截然不同——尽管它们也与教学和研究有关。

具有历史性质的大学收藏通过积累与其原始目的不再相关的物品而产生。这些物品可能包括仪器、机器、模型、教学面板、原型、复制品或用于教学和研究的任何其他物品，但由于某种原因，人们认为这些物品不再足以实现其目的。精确科学（物理学、技术等）在历史收藏的积累中尤为重要，但历史收藏也包括医学和药学。由于大学纪念物的积累，大学历史的收藏也属于第二代大学收藏。第二代博物馆的记录只出现在20世纪。造成这种情况的两个主要原因是：（1）这些物品的性质及其用于教学和研究的机制往往会导致收集过程较长，

(2) 历史类收藏对大学作为一个机构提出了新的挑战。我将在下面讨论这两点。

大学实验室中历史仪器和设备的“自然命运”是被抛弃。科学设备像猫一样，有七条命。这些物体被使用和重复使用，它们的研究和教学特性被开发利用，直到消耗殆尽。在它们第七条命的尽头，仪器可能会被丢弃，或者它们的历史意义可能只有在几年后才能得到认可。在大学中，对这些设备的维护和保存没有正式地延续下去。实验设备不被视为一件“藏品”，用户通常也不关心他们每天使用的仪器是否带有历史意义。事实上，“历史意义”充其量只是一个相对的概念。一台仪器可能已有数十年甚至数百年的历史，但仍然“在使用中”。科学仪器委员会（Scientific Instrument Commission，SIC）研究员兼主席保罗·布伦尼（Paolo Brenni）举了一个例子来说明这一点：“我曾经见过一个半摧毁的19世纪光谱仪。只剩带有刻度板的三脚架幸存下来——它被用于处理完全不同的物理领域的现代实验中（P. Brenni，2005年4月28日）。因此，如果要正式汇聚历史类收藏，就需要有人意识到这些物品的重要性，收集它们并存储起来以便保护。如果发生了此种情况，通常应归功于一位或多位教授。

欧洲最好的仪器收藏之一——科英布拉大学的18世纪物理学陈列室——其部分收藏在1900年代初分散。一些仪器后来被恢复和复原，之前的陈列室于1937年被重新创建（Silva，1939、1963）。今天，该陈列室受到保护，并整合并入科英布拉大学物理学博物馆中（图3.17）。同样，斯特拉斯堡路易斯·巴斯德大学的大量物理学和天文学仪器在1980年代丢失了，但被一群教授挽救回来，他们从废物箱中收集了仪器，并成立了一个协会来保护它们，即斯特拉斯堡科学博物馆协会（Association pour un Musée de Sciences à Strasbourg，AMUSS）[①]。

虽然无法接触，但该收藏已经得到清点和研究，并有望被整合到科学园（Jardin des Sciences）中，这是一个旨在重组路易斯巴斯德大学物理学和自然科学收藏的新项目（图3.18）。斯特拉斯堡系列收藏的重要性是毋庸置疑的，保罗·布伦尼在2003年10月参观该收藏后证实了这一点：“……幸存下来的

① AMUSS现已成为科学文化博物馆协会（Muséographie et de Culture Scientifique）（S. Soubiran，2005年6月23日）。

仪器数量仍然非常多。它们的质量整体都很不错，来自19世纪末和20世纪初法国和德国制造商的最佳工坊。”（Brenni，2003）

图3.17　科英布拉大学物理博物馆(局部视图)
（照片来自 G. Pereira，经授权）

虽然不可否认这很极端，但这些例子可能被视为大学对待科学设备相当粗心和疏忽的“证据”。日常教学和研究的行径与疏忽大意的行径之间，非常接近。动态使用、再利用和处置不仅司空见惯，而且对于仪器的使用方式来说是固有的，而且往往是有形的（例如，拼修的仪器）。当需要向公众解释时，这种动态性质是一种附加值，不应该被省略，反而应向公众解释。

图3.18　斯特拉斯堡路易斯巴斯德大学物理学历史类收藏

简而言之，个人对学术遗产的主动性和敏感性是收集大学历史藏品的关键因素。因此，此类收藏的出现更加随意，并且具有比其他收藏更长的收集过程。大学纪念物的收集过程就不那么随意了，因为这些物品通常被认为是学术遗产（例如半身像、肖像、印章）。

一旦“历史”重要性得到承认，下一步措施通常是该机构的正式认可和博物馆的创建，尽管这可能需要几十年的时间。在实际的博物馆成形之前，可以在走廊、教室、图书馆或礼堂中以装饰为目的展示历史类收藏。里斯本大学科学博物馆的正式章程，源于20世纪80年代，但博物馆的第一任馆长费尔南多·布拉干萨·吉尔（Fernando Bragança Gil）在超过20年的时间里逐渐收集了这些仪器。罗伯特T·冈瑟（Robert T. Gunther）至少从1916年就开始列出并收集了散落在牛津大学周围的“旧”仪器，但科学史博物馆直到1925年才向公众开放（Bennett，1997）。创建第二代博物馆，需要个人层面的坚持（通常与同事之间的普遍情绪相反）和院长或校长的同意，而第一代博物馆，则自然地从特定部门的教学和研究收藏中涌现。第二代博物馆在20世纪之后才出现，此外，它们起步缓慢，直到1960年代以后才有所增长。

第一批具有史学性质的大学博物馆创建于20世纪初。其中包括斯特拉斯堡大学路易斯·巴斯德的医学博物馆和马格内蒂斯特雷博物馆（1900），捐赠的里昂大学克劳德·伯纳德的医学和制药史博物馆（1913），牛津大学的斯科特极地研究所博物馆（1920）和科学史博物馆（1925）（图3.19）（于1925年首次开放，作为刘易斯·埃文斯（Lewis Evans）的收藏，位于旧阿什莫林楼的顶层。这可能是欧洲最早的第二代大学博物馆之一。），乌得勒支大学博物馆（1936），帕维亚大学博物馆（1932），波尔图大学医学史博物馆（1933）和格罗宁根大学博物馆（1934）。剑桥的惠普尔博物馆建于第二次世界大战期间（1944），但直到1951年才向公众开放（Bennett，1997）。1945年后的例子，包括鲁昂国家教育博物馆（1950）和鲁汶医学史博物馆（1950）。

图3.19 牛津大学科学史博物馆
(照片最初发表在《乡村生活》第56卷,第1479期,第734页,1925年,经牛津大学科学史博物馆授权)

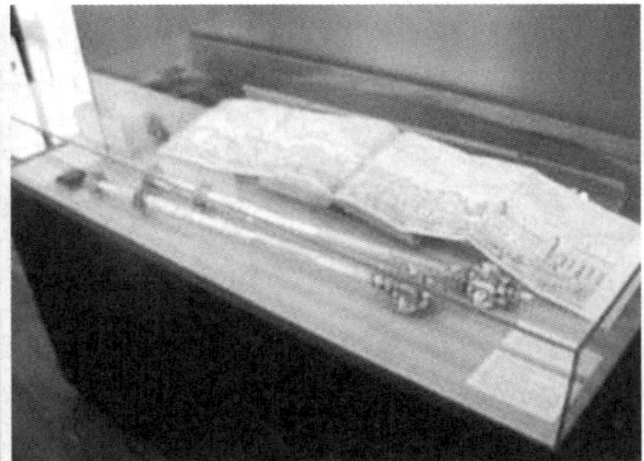

图3.20 哈勒-维滕贝格马丁-路德大学的大学博物馆(左边是哲学系历史的部分,右边是权杖和描绘城镇的早期版画。通常,大学博物馆同时展示历史仪器和大学纪念物,特别是在北欧和中欧)

直到20世纪60年代之后，第二代大学博物馆的数量才有了相当大的增长，许多博物馆在当时开馆，包括：柏林洪堡大学的罗伯特·科赫博物馆（1960），巴黎大学皮埃尔和玛丽居里的矿物收藏（1970），科英布拉大学的神圣艺术博物馆（1972），里昂大学克劳德·伯纳德的丹泰尔博物馆、蒙彼利埃第一大学的“阿尔伯特·丘拉纳”制药博物馆（1972），赫尔辛基大学博物馆（1978），利默里克大学亨特装饰艺术博物馆（1978），新鲁汶博物馆（1979）和哈勒-维滕贝格马丁-路德大学博物馆（图3.20）等。

即使考虑到收藏过程漫长且经常很随意，为什么第二代大学博物馆花了这么长时间才真正腾飞？两个因素的共同作用可能导致启动缓慢。在20世纪的前几十年里，“博物馆”的概念对大学来说远非陌生。事实上，那是大学博物馆的黄金时代。在那些日子里，博物馆被教授和学生积极用于教学和研究，三重使命是他们的核心，大多数都位于学院中，并由学院管理。里斯本大学科学博物馆（图3.21）整合并展示了来自科学学院（物理学、化学、数学和衍生科学系）和理工学院（里斯本大学的前身，创建于1837年）在18至20世纪的历史仪器。还整合了一个几乎完好无损的19世纪晚期的奇米科实验室和大学历史类收藏。该博物馆于1985年正式创建，但直到1993年才向公众开放。然而，历史博物馆中的收藏丢失了背景，被保存下来向公众展示，代表了一个全新的方向和发展。大学没有内部动力主动建立历史博物馆，没有正式的内部结构来容纳它们，也没有训练有素的工作人员来利用这些收藏进行策展。第二代博物馆，对大学来说是一个挑战和一个巨大的心理跨越。可能正是由于这个原因，大学几乎花了整个20世纪才适应这个想法。此外，它们通常不是自发建立的，需要强劲的催化剂（例如百年纪念日和其他庆祝场合）来触发绝大多数第二代博物馆的创建。

虽然大学经常使用它们的历史记录作为社会和学术合法性的论据，但他们通常只在特别纪念活动期间通过出版物或展览来动员资源，以研究和保护他们的遗产。许多历史博物馆都是在这些时机创建或翻新的。例如，1918年在乌得勒支大学的阁楼上发现了一个重要的物理学收藏。经过了多年的审议和承诺，乌得勒支大学博物馆，作为纪念大学300周年的一个展览的余波，才得以在1936年创建起来（S. de Clercq，个人通信于2003年5月5日）。里昂大学克劳德·伯纳德博物馆，是因医学院成立75周年而创建的。帕维亚大学伏特博物馆（图3.22）的修复和重组，也出现了类似的情况，是1997年伏特电池两百周年纪念活动的结果（F. Bevilacqua，2003年3月20日采访）。里斯本大学科学博物馆是在纪念理工学院成立150周年和科学学院成立75周年的展览之后，组织建立的。有时，第一代大学博物馆也是特殊纪念或科学活动的结果。例如，博洛尼亚大学的乔瓦尼·卡佩里尼矿物学博物馆，创建于1881年，恰逢第二届国际地质大会。还有更多的例子。这些事实本身就非常清楚地表明了，大学通常对自己的遗产赋予庆祝的意义。

图3.21　里斯本大学科学博物馆
（照片经里斯本大学科学博物馆授权）

发展缓慢还有第二个原因，可能同样重要，甚至更加重要。20世纪60年代是博物馆界的转折点，人们越来越强调博物馆对整个社会的教育作用。第二代大学博物馆从一开始就以公众为目标，他们可能从这一变化的浪潮中受益[①]。

① 1960年代后期，第二代大学博物馆的扩张也发生在美国。根据达尼洛夫（1996）的说法，近一半的美国大学博物馆，是在1945年至1995年间创建的，其中约三分之二是在1960年代和1970年代创建的。在新博物馆中，70%属于艺术领域，与大学和学院的发展以及艺术史、工作室和艺术相关课程的发展和扩张相吻合。在美国，历史博物馆和历史相关设施在增长方面排第二，也受到庆祝时机的推动，特别是1970年代的两百周年庆祝活动。达尼洛夫（1996）指出，与前100年相比，第一代博物馆在此期间的发展速度有所下降。到目前为止，数据不足以推断欧洲是否出现了同样的趋势，应该调查是否可能存在类似关联。

图3.22　帕维亚大学的加比内托·伏特历史博物馆
（在1997年伏特电池两百周年之际修复，照片经授权）

3.8　小　　结

大学收藏和博物馆的发展，与大学的发展，以及教学和研究的进步并行不悖。对于第一代大学收藏和博物馆，其概貌首次显现于19世纪后期（图3.23）。教学收藏可能与第一批大学一起诞生，并且基本上未曾改变，存活至今。研究收藏出现在18世纪中后期，16世纪后期的学习研究收藏就预设了它的出现。现代意义上的第一代大学博物馆始于1683年的阿什莫林博物馆，尽管它们的黄金时代只在19世纪的高等教育改革之后才开始。

从本质上讲，第一代大学博物馆在黄金时代采用的模式是阿什莫林的模式：教学、研究和公共展示的制度化整合。大学博物馆（包括植物园）是一个独立的单位，包括教室、实验室、展览区和至少一个图书馆，由一位或多位教授负责。第二代大学博物馆及其藏品仅在20世纪出现，最初发展缓慢，自20世纪60年代后逐渐增加。大学在吸收历史遗产概念方面进展缓慢。具有史学性质的收藏和博物馆的特点，是收集过程很长且通常比较随意，其成立通常由重要的庆祝活动决定。

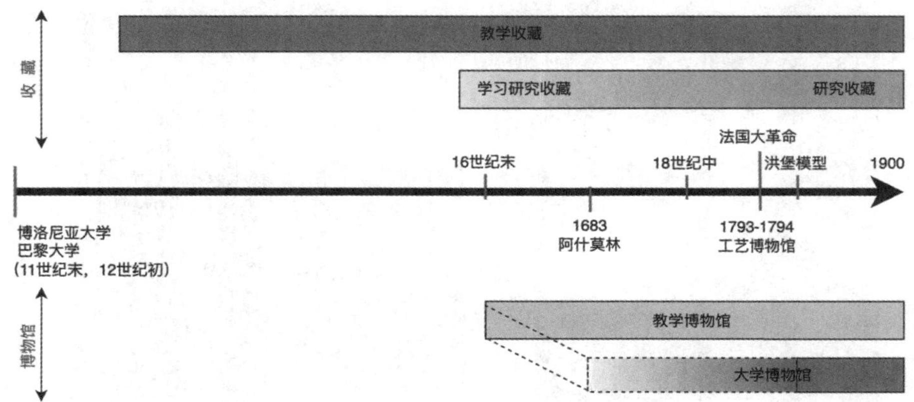

图3.23　第一代大学博物馆及其收藏的发展

（时间轴不按比例，第二代博物馆和收藏出现在20世纪，没有描绘出来）

虽然，第一代和第二代大学博物馆在校园内共存，但它们具有不同的起源、认识论过程和使命，并受到不同历史发展的影响。除了少数例外，它们的发展直到最近才有了交汇，因为整合第一代和第二代大学收藏的趋势在过去十年中才变得突出。

在20世纪中后期，大学中博物馆学全景的复杂性也表明，涉及所有学科、规模和受众的第一代和第二代收藏和博物馆，共存并持续到今天[①]。但这些机构之间的边界，从过去到现在一直是模糊不清的。虽然对大学收藏的第一印象是混乱，但大学收藏的凝聚力和同质性却令人震惊。

不存在独特的"国家"大学博物馆，例如，生态博物馆（ecomusée）是典型的法国产物，或者是20世纪初德国的地方博物馆（heimatmuseum），甚至是作为斯堪的纳维亚的特殊创造露天博物馆（open air museum）。毫无疑问，影响特定大学收藏和博物馆的性质和发展是国家的和地理的因素：都灵大学的植物标本馆，专注于意大利皮埃蒙特地区的植物群；罗伯特·科赫的收藏存放在柏林洪堡大学，而不是其他地方，因为科赫在柏林发展了他的科学工作；帕维

① 第一代收藏在20世纪并没有突然停止。科学在不同时期发展起来，大多数民族学、考古学和人类学教学和研究收藏，在20世纪初发展起来。此外，新型的第一代收藏，仅在20世纪50年代之后才发展起来（例如，DNA库）。

亚的亚历山德罗·伏特的收藏也是如此。同样，与乌得勒支大学历史相关的纪念物与博洛尼亚大学的纪念物不同。显然，在任何大学收藏中都可以找到“本地成分”，这对其意义来说很重要。

当政府干预时，主要不是为了引入国家、政治或意识形态偏见[①]。如上面给出的荷兰和意大利的例子所示，以及法国建立博物馆、学院和医学院的公约法令所示，政府对建立和规范高等教育和研究政策的干预，最终促成了收藏和博物馆的出现。在不同的国家，这些法律在性质上是相似的，或多或少是同时实施的。在渴望科学和社会进步的驱使下，他们没有引入任何明显的“国家”偏见。因此，如果排除“本地成分”，那么从塔尔图到都柏林的大学收藏就将极度雷同了。知识的普遍性以及不同国籍的科学家之间众所周知的交流和合作（科学本身所固有的）表明，在历史上的任何特定时刻，主要科学问题即便跨越大陆（或者其他地方）都是相同的。同样，所教授的内容和教授的方法，从本质上来说也基本相同。如果人们可以回顾并拍摄一张冻结在1890年欧洲大学的照片，我们会看到剑桥、莱比锡、图卢兹、那不勒斯和乌普萨拉的物理学、生物学、解剖学、人类学和天文学领域里散布着一群群研究人员和学生，

① 我们知道，在极端情况下，研究从属于意识形态标准。在欧洲，斯大林统治下的T.D.李森科案（T. D. Lysenko）和纳粹德国的阴谋诡计是众所周知的，具有象征意义。应该指出的是，尽管关于这两个案例有大量的文献（包括最近在《自然》杂志上发表的一篇社论，见不舒服的真相（Uncomfortable truths），《自然》434：681，2005年4月7日），但我们对大学收藏在压迫政权下的命运，以及收藏、展示和解释如何被用作促进政治思想（和“民族认同”）的工具知之甚少。国家和地方博物馆经常被“标准化”，并且曾经是为了增强民族主义情绪。但大学博物馆的案例更有趣，因为至少在理论上，他们的收藏的性质和大学的传统自治，应该作为防止不正当干扰的保护盾。进一步研究的一个有趣的子话题，是政权占领期间大学收藏的发展。例如，在日本占领朝鲜（1910—1945）期间，大学博物馆扮演着韩国文化的催化剂和守护者的角色。正如T. 诺亚所说：“……非常有趣的是，韩国没有国家自然历史博物馆，大学内自然历史的小型收藏不定期展出，也不是收藏和展览政策的主要关注点。韩国大学博物馆的主要重点是考古学和民族学，……部分原因是它们与日本殖民时期的联系以及保存独特的原始韩国文化的需要，也因为这些机构的主要学术研究领域是这些领域“（麦考瑞大学的T. 诺亚，http://www.els.mq.edu.au/korea.html，访问于2004年12月12日）。有趣的是，有迹象表明，墨索里尼在1920年代和1930年代的法西斯意大利统治，似乎与人们对考古和艺术大学收藏的兴趣增长相吻合，而损害了科学大学的收藏——至少在一些大学中是这样。这是一个值得进一步研究的问题（S. Talas，个人通信于2005年7月1日）。

大体上在同一基本科学框架内运作①。未来将要出现不会是不统一和倍增的(即混沌),而是凝聚的与和谐的——不是成千上万的混乱和分散的收藏,而是一个巨大而一致的收藏,分布在整个欧洲。此外,这种一致性不仅是共时的,更是历时的:有一条微妙而连续的线可以追溯到从“黄金时代”到博物馆和学院,到阿什莫林,再到教学和学习研究收藏,甚至可能一直追溯到中世纪早期的阿拉伯“大学”,修道院花园,学园(Lyceum),博物馆(Museion)和公元前530年在乌尔发现的保存有古代教学收藏的学校。

最终,将大学收藏联系在一起的,是对自然现象和人类创造的知识的探索。我们处于倡导通过文物和标本来直接观察和比较,通过实践、测量和实验来理解的世界。知识——它是如何构建的,它是如何传播的——是影响大学收藏构成和进化的主要因素。正是知识,在令人敬畏的学科多样性中,为他们提供了共同特征。

参考文献

[1] Ackermann, H.C., 2001. The Basle Cabinets of Art and Curiosities in the sixteenth and seventeenth centuries. In: O. Impey & A. MacGregor (eds.), *The Origins of Museums: The cabinet of curiosities in sixteenth- and seventeenth-century Europe,* second edition, pp. 81-90. House of Stratus, London.

[2] Aimi, A., V. de Michele & A. Morandotti, 2001. Towards a history of collecting in Milan in the Late Renaissance and Baroque periods. In: O. Impey & A. MacGregor (eds.), *The Origins of Museums: The cabinet of curiosities in sixteenth- and seventeenth-century Europe,* second edition, pp. 29-35. House of Stratus, London.

[3] Appel, T.A., 1987. *The Cuvier-Geoffroy debate. French biology in the decades before Darwin.* Oxford University Press.

① 在1890年的物理学中,这意味着在经典物理学(力学、电学、光学和热学)的框架内运作。事实上,所有重大发现似乎都与阿尔伯特·A·迈克尔逊(1852—1931)预测的后续发展,基本上处于小数点后的第六位一样。在生命科学领域,这意味着对进化机制的探索,被孟德尔工作的重新发现所点燃。

[4] Ahrens, T.G., 1925. The ornithological collection of the Berlin Museum. *Auk,* 42: 241-245.

[5] Alexander, E.P., 1979. *Museums in motion.* American Association for State and Local History, Nashville.

[6] Arnold-Forster, K., 1989. *The collections of the University of London. A report and survey of the museums, teaching and research collections administered by the University of London.* London Museums Service, London.

[7] Artu, M.- C., 1996. Les instruments de laboratoire de l′ École Normale Supérieure de Lyon. *La Lettre de l' OCIM*, 44: 14-15.

[8] Bateman, J.A., 1975. The functions of museums in Biology. *Museums Journal,* 74: 159-164.

[9] Belk, R.W., 1995. *Collecting in a consumer society.* Routledge, London.

[10] Bellodi, G., F. Bevilacqua,G. Bonera & L. Falomo, 2002. *Gli strumenti di Alessandro Volta. Il Gabinetto di Fisica dell' Università di Pavia.* Università degli Studi di Pavia & Editore Ulrico Hoepli, Milano.

[11] Bennett, J.A., 1997. Museums and the establishment of the history of science at Oxford and Cambridge. *British Journal for the History of Science*, 30: 29-46.

[12] Benson, K.R., 1991. From museum research to laboratory research: the transformation of natural history into academic biology. In: R. Rainger, K.R. Benson & J. Maienschein (eds.), *The American development of biology,* pp. 49-83. Rutgers University Press, New Brunswick.

[13] Blackwood, B., 1991. *The origin and development of the Pitt Rivers Museum.* Pitt Rivers Museum, University of Oxford (reprinted from *Occasional Papers on Technology*, 11, 1970, revised and updated by S. Jones).

[14] Bonnel, F., J.E. Claustre & C. Bonnel, 2002. Le Musée d′ Anatomie: un patrimoine vivant. In E. Cuénant (ed.), *Médecine, art et histoire à Montpellier*, pp. 79-91. Sauramps Médical, Montpellier.

[15] Bourgat, R., 2002. L′ ouverture sociale du museum de Perpignan. *La Lettre de l′ OCIM*, 79: 21-23.

[16] Borhegyi, S.F., 1956. American university museums. *Museums Journal,* 55: 309-311.

[17] Boylan, P.J., 1999. Universities and museums: past, present and future. *Museum Management and Curatorship,* 18: 43-56.

[18] Brenni, P., 1990. La nascita di un laboratorio moderno. Il gabinetto di fisica dell′ Istituto Tecnico Toscano. In: F. Gravina (ed.), *Le meraviglie dell' ingegno. Strumenti scientifici dai Medici ai Lorena,* pp. 69-118. GEF/Ponte alle Grazie, Florence.

[19] Brenni, P., 1995. *Gli strumenti di fisica dell' Istituto Tecnico Toscano. Ottica.* Istituto e Museo di Storia della Scienza/Giunti, Prato.

[20] Brenni, P., 2000. *Gli strumenti di fisica dell' Istituto Tecnico Toscano. Electricittà e magnetismo*. Fondazione Scienza e Tecnica & Casa Editrice Le Lettere, Florence.

[21] Brenni, P., 2003. *Quelques remarques relatives aux collections d' instruments scientifiques de l' Université "L. Pasteur" de Strasbourg*. Unpublished report.

[22] Canfora, L., 1990. *The vanished library: A wonder of the ancient world.* University of California Press, Berkeley.

[23] Carvalho, R. de, 1959. *História da fundação do Colégio Real dos Nobres.* Atlântida, Coimbra. Carvalho, R. de, 1978. *História do Gabinete de Física da Universidade de Coimbra. Biblioteca Geral, Universidade de Coimbra.*

[24] Clercq, P. de, 1992. Le Cabinet de physique du Musée Boerhaave de Leyde. In: D. Ferriot (ed.), *Muséologie technique-séminaire de recherche 1990-1991*, pp. 61-64. Centre d′ Histoire des Techniques, Musée National des Techniques, Paris.

[25] Clercq, P. de, 1997. *The Leiden Cabinet of Physics. A Descriptive Catalogue.* Boerhaave Museum, Leiden.

[26] Clercq, S.G.W. de, in press. Musées des sciences: de la conservation à la compréhension. *La Revue* [Musée des Arts et Métiers].

[27] Clercq, S.W.G. de & M.C. Lourenço, 2003. A globe is just another tool: under-

standing the role of objects in university collections. *ICOM Study Series*, 11: 4-6.

[28] Clin, M.V., 1994. *Le Musée d'Histoire de la Médecine de Paris.* Musée d'Histoire de la Médecine, Paris.

[29] Collet, P.J., 2004. The role of art and craft collections in teacher training institutions in Australia. *Jade,* 23 (1): 91-100.

[30] Coolidge, J., 1956. The academic art museums of America. *Museums Journal*, 56: 167-171.

[31] Coolidge, J., 1966. The university art museum in America. *Art Journal,* 26: 9-12, 21.

[32] Crémer, G.-A. (coord.), 1997. *Le corps exploré.* Musée d'Histoire de la Médecine/Académie Nationale de Chirurgie, Paris.

[33] Cuénant, E. (ed.), 2002. *Médecine, art et histoire à Montpellier.* Sauramps Médical, Montpellier.

[34] Danilov, V.J., 1996. *University and college museums, galleries, and related facilities-a descriptive directory. Greenwood Press, Westport CON.*

[35] Delmas, *A., 1995. Le Musée Orfila et le Musée Rouvière. Journal of Clinical Anatomy [Surgical and Radiology Anatomy]*, 17: 289-293.

[36] Dufková, M., 1988. Le musée de moulages de sculptures grecques et romaines à Hostinné, Tchécoslavie. In: *Le Moulage: Actes du Colloque International 10-12 avril 1987*, pp. 173-179. La Documentation Française, Paris.

[37] Farber, P.L., 1997. *Discovering birds: the emergence of ornithology as a scientific discipline, 1760-1850.* John Hopkins University Press, Baltimore.

[38] Ferriot, D., 2001. Arts et Métiers, la création d'une collection nationale. *La Revue,* 34: 53-57.

[39] Ferriot, D. & B. Jacomy, 2000. The Musée des Arts et Métiers: Renovation Issues (1988- 1998). In: S. Lindqvist (ed.), *Museums of modern science*, pp. 29-42. Proceedings of the Nobel Symposium 112, Stockholm 1999. Science History Publications & Nobel Foundation, Canton MA.

[40] Ferriot, D., B. Jacomy & L. André, 1998. *Le Musée des Arts et Métiers.*

Réunion des musées nationaux & Fondation Paribas, Paris.

[41] Fontanon, C. & A. Grelon, 1992-94. *Les Cahiers d' Histoire du CNAM*, No. 1-4. CNAM, Paris.

[42] Foster, K.P., 1999. The earliest zoos and gardens. *Scientific American,* 281 (1): 64-71.

[43] Garstka, K.G., 1982. The curiosity cabinet: the development of natural history museums in the United States. *Environment Southwest,* 497: 6-8.

[44] George, W., 2001. Alive or dead: zoological collections in the seventeenth century. In: O. Impey & A. MacGregor (eds.), *The Origins of museums: the cabinet of curiosities in sixteenth- and seventeenth-century Europe,* second edition, pp. 245-255. House of Stratus, London.

[45] Giatti, A. & M. Miniati (eds.), 2001. *L' acustica e i suoi strumenti. La collezione dell' Istituto Tecnico Toscano.* Fondazione Scienza e Tecnica/Istituto e Museo di Storia della Scienza/Ministero per i Beni e le Attività Culturali/Giunti, Firenze [in Italian and English].

[46] Gieysztor, A., 1996. Gestão e recursos. In: H. de Ridder-Symoens (ed.), *Uma história da universidade na Europa. Vol. 1-As universidades na Idade Média,* pp. 107-141. Imprensa Nacional-Casa da Moeda, Lisboa.

[47] Gil, F.B., 1994. *Museu de Ciência da Universidade de Lisboa-sua caracterização à luz da museologia das ciências.* MCUL, Lisboa.

[48] Gil, F.B., 2003. *Museu de Ciência da Universidade de Lisboa. Das origens ao pleno reconhecimento oficial.* Museu de Ciência da Universidade de Lisboa, Lisboa.

[49] Gil, F.B. & M. da G.S. Canêlhas, 1987. Ensino e cultura no Monte Olivete até à Faculdade de Ciências. In: F.B. Gil & M. da G.S. Canêlhas (eds.), *Faculdade de Ciências da Universidade de Lisboa. Passado/Presente. Perspectivas Futuras. 150o Aniversário da Escola Politécnica. 75o Aniversário da Faculdade de Ciências*, pp. 3-26. Museu de Ciência da Universidade de Lisboa.

[50] Gil, F.B., J.R. Croca & A.S.C. Pinto, 1987. A física na Escola Politécnica e na

Faculdade de Ciências. In: F.B. Gil & M. da G.S. Canêlhas (eds.), *Faculdade de Ciências da Universidade de Lisboa. Passado/Presente. Perspectivas Futuras. 150o Aniversário da Escola Politécnica. 75o Aniversário da Faculdade de Ciências,* pp. 51-81. Museu de Ciência da Universidade de Lisboa.

[51] Gilman, B.I., 1918. *Museum ideals of purpose and method.* Riverside Press, Cambridge.

[52] Gori, G., 2001. The Accademia delle Belle Arti and Istituto Tecnico Toscano 1809-1859. In: A. Giatti & M. Miniati (eds), L'acustica e i suoi strumenti. *La collezione dell'Istituto Tecnico Toscano,* pp. 11-25. Fondazione Scienza e Tecnica/Istituto e Museo di Storia della Scienza/Ministero per i Beni e le Attività Culturali/Giunti, Firenze.

[53] Gray, H. St. George, 1905. *A memoir of General Pitt-Rivers.* The Pitt-Rivers Museum, Oxford.

[54] Greene, K., 1995. *Archaeology. An introduction.* Third edition. Routledge, London.

[55] Gundestrup, B., 2001. From the Royal Kunstkammer to the modern museums of Copenhagen. In: O. Impey & A. MacGregor (eds), *The origins of museums: the cabinet of curiosities in sixteenth- and seventeenth-century Europe,* second edition, pp. 177- 187. House of Stratus, London.

[56] Hamilton, J., 1995. The role of the university curator in the 1990s. *Museum Management and Curatorship,* 14: 73-79.

[57] Harden, D.B., 1947. Universities and museums. *Museums Journal,* 47: 141-144.

[58] Hayes, J.R. (ed.), 1992. *The genius of Arab civilization: source of renaissance.* Third edition. *New York University Press, New York.*

[59] Heads, M., 2005. The history and philosophy of panbiogeography. In: J.L. Bousquets & J.J. Morrone (eds.), *Regionalización biogeográfica en Iberiamérica y tópicos afines*, pp. 67-123. Primeras Jornadas Biogeográficas de la Red Iberoamericana de Biogeografía y Entomología Sistemática (RIBES Ⅶ.I-CYT-

ED). Facultad de Ciencias, Universidad Nacional Autónoma de México, México DF.

[60] Hooper-Greenhill, E., 1992. *Museums and the shaping of knowledge.* Routledge, London.

[61] Hunter, M., 2001. The cabinet institutionalized: the Royal Society's 'Repository' and its background. In: O. Impey & A. MacGregor (eds), *The Origins of Museums: The cabinet of curiosities in sixteenth- and seventeenth-century Europe,* second edition, pp. 217-29. House of Stratus, London.

[62] Impey, O. & A. MacGregor (eds.), 2001. *The origins of museums: the cabinet of curiosities in sixteenth- and seventeenth-century Europe.* Second edition. House of Stratus, London.

[63] Ingwersen, I., 1978. The making of a botanical garden. *The Garden* (Journal of the Royal Horticultural Society) 103 (3): 93.

[64] Jacomy, B., 2000. Une visite aux arts et métiers. *La Revue,* 28/29: 13-24.

[65] Jacques, A. (ed.), 2001. *Les Beaux-Arts, de l'Académie aux Quat'z'arts.* Ecole Nationale Supérieure des Beaux-Arts, Paris.

[66] Jarry, D.M., 1995. *Le Jardin des Plantes de Montpellier-une guide de visite.* Sauramps medical, Montpellier.

[67] Kelly, M., 1999. The management of higher education galleries and collections in UK. *International Centre for Higher Education Management, Occasional Paper* 7. University of Bath School of Management, University of Bath.

[68] Kohlstedt, S.G., 1988. Curiosities and cabinets: natural history museums and education on the antebellum campus. Isis, 79: 405-426.

[69] Kohlstedt, S.G., 1991. Museums on campus: a tradition of inquiry and teaching. In: R. Rainger, K.R. Benson & J. Maienschein (eds.), *The American development of biology,* pp. 15-47. Rutgers University Press, New Brunswick.

[70] Kohlstedt, S.G., 1995. Museums: revisiting sites in the history of the natural sciences. *Journal of the History of Biology,* 28: 151-166.

[71] Laissus, Y., 1986. Les cabinets d'histoire naturelle. In: R. Taton (ed.), *Ensei-*

gnement et diffusion des sciences en France au XIIIe siècle, pp. 659-712. Hermann éd., Paris.

[72] Laurencich-Minelli, L., 2001. Museography and ethnographic collections in Bologna during the sixteenth and seventeenth centuries. In: O. Impey & A. MacGregor (eds.), *The origins of museums: the cabinet of curiosities in sixteenth- and seventeenth-century Europe,* second edition, pp. 19-27. House of Stratus, London.

[73] Le Minor, J.-M., 2002. *Les sciences morphologiques médicales à Strasbourg du XVe au XXe siècle.* Presses Universitaires de Strasbourg.

[74] Le Moël, M. & R. Saint-Paul (eds.), 1994. *1794-1994: Le Conservatoire national des Arts et Métiers au coeur de Paris.* Délégation artistique de la Ville de Paris, Paris.

[75] Leff, G., 1996. O Trivium e as três filosofias. In: H. de Ridder-Symoens (ed.), *Uma história da universidade na Europa,* Vol. 1-*As universidades na Idade Média*, pp. 307-336. Imprensa Nacional-Casa da Moeda, Lisbon.

[76] Lewis, G.D., 1984. Collections, collectors and museums: a brief world survey. In: J.M.A. Thompson (ed.), *Manual of curatorship,* pp. 7-22. Butterworths & Museums Association, London.

[77] Leypold, D., 1996. Richesse du patrimoine universitaire strasbourgeois. Le musée de minéralogie. *Bulletin de l'Association Philomatique d'Alsace et de Lorraine,* 32: 69-81.

[78] Limoges C., 1980. The development of the Muséum d'Histoire naturelle of Paris, 1800-1914. In: R. Fox & G. Weisz (eds.), *The organization of science and technology in France (1808-1914),* pp. 211-40. Cambridge University Press & Maison des Sciences de l'Homme, Cambridge.

[79] Lopes, M.M., sine anno [= 2000]. Os Museus, esses excluídos da história! In *Anais II Semana dos Museus da Universidade de São Paulo*, pp. 73-76. Actas do encontro de 30 de Agosto a 3 de Setembro de 1999, Universidade de São Paulo, São Paulo.

[80] Lord, M., 2000. Editorial. *Museum International,* 52 (2): 3.

[81] MacGregor, A. (ed.), 1983. Tradescant's rarities. *Essays on the foundation of the Ashmolean Museum, 1663, with a catalogue of the surviving early collections.* Clarendon Press, Oxford.

[82] MacGregor, A. (ed.), 1988. *Ark to Ashmolean. The story of the Tradescants, Ashmole and the Ashmolean Museum. Second edition. Ashmolean Museum & Tradescant Trust, Oxford.*

[83] MacGregor, A., 2001a. *The Ashmolean as a museum of natural history, 1683-1860. Journal of the History of Collections,* 13: 125-144.

[84] MacGregor, A., 2001b. *The Ashmolean Museum. A brief history of the museum and its collections. Ashmolean Museum & Jonathan Horne Publications, London.*

[85] MacGregor, A., 2003. University museums: were they ever worth it? Unpublished paper presented at the Conference 'University collections: are they worth it?', Whipple Museum, University of Cambridge, 4-6 July 2003.

[86] MacGregor, A. & A. Headon, 2000. Re-inventing the Ashmolean. Natural history and natural theology at Oxford in the 1820s to 1850s. *Archives of Natural History,* 27: 369-406.

[87] Mauriès, P., 2002. *Cabinets of curiosities.* Thames & Hudson, London.

[88] Melville, R.V., 1995. *Towards stability in the names of animals. A history of the International Commission on Zoological Nomenclature 1895-1995.* International Commission on Zoological Nomenclature, London.

[89] Mercier, A., 1989. *L'Abbé Grégoire et la création du Conservatoire national des Arts et Métiers*. CNAM, Paris.

[90] Mercier, A., 1994. *Un Conservatoire pour les arts et métiers.* Découvertes no 222, Gallimard, Paris.

[91] Morton, A.G., 1981. *History of botanical science. An account of the development of botany from ancient times to the present day.* Academic Press, London.

[92] Mossière, J.-C., 1996. Les musées des moulages. *La Lettre de l'OCIM,* 44: 10-13.

[93] Natuurkundig Gezelschap te Utrecht, 1977. *NG 200. Natuurkundig Gezelschap te Utrecht 1777-1977.* Utrecht.

[94] North, J., 1996. O Quadrivium. In: H. de Ridder-Symoens (ed.), *Uma história da universidade na Europa. Vol. 1-As universidades na Idade Média,* pp. 337-360. Imprensa Nacional-Casa da Moeda, Lisbon.

[95] Odegaard, C.E., 1963. The university and the museum. *Museum News*, 42 (1): 31-34.

[96] Olmi, G., 2001. Science-Honour-Metaphor: Italian cabinets of the sixteenth and seventeenth centuries. In: O. Impey & A. MacGregor (eds.), *The origins of museums: the cabinet of curiosities in sixteenth- and seventeenth-century Europe,* second edition, pp. 1-17. House of Stratus, London.

[97] Ovenell, R.F., 1986. *The Ashmolean Museum,* 1683-1894. Oxford University Press.

[98] Paiva, J.A.R., 1981. Jardins botânicos: sua origem e importância. *Munda,* 2: 35-43.

[99] Parr, A.E., 1959. *Mostly about museums.* American Museum of Natural History, New York.

[100] Peruzzi, G. & S. Talas (eds), 2004. *Bagliori nel vuoto. Dall'uovo elettrico ai raggi X: un percorso tra elettricità e pneumatica dal Seicento a oggi.* Ed. Canova/Museo di Storia della Fisica dell'Università degli studi di Padova, Padova.

[101] Petch, A., 1998. 'Man as he was and man as he is'. General Pitt Rivers's Collections. *Journal of the History of Collections*, 10: 75-85.

[102] Petch, A., 1999. Cataloguing the Pitt Rivers Museum Founding Collection. *Journal of Museum Ethnography,* 11: 95-104.

[103] Petch, A., 2001. Assembling and arranging: The Pitt Rivers' Collections, 1850-2001. In: Anthony Shelton (ed.), *Collectors: individuals and institutions,* pp. 239-52. Contributions in Critical Museology and Material Culture, Horniman

Museums and Gardens & Museu Antropológico da Universidade de Coimbra.

[104] Petheo, B., 1971. The College Art Gallery. *Art Journal,* 30: 385.

[105] Pieters, F.F.J.M., 1981. "La menagerie du Muséum National d'Histoire Naturelle" par Lacépède, Cuvier & Geoffroy: Historique de l'impression et description bibliographique des editions françaises in-folio. *Bijdragen tot de Dierkunde,* 51: 219-249.

[106] Pomian, K., 1987. *Collectionneurs, amateurs et curieux: Paris, Venise: XVIe-XVIIIe siècles.* Gallimard, Paris.

[107] Poulot, D., 2001. *Patrimoine et musées-l' institution de la culture.* Hachette, Paris.

[108] Prieur, A., J. Thomas & N. Podevigne, 2003. Inventaire, numérisation et mise sur réseau des collections de paléontologie. *Journal de l'Association Paléontologique Française*, 45: 37-51.

[109] Ray, C.E., 2001. Prodromus. In: C.E. Ray & D.J. Bohaska (eds.), *Geology and paleontology of the Lee Creek Mine, North Carolina,* III, pp. 1-20. Smithsonian Contributions to Paleobiology, 90.

[110] Read, H., 1943. *Education through art.* Faber, London. [Appendix E- The Place of Art in a University (From an inaugural lecture given by the author at the University of Edinburgh on 15th October 1931), pp. 256-264].

[111] Richoux, P., J. Gibert & J. Juget, 1997. Collections de Zoologie [La mémoire, clé du futur. 200 ans de collections à l' Université Claude Bernard]. *Isotopes*, hors série: 30-35.

[112] Ridder-Symoens, H. de, 1996. *A History of the University in Europe: Vol. II-Universities in Early Modern Europe (1500- 1800).* Cambridge University Press.

[113] Ritterbush, P.C., 1969. Art and science as influences on the early development of natural history collections. *Proceedings of the Biological Society of Washington,* 84: 559-762.

[114] Rodeck, H.G., 1968. Our philosophical framework. *Museum News,* 46 (5): 33-34.

[115] Rooseboom, M., 1958. The history of science and the Dutch collections. *Museums Journal,* 58: 199-208.

[116] Rorschach, K., 2004. Why do universities have museums? *Duke News.* http://www.dukenews.duke.edu/news/rorschach_1104.html, accessed 10 December 2004.

[117] Roselaar, C.S., 2003. An inventory of major European bird collections. *Bulletin of the British* Ornithologists' Club, 123A: 253-337.

[118] Rosenberg, H., 1964-65. Problems in the teaching of artists. *Art Journal,* 24: 135-138.

[119] Rudwick, M.J.S., 1985. *The meaning of fossils. Episodes in the history of paleontology.* Second edition. University of Chicago Press.

[120] Rudy, W., 1984. *The Universities of Europe,* 1100-1914. Fairleigh Dickinson University Press, London.

[121] Rüegg, W., 1996a. Temas. In: H. de Ridder-Symoens (ed.), *Uma história da universidade na Europa. Vol. 1-As universidades na Idade Média,* pp. 3-31. Imprensa Nacional-Casa da Moeda, Lisbon.

[122] Rüegg, W., 1996b. O alvorecer do humanismo. In: H. de Ridder-Symoens (ed.), *Uma história da universidade na Europa. Vol. 1-As universidades na Idade Média,* pp. 445-470. Imprensa Nacional-Casa da Moeda, Lisbon.

[123] Ruppli C., (ed.), 1996. *Les muséums de France et les musées de l' Éducation nationale-Guide.* OCIM/Éditions Faton, Dijon.

[124] Russell, J.J. & T.S. Spencer, 2000. *Art on campus-The College Art Association's official guide to American college and university art museums and exhibition galleries.* Friar's Lantern, Monkton MA.

[125] Sawyer, C.H., 1964-65. The college art department and the work of art: custodian and costumer. *Art Journal,* 24: 336-341.

[126] Schupbach, W., 2001. Some cabinets of curiosities in European academic institutions. In: O. Impey & A. MacGregor (eds.), *The origins of museums: the*

cabinet of curiosities in sixteenth- and seventeenth-century Europe, second edition, pp. 231-243. House of Stratus, London.

[127] Silva, M.A. da, 1939. Um novo museu em Coimbra: o Museu pombalino de Física da Faculdade de Ciências da Universidade. *Publications du Laboratoire de Physique de l' Université de Coimbra,* 3:131-153.

[128] Silva, M.A. da, 1963. O Museu Pombalino de Física da Faculdade de Ciências de Coimbra. *Seara Nova*, 1414: 199-201.

[129] Siraisi, N., 1996. A Faculdade de Medicina. In: H. de Ridder-Symoens (ed.), *Uma história da universidade na Europa. Vol. 1-As universidades na Idade Média,* pp. 361-388. Imprensa Nacional-Casa da Moeda, Lisbon.

[130] Sloan, B.C. & B.R. Swinburne, 1981. *Campus art museums and galleries. A profile.* Southern Illinois University Press, Carbondale.

[131] Starn,R., 2005. A historian' s brief guide to new museum studies. *American Historical Review,* 110: 68-98.

[132] Sturtevant, W.C., 1969. Does anthropology need museums? *Proceedings of the Biological Society of Washington,* 82: 619-650.

[133] Taub, L., 2001. Introduction: universities in Europe-the circulation of ideas. In: T. Bremer & P. Wegener (eds.), *Alligators and astrolabes: treasures of university collections in Europe,* pp. 9-14. Druckwerk, Halle.

[134] Tega, W., 2002. *Science and art in Palazzo Poggi.* In: W. Tega, (ed.), *Guide to Palazzo Poggi Museum. Science and art,* pp. 8-16. Palazzo Poggi Museum, University of Bologna.

[135] Thooris, M.C., 1999. Une mission originale pour la Bibliothèque de l' Ecole polytechnique: la conservation et la mise en valeur de son patrimoine. *Sabix* (Bulletin de la Société des Amis de la Bibliothèque de l' École polytechnique), 22: 29-38.

[136] Thooris, M.-C., Y. Courseaux, J.-B. Debreux & C. Bozon, 1997. *Les objets scientifiques: un siècle d' enseignement et de recherche à l' École Polytechnique.* École Polytechnique-Palaiseau, Paris.

[137] Torrens, H.S., 2001. Early collecting in the field of geology. In: O. Impey & A. MacGregor (eds.), *The origins of museums: the cabinet of curiosities in sixteenth- and seventeenth-century Europe,* second edition, pp. 281-293. House of Stratus, London.

[138] Van-Praët, M., 1991. Du Cabinet des drogues à la Galerie de l'Evolution. *Alliage,* 10: 85-92.

[139] Van-Praët, M. & C. Fromont, 1995. Éléments pour une histoire des musées d'histoire naturelle en France. In: *Musées et Recherche,* pp. 55-70 [Actes du Colloque de Paris, Musée National des Arts et Traditions Populaires, 29 November-1 December 1993]. OCIM, Dijon.

[140] Van-Praët, M., 2004. Heritage and scientific culture: The intangible in science museums in France. *Museum International*, 56 (1-2): 113-121.

[141] Verger, J., 1986. *Histoire des universités en France.* Ed. Privat, Toulouse.

[142] Verger, J., 1996. Modelos. In: H. de Ridder-Symoens (ed.), *Uma história da universidade na Europa. Vol. 1-As universidades na Idade Média,* pp. 33-71. Imprensa Nacional-Casa da Moeda, Lisbon.

[143] Verger, J., 1999. *Les universités au Moyen Age*. Quadrige & Presses Universitaires de France, Paris.

[144] Watson, P.J., S.A. Leblanc & C.L. Redman, 1971. *Explanation in archaeology: an explicitly scientific approach.* Columbia University Press, New York.

[145] Weil, S.E., 1995. *A cabinet of curiosities: Inquiries into museums and their prospects*. Smithsonian Institution Press, Washington DC.

[146] Whitehead, P.J.P., 1970. Museums in the history of zoology. Part 1. *Museums Journal,* 70: 50-57.

[147] Wittlin, A.S., 1949. *The museum; its history and its tasks in education.* Routledge & Kegan Paul, London.

[148] Woolley, L. & P.R.S. Moorey, 1982. *Ur* ‘*of the Chaldees'.* Cornell University Press, Ithaca NY.

[149] Zusi, R.L., 1969. The role of museum collections in ornithological research. *Proceedings of* the Biological Society of Washington, 82: 651-661.

第四章　我们现在在哪里？我们的知识现状

在过去半个世纪中，影响博物馆的最根本的变化……是现在几乎普遍的一个信念，即博物馆的存在是为了服务公众。然而传统博物馆认为自己没有这样的义务。它的存在，依托于一座建筑、一些藏品以及管理人员。它的资金相当充足，游客通常不多，他们前来观赏、研究、赞美呈现在眼前的这一切。它们绝不可能与企业合作。博物馆的主要职责是保存藏品，而不是为游客服务。

——K.哈德逊

这些奇迹（像所有奇迹一样）仅仅是时代的重复。

——梅尔维尔

20世纪，是一个充满社会、科学、技术、文化和经济变革的时代，其规模之大前所未有。20世纪，大学收藏和博物馆变得越来越复杂，收藏数量大幅上升，场馆规模急剧扩大，经营范围和参与公众也变得多样化了[①]。今天，如果试图详细描述过去100年，则显得过于轻率，事实上也无法实现。然而，从现有的文献中，我们能够概括出主要发展趋势和关键转折点。

20世纪上半叶，第二代大学博物馆几乎不存在，因为它们在20世纪60年代到70年代以后才发展起来。相反，第一代博物馆和收藏的发展，在这一时期却如火如荼。自然历史博物馆和植物园陆续建立，或被重建，例如代尔夫特大学植物园建立于1917年，哈雷-维滕贝格大学盖瑟塔尔博物馆（地质学和古

① 在本书中，"大学"一词取其最广泛的意义，指的是欧洲所有高等教育机构，包括高等专科学校、理工学院、军事学院和大专院校。

生物学）建立于1934年。人文学科第一代收藏——民族学、人类学、考古学——的发展比自然历史起步晚。许多博物馆的建立，得益于20世纪初无数次的探险和挖掘。加拿大不列颠哥伦比亚大学人类学博物馆建于1947年，彭马奇历史博物馆的收藏于1947年捐赠给法国雷恩大学，荷兰格罗宁根大学杰拉德·范德莱乌民族志博物馆建于1968年。

图4.1 博卡奇博物馆，里斯本大学国家自然历史博物馆的动物学部门（摄于1898年）

（来自博卡奇博物馆档案馆，经里斯本大学授权）

图4.2 里斯本大学国家自然历史博物馆，矿物地质博物馆古生物室的照片

（矿物学和地质博物馆档案，经里斯本大学授权）

20世纪上半叶，第一代大学收藏通常被大量用于教学和研究，大学也在这些收藏上投资，例如博洛尼亚大学在1932年收购了大量动物学收藏（Scaravelli & Bonfitto，1994）。

20世纪下半叶，社会和政治层面发生了巨大变化。可以确定直接影响大学收藏和博物馆的三个主要因素：（1）高等教育系统的变化；（2）博物馆部门的变化；（3）科学研究和教学的技术发展和变化。1945年后，大学大幅扩张，机构和学生数量也在20世纪60年代急剧增加。当时许多国家，如法国、比利时、荷兰和美国，开始对高等教育系统进行结构改革，高等教育改革从20世纪70年代和80年代持续至今。20世纪80年代，撒切尔首相在英国的改革，标志着“国家减少对大学的投入，即减少政府资助”这一趋势的开始。今天，经典洪堡模式的持续有效性受到质疑。在许多欧洲国家，普遍的和免费的访问等博物馆主要支柱正在广受讨论。

由于博物馆数量普遍增加，公共服务得到改善，博物馆专业持续发展，博物馆行业在战后时期也有显著的发展。20世纪60年代以及整个70、80和90年代，实施了认证和注册计划，对博物馆立法进行了重大改革或创新，博物馆期刊成倍增加，工作人员培训和普遍标准得到提高，博物馆专业逐渐演变为我们今天看到的许多专业。正如我将提出的，这些发展对大学博物馆及其藏品有许多影响。

影响大学博物馆及其藏品的第三个主要因素，是科学的进步。由于科学的进步和发展，一些高等教育课程，如考古学、人类学、生命科学和医学，经历了深刻的课程改革。由于新技术的引进和普遍使用，教学也发生了变化。下一章将讨论这些进步。

在过去的四十年里，这三个因素的共同作用极大地改变了大学博物馆及其藏品的格局，以及它们的角色和使用方式。

20世纪80年代和90年代初，第一代收藏本已处于弱势的状况更加恶化。特别是自然历史博物馆正在经历一场世界性的“危机”，欧洲几个主要的自然历史博物馆摇摆不定（Anonymous，1990a、b；Butler，1997）。在美国的大学中，有博物馆被关闭，收藏被分散（Black，1984）。欧洲大学的预算逐渐开始紧张，空间和人员的管理问题日益尖锐，大学也开始质疑收藏的相关性。许多

第二代博物馆虽然没有直接受到“危机”的影响，但也缺乏资金和人力资源，缺乏吸引力，而且它们在大学中的作用从未被阐释清楚。里斯本大学国家历史博物馆在1978年3月18日的一场大火中不幸被烧毁。“几乎什么都没有留下”（Almaca，1982），该馆的矿物地质博物馆藏品，可能来自20世纪30年代。该博物馆也受到上述1978年火灾的影响（图4.1，图4.2）。到20世纪90年代末，虽然不同国家的程度不同，许多大学博物馆及其藏品，就算最好的也处于十字路口，更糟的已经岌岌可危。布鲁塞尔自由大学医学史博物馆（图4.3），创建于1994年。这类第二代博物馆在欧洲背景下，意义重大且尤为独特，因为它展示了与早期健康史（魔法和宗教实践）相关的物品，以及代表前哥伦比亚和非洲的非西方医疗实践的物品。最古老的物品象征着美索不达米亚（公元前2000年）的汉谟拉比和帕祖祖，以及用于防腐的软膏和油托盘（埃及，第6王朝，约公元前2300年）。

图4.3 布鲁塞尔自由大学医学史博物馆

面对这一僵局，在博物馆界的支持下，大学博物馆经常组织交流活动，成立了一些国家大学博物馆和收藏的协会[①]：美国学院和大学博物馆与美术馆协会（1980）[②]、大英大学博物馆集团（1987）、澳大利亚大学博物馆及其藏品理

① 韩国大学博物馆协会(KAUM)成立于1961年,美国大学艺术协会(CAA)成立于1911年。分别参见http://www.kaum.or.kr/english/1/main.htm 和 http://www.collegeart.org/。两者都于2005年6月26日访问。

② 美国学院和大学博物馆与美术馆协会(ACUMG)的使命和历史,见ACUMG网站,http://www.acumg.org/mission.html,2004年12月20日访问。

事会（1992）、巴西大学博物馆常设论坛（1992）、荷兰学术遗产基金会（学术传统基金会）（1997）以及苏格兰大学博物馆（UMiS）（1998）[①]。2002年，西班牙大学博物馆与收藏协会成立（2003）。2004年，在国际博协希腊国家委员会的主持下，成立了希腊大学博物馆与收藏工作组（Theologi-Gouti，2005）。

在国际层面，三项最重要的举措分别是：2000年建立欧洲网络（Universeum），2001年成立UMAC，以及欧洲委员会提交了《关于大学遗产治理和管理的建议草案》（*Draft Recommendation on the Governance and Management of the University Heritage*）（欧洲委员会，2004年）。

接下来的部分，将专门介绍欧洲大学收藏的知识现状。第一部分，将介绍文献综述，包括20世纪的主要出版物和论文。第二部分，将介绍和讨论最近在国家和国际两级关于大学藏品的重大举措。

4.1 20世纪博物馆文献中的大学收藏

关于大学收藏的一个普遍观点是，出版物只是近期的产物。尽管在过去二十年（特别是过去五年）里，关于这个主题的文本确实在数量上和范围上都呈爆炸式增长，但关于大学收藏的专业博物馆文献可以追溯到十九世纪初。

本书的目标之一，是尽可能多地汇编关于大学博物馆及其收藏的出版文献资料。以前，蒂罗尔（2000b）写出了一篇文献综述（主要限于用英语发表的论文）。最近，柏林洪堡大学开发了一个德语在线书目数据库，列出了600多个大学博物馆的名称[②]。下面介绍的评论仅限于一些文章、书籍和其他相关的出版材料，将大学博物馆及其收藏作为一个群体或一个子群体（大学艺术博物馆、大学矿物学博物馆等）进行讨论。由于篇幅有限，要求简洁，目录、案例研究和描述性论文被排除在外。关于大学收藏“危机”的文献将在下一章讨

① UMG见http://www.umg.org.uk/，SAE见http://www.academischerfgoed.nl/，UMiS见http://www.dundee.ac.uk/umis/，这些都于2005年6月26日访问。

② 参见2005年6月18日访问的http://publicus.culture.hu-berlin.de/sammlungen/bibliographie.php。书目数据库还列出了其他语言的文本。在访问之日，书目数据库列出了656个德文书目、242个英文书目、16个法文书目、1个西班牙文书目和2个拉丁文书目。

论。本书包括1917年至2005年间以英语和法语发表的论文（偶尔引用荷兰语、意大利语、葡萄牙语和西班牙语）。其中大部分发表在专业博物馆期刊（如《策展人》《博物馆杂志》《博物馆新闻》《博物馆学咨询与合作室信函》《国际博物馆》等）和会议论文集上，只有少数未被发表。该综述有三个部分：基础论文（4.1.1），这里指的是讨论大学博物馆及其藏品的性质和作用的理论文本；调查（4.1.2）；博士论文（4.1.3）。

4.1.1 奠基性论文

自20世纪60年代以来，有关大学博物馆的文献有了巨大的增长。以前，基础性论文只是偶尔出现。鲁斯文（Ruthen，1923、1931、1939、1963），科尔曼（Coleman，1939、1942）和罗德克（Rodeck，1950、1952）在20世纪60年代之前属于多产的作家之一。文献的增长在20世纪出现了三次高峰：第一次是在60年代，当时出现了关于更广泛受众的争论；第二次是在80年代，当时出现了关于“危机”的第一次警报；第三次自90年代末至今。自20世纪80年代以来，出现了理论文本新浪潮，特别是阿诺德-福斯特（Arnold-Foster，1989、1993、1999、2000）[①]、博伊兰（Boylan，1999、2002、2003），克莱克（Clerca，2001c、2003a、b，2005）[②]、汉密尔顿（1995），凯利（Kelly，1998、1999、2001）、斯坦伯里（Stanbury，1993、1997、2000、2001b，2002、2003a、b、2004、2005）、蒂雷尔（Firell，1991、1994、1998、2000a，b、2001a、b、2002、2003a、b、2005）和沃赫斯特（Warhurst，1984、1986）。

在20世纪60年代之前，大多数奠基性的论文都发表在美国期刊上，因此，在将其中的反思移植运用于欧洲时需要慎重。然而，可以推测出，欧洲大学收藏的问题，在很大程度上与北美洲大学收藏的问题相似。从该领域的证据来看，这种差异可能是时间的延迟，无论是20世纪60年代的公众访问的争论，还是20世纪80年代“危机”的影响，欧洲大学博物馆及其收藏至少落后于北美同行十年。

① 另见阿诺德·福斯特和拉鲁（1993）、阿诺德·福斯特和维克斯（1999、2000、2001）和阿诺德·福斯特和米尔昌达尼（2001）。

② 另见克莱克（1998、2001a、b、2004a、b）以及克莱克和 洛伦索（2003，2004）。

从一开始，大学博物馆的作用和目的就一直是文献中反复出现的话题。无论是描述最新的临时展览还是讨论藏品的重要性，可能没有一篇论文不强调博物馆或收藏的作用、目的、使命或目标，以及母体机构（大学、学院）提供的条件，使其能够履行或不履行其自身职责。尽管反复提到，大学博物馆的地位与其在大学中的使命还未被明确地、连贯地定义或阐述出来。如果考虑到大学博物馆和收藏的动态性质以及它们在规模和类型上的多样性，毫不意外的是，许多人往往无法清晰认识到博物馆在大学中的作用。

20世纪60年代以前，大学似乎一直是大学博物馆和收藏存在的理由。虽然吸引更广泛的公众无可厚非，但大学收藏的目标和目的，至少如文献所述，应该是教学和研究。史密斯（1917）出版了最早将大学博物馆作为一个群体来谈论的文本之一。在详细描述大学博物馆功能的一段话中，他写道："大学博物馆为教授和学生们提供了做科研的机会，并提供标有"原文如此"的标本、铸件、模型和地图，来说明学习过程，就像大学图书馆提供文献一样"（Smith，1917）。贝克（1924）讨论了大学自然历史博物馆的功能和作用，指出了它们与大学艺术博物馆之间的区别和相似之处。他写道，"……一个管理得当的博物馆，可以帮助本科生理解一门科学课程"，并补充说，标本"对于许多学科的正常教学是绝对必要的"，这些标本"应该放在博物馆里，得以合理安排以说明某项原则"（Baker，1924）。[①]

虽然不经常被引用，但第一个反思大学博物馆使命的重要作家或许是鲁斯文（1923、1931、1939、1963）。鲁斯文提到了地方博物馆、国家博物馆和大学博物馆之间的差异，同时强调了后者的双重使命。他认为大学博物馆的基本使命是双重的：（1）通过收集和调查进行研究，（2）通过展览进行教学。"作为一般规则"，他坚持认为，地方博物馆应主要以"普及引导"为目标，国家博物馆"应将教学和研究平等地结合起来"，大学博物馆"应大力强调研究，即为科学进步获取和研究藏品"（Ruthven，1931）。他还提到：大学博物馆无法吸引大量游客，因此它应该将展览限制在"向与他们联系的学生阐明基本事

① 当然，也有例外。例如，都灵大学解剖学博物馆的创始人路易吉·罗兰多从一开始就明确希望博物馆对公众开放。1830年，他将博物馆建在了都灵市中心的雷吉博物馆宫，里面还有自然博物馆和古埃及博物馆（G. 贾科比尼，2003年3月31日采访）。更多关于人类解剖学博物馆的资料可见贾科比尼（1993，1997a，b）。

实”的范围内，而不是将资源浪费到不被关注的展览上。（Ruthven，1931）

同样，哈登（1947）简要讨论了大学博物馆的历史，并解释了为什么大学博物馆主要为大学社区服务：“……大学博物馆的目的总是一样的，即确保大学教师和学生有办法通过对物体和标本的研究来补充他们的书本学习”（Harden，1947）。在文章的后面，他写道：“大学博物馆应该……更直接地迎合公众吗？有一点是肯定的，如果其展览安排将最大限度地使大学班级和学生受益，那么就会无益于公众吸引力”，结论是：“因此，公众服务必须永远是次要考虑因素。但是完全排除公众是一个巨大的错误”（Harden，1947）。哈登（1947）可能是第一次提到大学博物馆在培训博物馆专业人员方面应该发挥作用，他写道：“大学博物馆存在于学生群体中，拥有良好的常规藏品，它（大学博物馆）非常适合培训博物馆工作人员”（Harden，1947）。

科尔曼（1939，1942）也赞同其双重使命——研究和教学。与鲁斯文相反，劳伦斯·韦尔·科尔曼的作品经常被引用，可能是因为他在1927年至1958年期间担任美国博物馆协会主任，并撰写了优秀的三卷本作品《美国博物馆》（*The museum in America*）。科尔曼强烈解释道，大学博物馆的主要职责是在内部教育和研究中为大学社区服务。正如他极力强调的那样，公共服务“与其说是大学博物馆的首要业务，不如说是大学图书馆的首要业务”（Coleman，1942）。他认识到，一些大学博物馆“试图面面俱到，取悦所有人”，大学或学院博物馆的首要职责“是优先考虑其所属的大学、学生和教职员工，而不是外人”①（Coleman，1942）。

我想暂停下来说，我们正处于20世纪40年代，这几乎是第一代大学收藏的专属时代，即自16世纪末以来，藏品的收集都是为了教学和研究。

罗德克（1950、1952）也写了大量关于大学博物馆的使命、角色和受众的文章。他可能是第一个要求澄清其使命的人：“构成大学一部分的博物馆可以合法地拥有一种或多种功能，但无论如何，这些功能都应该被明确定义，充分理解”（Rodeck，1950）。“为了它们的自我保护……”，他写道，“大学博物馆人员最好定义和限制‘博物馆’一词的含义”（Rodeck，1952）。令人好奇的

① 请注意，“faculty”在北美和欧洲含义不同。在北美，这一词是指教育机构（学院或大学）的教学人员，偶尔也指行政人员。在欧洲，是指大学的一个部门（如医学院）。

是，目前流行的“大学博物馆作为大学的展示”已经存在了至少50年。博尔赫吉（1956a）很可能将其创造性地称为大学的“展示窗口”。在他的论文中，清晰地例证了大学博物馆是大学强大的公共关系工具。他写道：“校园博物馆中优秀而专业的研究藏品，可能是吸引学生去大学的一张王牌……”（Borhegyi，1956a）。如今，大学博物馆的“第四使命”尤其受到大学管理者的欢迎。在同年发表的第二篇论文中，他重复了这一信息，但强调需要将重点放在为最广泛意义上的大学社区服务上，即涵盖对所有学科感兴趣的学生（Borhegyi，1956b）。

随着论文数量和深度的增加，20世纪60年代是一个转折点。在此期间，大学博物馆显然更加关注公共服务的需求和为更广泛观众服务的需要。在欧洲和美国，第二代大学博物馆的数量开始增长。在整个博物馆行业，博物馆的教育作用、专业培训、发展和标准开始更加频繁地引起讨论，然而在欧洲可能更晚。这些因素可能有助于重新定义大学博物馆及其收藏的目的，也有助于反思所提供公共服务的质量。

实际上，博物馆标准成为了一个问题。以下主题第一次出现，例如公众参观展览（Hill，1966；Reimann，1967；Rodeck，1968；Crompton，1968；Williams，1969），永久和临时展览之间的区别（Hill，1966），专门为更广泛的观众设计的教育计划（Matthews，1962；Reimann，1967），大学博物馆文献中讨论的公共形象（Rodeck，1968），以及维护（Reimann，1967；Williams，1969），收藏政策的必要性（Hill，1966）和大学博物馆之友协会（Williams，1969；Martins，1982）。此外，作者们表现出越来越多的自我批评和公开揭丑。雷曼（1967）抱怨“一排又一排的玻璃罐子”只能透过上锁的玻璃门看到。奥德加德（1963）看到了“领土性”的趋势，使博物馆处于“发现自己在大学中，但不属于大学，一种位于大学中心的巴士底狱”的境地。罗德克（1968）也提出了类似的观点，他写道一些大学博物馆是科学象牙塔，“住在里面的人……只是偶尔交谈……”。罗德克甚至想知道，为什么有这么多大学管理者继续支持这些博物馆。他指出，缺乏兴趣和遭受忽视可能是因为“博物馆对大学的教育活动没有作出明显的积极贡献”（Rodeck，1968）。多位研究者意识到许多问题是博物馆缺乏胜任的工作人员造成的，因此要求重新评估整体形象和培训负责人等工作人员（Rodeck，1968；Reimann，1967；Crompton，

1968；Fleming，1969；Rosenbaum，1988）。

有趣的是，这些主题很多（虽然不是全部）仍然存在于今天大学博物馆及其收藏的议程中，就好像这些论文是昨天写的一样。然而，20世纪60年代，大学博物馆只是在回应博物馆界普遍提出的类似主张：增加公共服务，更好地解释博物馆学，更多关注观众，定义博物馆事业。尽管博物馆界继续在讨论这些问题，但40年后，其实质内容不再受到质疑——公共服务，专业标准，培训，藏品保护和提供就业，这些现在在全球范围内都被认为是理所当然的。换句话说，博物馆普遍都发生了变化，而大多数大学博物馆，除非它们的问题现在更加严重，否则，都还维持在20世纪60年代的原状。

同样也是在20世纪60年代，大学博物馆作为“理想博物馆”的想法出现了。在1968年于慕尼黑德意志博物馆举行的国际博协第八届大会上，罗德克说：“当人们考虑博物馆在大学社区中的自然优势时，人们实际上想知道是否存在任何其他类型的博物馆在某个方面没有障碍！”（Rodeck，1970）。同样，弗莱明（1969）说：“……大学博物馆……在我看来，代表了理论上是两个机构的理想关系”。其他作者也同意这一观点（Meneses，1968；Wittkower，1968；Auer，1970），他们有诸如“学术氛围更适合创造力”，“获取信息、设备和奖学金的优先权”的论点。因此，在这个时候，大学博物馆不仅声称现状发生了变化（与其他博物馆保持一致），而且还暗示它们的战略地位使它们在整个博物馆领域发挥了突出的作用。也正是在这种背景下，大学博物馆作为提供博物馆课程和培训博物馆专业人员的潜在引领者（实际上它们从未扮演过这一角色），开始在文献中出现。正如伯考（1969）所说，“……大学博物馆，在比现在更大程度上，应该发起和提供博物馆培训课程；它们在这方面没有对学生、公众或博物馆界尽到责任”。其他作者立场也相同（Harden，1947；Borhegyi，1958；Odegaard，1963；Burcaw，1969；Williams，1969）①。早在20世纪40年代，哈登（1947）就强调了大学博物馆在协助具有专业知识的小

① 事实上，大学博物馆是最早为博物馆界提供方案和课程的博物馆类型之一。在美国，早在1908年，爱荷华州立大学自然历史博物馆，就提出了第一门为自然历史博物馆培养专业人员的课程。美国艺术博物馆专业人士培训的第一门课程，在费城艺术博物馆开展（Cushman，1984），第二门课程于1910年由韦尔斯利学院的法恩斯沃思博物馆开展。

型博物馆方面的作用，这个想法将在新世纪的英国被“彻底改造”，加上一些大学博物馆的积极参与。然而，也有不同的声音，曼宁（1980）指出，“大学课程本质上是学术性的，很少打算发展为职业培训的一种形式。其目标不是培养博物馆助理、野外考古学家或任何其他类型的专家，而是培养具有基础知识（学科水平）的毕业生，以在此基础上进行更专业的培训”。

在20世纪70年代和80年代，涉及职业发展和专业标准的论文似乎较少（Zeller，1984；Freedman-Harvey，1989）。尽管如此，大学博物馆的功能和作用（Petheo，1971；Strachan，1979；Waller，1980；Guthe，1983；Schmidt，1987），由观众多样化带来的困境（Arth，1974；Lopez，1977），特别是将学生和普通观众混合在一个展览中的问题陆续得到解决（Seyd，1971；King，1980；Warhurst，1984；Craig，1988）。从20世纪80年代开始，强调大学与博物馆合作的积极影响的论文，也出现得更加频繁，它们由非大学博物馆的作者撰写（Selig & Lanuoette，1982；Butler & Horn，1983；Rosenbaum，1988；Solinger 1990；Lauret，1997）。

1984年，或许是第一次，大学博物馆在一本主流的博物馆学手册——《策展手册：博物馆实践指南》（*Manual of Curatorship*：*A Guide to Museum Practice*）（Warhurst，1984）中占了一个单独的章节：该章节涵盖了大学博物馆的功能、历史（聚焦在英国）、建筑、行政、财务和工作人员。当时，大多数大学博物馆继续将重点放在校内受众上。正如沃赫斯特所说，“尽管大多数大学博物馆不会拒绝学龄儿童有组织的参观活动，但它们很少为此目的提供任何可以称为教育服务的东西”，而那些“严格意义上的系级教学博物馆，将明确地把目标对准……系里的学生”（Warhurst，1984）。现有博物馆统计数据也证实了这种对校内受众的关注。达尼洛夫（1996）证实，美国许多校园博物馆和美术馆的参观者人数相当少（即每年在5000至10000），其中大多数是学生、研究人员和工作人员。然而，他意识到，一些较大的机构每年却能吸引超过30万名游客，从学校团体到居民和游客（Danilov，1996）。

然而，在20世纪70年代（Davis，1976；Minsky，1976），特别是在80年代，主导大学博物馆文献的问题是“危机”。在此期间，出现了更多来自欧洲的论文。“危机”的性质和原因将在下一章讨论。在这一点上，我只想表示

"危机"的出现，并确定文献中提出的一些后果。第一篇提到大学博物馆"危机"（不是特指自然历史大学博物馆）的文章，在国家层面和国际层面专业期刊上发表传播，是在1986年。沃赫斯特（1986）宣布，英国大学博物馆正在经历一场"三重危机"：身份和目的危机、认可危机和资源危机。沃赫斯特的文章，以及威利特（1986）的一篇揭示苏格兰大学博物馆危机的文章[①]，被广泛引用，代表英国大学博物馆的转折点（Merriman，2002）。大约在同一时间，布莱克（1984）提出，美国的艺术、历史和自然科学的大学博物馆"要么关闭，要么课程被大幅削减"（Black，1984）。1991年，法国出版了一份关于国家教育部管辖下的博物馆状况的报告，引人注目。该报告提高了人们对有关法国大学博物馆及其收藏问题的认识，其中大多数与达尼洛夫（1996）在美国报道的问题相似，并在英国受到沃赫斯特（1986）的谴责。埃里蒂埃-奥热的报告还在法国政治层面引发一系列倡议。

在欧洲的其他地方，博物馆专业人士提出了大学博物馆及其收藏经常令人遗憾的话题。1978年，葡萄牙博物馆协会在科英布拉大学组织了一次会议，会上介绍了几个研究案例（Almaça，1982；Coelho & Canêlhas，1982；Encarnação，1982；Firmino，1982；Gil，1982；Gouveia，1982a、b；Lima，1982；Martins，1982；Meneres，1982；Teixeira，1982）。20世纪70年代，葡萄牙的大学博物馆现实情况普遍很差。遗憾的是，会议没有取得重大进展。早在1977年，荷兰就提出了第一个问题，即乌得勒支大学无人看管的自然历史收藏（S. Clercq，2005年2月7日）。

这一"危机"对文献有三个主要影响。首先，调查在不同国家得以开展。其次，大学博物馆及其收藏，开始经历在国家和国际层面日益加强合作的一个时期，由此创建了前面提到的国家和国际层面的协会，文本、会议论文集和其他出版物也有显著增长。特别是，欧洲大学遗产协会（Universeum）和大学博物馆与收藏委员会（UMAC）已经发布了大量出版物，其中包括已经提到的《哈勒宣言：学术遗产和大学：责任和公众访问》（*Declaration of Halle*：*Aca-*

① 威利特（1986）提供了格拉斯哥、阿伯丁、圣安德鲁斯和斯特灵等苏格兰大学的众多例子，对公式化资金持批评态度，并谴责为了博物馆能够开门，策展人被迫成为商店经理和保安人员。

demic Heritage and Universities: *Responsibility and Public Access*)(2000),两卷《国际博物馆》(*Museum International*)(第206卷和第207卷,2000年)和《欧洲大学收藏珍品》(*Treasures of University Collections in Europe*)(Brenner & Wegener,2001)。大学博物馆与收藏委员会自2001年成立以来,持续发表其年会记录——2001年和2002年的年会发表在了《博物馆学》杂志上,2003年的年会记录则单独出版(Tirrell,2005)。值得一提的还有由经合组织赞助的一份出版物(Kelly,2001),以及《国际博协研究丛书》(*ICOM Study Series*)的一期特刊(第11号,2003)。第三,文献清楚地指出了正在讨论的一系列全新问题,包括在强有力的政治层面的问题。过去五年发表的关于大学博物馆及其藏品的论文,比过去一百年的总数还要多。展开介绍最近的大量出版物是不现实的,我只想指出讨论的要点,并作出一些说明。在本节结束时,将给出一系列按学科排序的已发表的参考文献(见表4.1所列)。

长期资源受限、"大量收藏分散"和"错误"①、用于教学和研究的收藏品使用明显减少(质疑它们在大学中的作用),以及全世界博物馆数量、范围和种类的爆炸式增长(这大大增加了竞争,提高了标准,同时突出了大学博物馆提供的公共服务不佳),这一系列问题使大学博物馆及其藏品处于十字路口。凯莉(2001)总结了这一挑战:"大学博物馆必须保护与其在高等教育机构中地位匹配的学术价值观,同时,提供观众所需的日益复杂和多样化的启发性环境",而可用的财力和人力资源却比四十年前更少。20世纪80年代后的文献,详尽地审视了这一挑战和导致这一挑战的环境以及其长期后果。可以确定三大类问题,这些问题往往相互重叠。

首先,许多作者强调了第一代和第二代大学收藏的重要性和相关性。在讨论大学博物馆的三个必要条件时,博伊兰(1999)特别指出第一个是"相关性"(另外两个是"合作性"和"自主性")。他说:"至关重要的是,博物馆……,或其内特定的大型和重要收藏的存在,源于当今的需求。这并不意味着,要放弃与现在教学环境不再相关的收藏或者研究领域,而应该强调历史材

① K. 阿诺德·福斯特在穆尔赫恩(2003)中关于1980年代和1990年代英国的局势,尽管该评论对其他欧洲国家显得泛泛。

料的价值和潜在的未来意义”（Boylan，1999）。此外，大学博物馆及其藏品感到这种情况的脆弱性，威胁迫在眉睫。论文越来越多地以“为什么大学有博物馆？”为题来体现多样性（Kemp，1994；Deloche，1995；Gil，1998；Clercq，2003b；Rorschach，2004）。有一系列平行的论文谈到了大学博物馆的未来（Spencer，1971；Almaça，1982；Coor，1986；Canelhas，1987；Turk，1994；Casaleiro，1996；Hudson & Legget，2000）。人们一再强调，收藏对大学和整个社会的重要性。正如耶伯里（1993）所说，“大学博物馆及其藏品，与图书馆和实验室同样重要……。作为教学和研究的信息资源，它们发挥着非常宝贵的作用”。布莱克（1984）认为，大学博物馆在提醒人们西方社会的品质和成就方面，具有“独特而至关重要的作用”。与相关性有关的是，大学收藏一直以来没有完全发挥出来的潜力。麦克唐纳（2003）提到了大学博物馆及其藏品的“优势和潜力”，包括：“为教学和研究积累的专业收藏，为图书馆和档案馆提供专门支持，获取跨学科专业知识……，品质条款的传统（例如亲手触碰），获得高等教育和研究资金，以及通过与学术机构的联系提高公众知名度”。舍伊纳（1992）赞同大学博物馆具有“巨大的潜力”，并对在公众访问方面仍有许多工作要做而感到遗憾。戴蒙德（1992）直言不讳地指出，潜力未能完全发挥出来是由于缺乏资源：“许多大学博物馆的公共项目，缺乏资源，无法跟上当前的博物馆实践”。此外，“许多大学博物馆与新的教育研究几乎没有关系……。他们可能与校园内进行教育研究的部门没有联系，他们的工作人员在教育研究人员中往往没有什么可信度”，结论是“这些公共计划活动，似乎处于一种与大学其他部分完全割裂开来的状态”（Diamond，1992）。马兰迪诺（2001）、费里奥特（2003b）、吉尔（2002）进一步讨论了大学博物馆的潜力。

文献中提出的第二组问题，与身份挑战、困境和未来风险有关。克莱克（2003b）写道：“我们大学博物馆及其藏品是谁，我们是什么，我们为谁工作？博物馆如何适应我们大学的使命？我们如何巩固我们在大学中的地位？……我们与正在进行的研究和教学计划……以及与学生的关系是什么？大学博物馆如何成功地使科学变得有趣，从而激励年轻人从事科学事业？我们博物馆的“公共品质”是什么？我们在整个博物馆界中扮演什么角色？……需要什么样的领导？”墨菲（2003）讨论了“多重身份问题”和“可以同时将大学博物馆中的人们拉向许多不同方向的紧张局势”。布莱克（1984）通过提出问题总结出：“大学博物馆——究竟是自由之门还是象牙塔？金直言不讳地提出了另一个基于角色和用户的区别（2001）：“我们越来越不像是大学博物馆，更像是大学里的博物馆”。早在20世纪90年代，舍伊纳（1992）就区分了两种类型的大学博物馆：“大学博物馆”和“为大学而生的博物馆”。30年前，奥德加德（1963）注意到“在大学内，但不属于大学”的博物馆之间的区别。这仅仅是文字游戏还是内在困境？

华莱士（2003b）意识到了进一步的困境：“大学博物馆如何更好地应对社会对终身学习的需求？大学博物馆如何改善大学的学习环境？他们在促进大学‘研究’、帮助‘学术公民’和提供公众服务方面扮演着什么角色？”所有这些问题今天依然没有答案。华莱士还警告说，在追求更广泛的观众时，存在疏远的风险：“当大学博物馆在大学校园外追逐公众时，它们似乎忘记了使他们独特的特性——与大学本身的关系”（Wallace，2002、2003a）。

除了教学、研究和公开展示之外，“第四重”使命在过去五年的文献中比以前更频繁地出现：大学博物馆“展示”大学。哈恩（2001）在提到乌得勒支大学博物馆时，总结了这一概念：“……博物馆作为专业技术中心，专业管理这座大学的学术历史收藏，并向广大公众展示过去和现在的乌得勒支的科学成就。换句话说，它展示了乌得勒支大学”。如上所述，“作为展示的博物馆”至少自20世纪50年代以来就存在于文献中（Borhegyi，1956a）。它可能对双方都有好处：大学利用这些收藏来提升其社会形象，并在竞争日益激烈的高等教育“市场”中招募未来的学生，大学博物馆及其藏品的获取急需人员和经费的稳定性。然而，大学博物馆不应沦为单纯的营销工具，“第四重”使命需要重

新接受当代教学和研究类藏品的相关性和用途，以及更有意义的收藏导向的公共服务。

第三组论文讨论了结构性困难，并提出了改善这种情况的工具，包括更多的合作，提高公共标准、治理、管理、领导形象、自治，重新定位大学中博物馆和收藏（Tirrell，1991、1994；Boyd，1995；Hamilton，1995；Jonaitis，1995、2003；Genoways，1999；Stanbury，2001b）。蒂罗尔（1994）研究了许多大学博物馆面临的重大困难，如严重的官僚主义，逐渐减少的支持，不一致的评估标准，不断变化的行政部门，以及特殊的利益压力等。斯坦伯里（2001b）提醒人们注意，那些负责维护大学收藏的工作人员，内心可能产生极度增加的孤立感："有些人可能会对收藏的状况感到焦虑或羞耻，在这种情况下……这种可能试图通过阻止访问收藏或限制有关收藏的信息，来保护大学或部门的声誉。……孤立感通常会增加，因为……他们认为他们无力作出改变。主管的支持可能是缺乏的，资源可能是不足的。可能几乎没有人使用收藏，现代教学大纲内容看起来也绕过了收藏区，在同一领域工作的同事也变得疏远"（Stanbury，2001b）。维克斯（2000年）进一步讨论了这种孤立感问题。

同样在结构层面，大学博物馆在大学结构中的治理和定位首次被挑出来，作为提高其在大学内认可度的工具。汉弗莱（1992a）提供了自然历史领域的数据，他说："根据我自己的印象，有效、成功、全国公认的大学博物馆……作为独立单位被管理，向院长、副校长或同等人员报告"。同样，伯尼（1994）主张更多的自主权，指出大学博物馆"最好被视为大学资源和责任，而不是作为部门或大学单位"，并解释说"大学博物馆馆长以上的管理者的权力级别越高，他们根据博物馆的实际性质和重要性作出预算决策的可能性就越大，而不仅仅是根据相关学术部门的短期需求"（Birney，1994）。不过，对于大学博物馆来说，自主权可能是一把双刃剑——尤其是第一代大学博物馆，我将在下一章中阐述这一点。

表4.1　关于大学博物馆和收藏的独特性质和功能的文献

论文涉及	参考文献
大学博物馆和收藏作为一个整体的独特性质	Smith, 1917; Harden, 1947; Rodeck, 1950、1952、1968、1970; Borhegyi, 1956a、b; Odegaard, 1963; Meneses, 1968; Guthe, 1966; Swanson, 1969; Auer, 1970; Seyd, 1971; Piper, 1972; Arth, 1974; Reynolds, 1979; Gouveia, 1982a; Tandon, 1983; Warhurst, 1984; 1986, Huntley, et al, 1986; Willet, 1986; Canelhas, 1987; Schmidt, 1987; Craig, 1988; Rosenbaum, 1988; Bruno, 1992; Scheiner, 1992; Holo, 1993、1993—1994; Yerbury, 1993; Hamilton, 1995; Lénard, 1996; Clercq, 2003b; Clercq & Lourenço, 2003; Gil, 1998、2002; Boylan, 1999、2002、2003; Lord, 2000; Silva, 2000; Stanbury, 2000、2001b、2002、2003a,b; 2004、2005; Tirrell, 2000b; Weeks, 2000; Bremer & Wegener, 2001; King, 2001; Taub, 2001; Geyssant, 2002; Lourenço, 2002、2003、2004、2005; MacDonald, 2003; Mulhearn, 2003; Murphy, 2003; Wallace, 2002、2003a,b; Reynolds, 2004; Rorschach, 2004; Van den Driessche, 2005a; Willumson, 2000
大学博物馆的治理	Davis, 1976; Rosenbaum, 1988; Diamond, 1992; Hoagland, 1992; Humphrey, 1992a,b; Alarcão, 1993; Cato, 1993; 1994; Birney, 1994; Cannon- Brookes, 1994; Boyd, 1995; Genoways, 1999; Carradice, 2001; Kelly, 2001; Mack, 2001; Heinämies, 2001; Oster & Goetzmann, 2002; Munktell, 2003; Tirrell, 2003a、b; Mares, 2005
大学博物馆与学生:教学功能	James, 1960; Duggan, 1964; Kinsey, 1966; Reimann, 1967; Battcock, 1968-69; Baramki, 1970; Johnson, 1971; Ortner, 1978; Eldredge, 1978; Holo, 1985; King, 2002; Heinämies, 2003; Weber, 2005a
大学博物馆和研究:研究功能	Grinnell, 1910; Auer, 1970; Rodeck, 1970; Tucci, 2000; Jonaitis, 2003; Clercq, 2004a; Clercq & Lourenço, 2004
大学博物馆和自然历史收藏的独特性质和作用	Ruthven, 1923、1931、1939、1963; Baker, 1924; Guthe, 1966、1983; Reimann, 1967; Rolfe, 1969; Minsky, 1976; Strachan, 1979; Wilson, 1988; Kohlstedt, 1988、1991; Humphrey, 1991、1992a,b; Tirrell, 1991、1994、1998、2000a; Lazare, 1996; Leypold, 1996; Mares & Tirrell, 1998; Cordell, 2000; Diamond, 2000a,b; Lanyon, et al, 2000; MacFadden & Camp, 2000; Tirrell, 2000a; Mares, 1999、2001、2003; Verschelde, 2001; Simpson, 2003a,b、2005; Clercq, 2003a; Hutterer, 2005; Loneux, 2005

续表

论文涉及	参考文献
大学博物馆和艺术收藏的独特性质和作用	Coolidge，1956、1966；James，1960；Freundlich，1964—1965；Sawyer，1964—1965；Hill，1966；Hester，1967；Jaffé，1967；Wittkower，1968；Battcock，1968—1969；Johnson，1971；Petheo，1971；Zeller，1984、1985、1986；Heffernan，1987；Lyons，1991；Cuno，1992、1994、1995；Curnow，1993；Stone，1993；Drucker，1994；Deloche，1995；Fleury，1996；Mossière，1996；Wallace，2000、2003a；Balandraud & François，2001；Van den Driessche，2001；Collet，2004；Snell，2004
大学博物馆和医学类收藏的独特性质和作用	Duggan，1964；Turk，1994；Horder，1999、2001、2003；Wakefield，2002
大学博物馆和考古学与人类学收藏的独特性质和作用	Matthews，1962；Crompton，1968；Williams，1969；Baramki，1970；Lopez，1977；Manning，1980；Pihlman，1995；Mériot，1996；Lima，1982
大学博物馆和社会历史收藏的独特性质和作用	Fleming，1969；Schlereth，1980；Martin，2004；Nemec，2004
大学博物馆和科学史、数学史、科技中心收藏的独特性质和作用	Gil，1982；Artu，1996；Ferrarese & Palladino，1998；Giacardi & Roero，1999；Savini，2001；Salmi，2001；Tucci，2002；Ferriot，2003a,b；Taub，2003；Theologi- Gouti，2003a,b；Clercq，1998、2001a,b,c、2005

最近，文献中引入了“大学遗产”或“学术遗产”一词。该术语曾在20世纪90年代荷兰的报告《对于学术遗产》（*Om het Academisch Erfgoed*）中使用过，意思是为了学术遗产（Adviesgroep Rijksdienst Beeldende Kunst，1996）。在国际层面上，它可能于2000年由欧洲网络（Universeum）在《哈勒宣言》（*Halle Declaration*）中首次使用，后来被其他作者采用（Bell，2000；Sanz & Bergan，2002a；Boylan，2003；Bulotait，2003；Associazione Nationale Musei Scientifici，2004；Council of Europe，2004；Ferriot & Lourenço，2004；Gesché-Koning，2005a、b）。

这部分总的来讲，在20世纪60年代之前发表的基础性论文很少。20世纪60年代的重大变化导致有关专业标准和对更广泛公共服务的需求的探讨越来越多。这场“危机”在20世纪80年代首次确定，导致基础论文的数量和质量大幅增长，这些论文侧重于大学收藏的相关性和重要性、身份困境和治理问题等——即员工形象、管理和自治。

4.1.2 大学博物馆及其藏品的调查

在多个欧洲年鉴、调查和目录中都有涉及大学博物馆（Doughty，1981；Ruppli，1991、1996；Wijgergangs & Kati，1996；Spronsen，1998；Pezzali，1998；Davoigneau & Le Guet Tully，1999）。然而，在这些情况下，它们与类似学科的非大学附属博物馆归为一类，如科学博物馆的目录。这些专业文献过于广泛和分散，无法在这里进行回顾，从任何角度来看，都超出了本书范畴。相反，我专注于全面调查和专门呈现大学博物馆的目录，这样的出版物并不多。

调查研究可以在多学科层面（包括所有学科）或单一学科层面（包括大学博物馆或收藏的子群体）进行。它们可以基于选定的样本（Humphrey，1992a、b）或采用普查的形式（Coleman，1942）。此外，调查还可以针对多个理论和实践方面，如从任务和功能到展览、维护、人员配备和资金，或者直接研究一个特定方面，如管理（Birney，1994；Kelly，1999）或观众研究（Almeida，2004）。在全国范围内进行的全面调查，侧重于博物馆理论和实践的多个方面以及多个学科，是相对较新的。它们很可能是不稳定的或是由“危机”局势造成的，经常呈现出详细的建议，包括政治层面。

科尔曼（1942）可能是第一个对大学博物馆进行系统性多学科调查的人，并对其理念和背景补充了广泛的评论。他的著作是对美国大学博物馆进行200多次考察的结果。科尔曼在400所大学中确定了大约700座博物馆，其中大多数是大型和成熟的高等教育机构。他将博物馆分为三大类：艺术博物馆（约100座）、科学博物馆（包括自然历史和科学技术，约500座）和历史博物馆（约100座）。此前，在他的《美国博物馆》（*The Museum in America*）的第三卷中，科尔曼（1939）列出了66座大学博物馆。十年后，罗德克（1952）向美国527所大学寄发了调查问卷，询问他们是否拥有博物馆，之后收到了173份答复。艺术博物馆数量最多，紧随其后的是生命科学博物馆和地质学博物馆，人类学和历史博物馆占少数。然而，罗德克对艺术“博物馆”数量巨大持怀疑态度，因为他怀疑许多是没有收藏的简单艺术馆，并反对它们被称为博物馆，他称之为“悬挂图片的空房间”（Rodeck，1952）。

20世纪90年代，达尼洛夫（Victor J. Danilov）编撰了美国大学和学院的博

物馆和艺术馆的最新详尽目录（Danilov，1996）。目录的前140页，包含对几个关键问题的深度讨论，如角色、历史、类型、治理、收藏和研究、展览和资金等。该调查在1993年至1995年进行，覆盖了1108座博物馆、艺术馆和相关场所，然而作者承认总数肯定会高得多。由于缺乏一致的定义，以及许多类似博物馆的场所具有低调和非正式的特性，大学博物馆及其藏品的确切数量很难确定，欧洲也是如此。调查是按类型学组织的，达尼洛夫区分了24种类型的大学博物馆，包括从美术馆和博物馆，到纺织品和服装博物馆；历史博物馆、故居和遗址；海洋科学博物馆和水族馆；科技博物馆和科学中心、天文馆和天文台；宗教博物馆和雕塑花园等。在经历了20世纪60年代和70年代的巨大扩张和增长时期（Bryant，1967；Rosenbaum，1988）之后，达尼洛夫发现，20世纪90年代的许多美国大学博物馆都面临着多种需求，通常包括资金、空间和人员等领域。普林斯顿大学艺术博物馆馆长艾伦·罗森鲍姆（Allen Rosenbaum）表示，一些博物馆已经变得比其所属机构更大："……大学并没有总是准备好，让博物馆成为一个更复杂的专业组织，拥有自己的复杂生命力，成为一个不再由具有主观能动性的教师管理的组织"（Rosenbaum，1988；Danilov，1996）。在美国，激荡的80年代之后，经济扩张的90年代这十年，见证了自然历史博物馆的"第一次危机"和大学博物馆与艺术馆协会（ACUMG）成立①。因此，对大学自然历史博物馆进行过几次调查，包括历史、相关性、组织和治理等问题（Armstrong et al.，1991；Kohlstedt，1991；Humphrey，1991、1992a、b；Diamond，1992；Cato，1993、1994；Tirrell，2000）。

另一个美国目录《校园艺术》（*Art on Campus*），则专门列出了大学艺术博物馆和画廊（Russell & Spencer，2000）。该目录的制作由大学艺术协会（CAA）资助，该协会于1911年创建②。《校园艺术》囊括了700多个艺术博物

① 大学博物馆和艺术馆协会主席大卫·亨特利（David Huntly）在20世纪80年代末至90年代初，也对大学博物馆进行了调查，但该调查没有发表（P.B. Tirrel，2005年2月9日）。

② 大学艺术协会（CAA）的网站显示，其个人会员包括超过13000名艺术家、艺术史学家、学者、策展人、收藏家、教育家、艺术出版商和其他视觉艺术专业人士。另有机构会员，包括2000所大学艺术和艺术史系、博物馆、图书馆以及专业和商业组织（在CAA的网站 http://www.collegeart.org/aboutus/，2005年2月8日访问）。

馆、画廊和雕塑公园，这个数字比达尼洛夫（1996）列出的要少。该目录旨在作为一份实用指南，按国家和按大学或学院的字母顺序列出机构。对于每个博物馆、藏品或画廊，都提供基本信息，以及藏品和场馆的描述。稍早些时候，斯洛恩和斯威本（1981）发表了一份关于美国大学艺术博物馆的调查。

在澳大利亚，20世纪90年代之前，人们对大学博物馆及其藏品知之甚少[①]。1975年，皮戈特（Pigott *et al.*，1975）指出了许多大学博物馆的困境，并提出在与其他类型博物馆一致的水平上为它们提供适当资金的方法。1993年，两项关于大学收藏的初步调查出版，其中一项涉及所有学科的大学收藏（Stanbury，1993），另一项涉及大学艺术收藏（Curnow，1993）。1992年，澳大利亚大学博物馆及其藏品委员会（CAUMAC）成立（Simpson，2003a；Stanbury，2003a）。受此影响，1996年国家层面的《被忽视的收藏：澳大利亚的大学博物馆和收藏》（*Cinderella Collections*：*University Museums and Collections in Australia*）出版（University Museums Review Committee，1996）。这一“灰姑娘”（Cinderella）般的调查，确定了澳大利亚的256座大学博物馆和收藏。在其最重要的调查结果中，委员会发现大学对其博物馆和收藏的认识普遍不足，“许多大学行政部门，对其大学内存在的博物馆和收藏的数量与范围知之甚少”（University Museums Review Committee，1996）。其附录包括由澳大利亚国家按照学科编撰的两份大学博物馆和收藏的名单。它与重要的启动资源，如精选目录、制定大学博物馆政策的指南和一系列绩效指标同样重要。

澳大利亚的第二份报告随后于1998年提交，允许将更广泛的大学收藏涵盖在内（University Museums Review Committee，1998）。第二份报告《改造被忽视的收藏》（*Transforming Cinderella Collections*），旨在收集新信息并监测两年前所提建议的执行情况。与第一份报告一样，它还包括一个更大、更详细的大学博物馆、收藏和植物标本馆目录（143页），按州和大学编排。这两份报告对澳大利亚大学博物馆及其收藏产生了相当大的影响，特别是在提高对如此重要比例的国家科学、文化和艺术遗产的认识和责任。这些报告也对大学

① 20世纪30年代曾有一本出版物，但它描述的是澳大利亚的普通博物馆，而不仅仅是大学博物馆（Markham & Richards，1933）。

收藏工作人员产生了影响：收藏保护标准得到提高，也提供了交流经验的机会（Stanbury，2003）。斯坦伯里（2001b），耶伯里（2001），雷诺兹（2004）讨论了两份关于被忽视收藏的报告，辛普森（2003a，b）发表了关于大学地质收藏的后续报告。

欧洲第一个在国家层面调查大学收藏的重大举措，发生在荷兰。经过近三十年的不稳定、忽视、部门关闭、重组、参观减少和约两百万件孤立的标本，维护人员和策展人聚集力量并创建了LOCUC[①]（Clercq，2003a）。在荷兰文化部的资助下，LOCUC小组发表了一份他们对荷兰学术遗产状况的调查结果报告（LOCUC，1985）。LOCUC使用该系列作为其单位——其规模明显不同——并在总共13所被调查的大学中确定了224个收藏。使用的方法有问卷调查和考察访问。附录包括每所大学的收藏数量、收藏清单以及植物园清单。调查描述了一个令人普遍感到遗憾的形势，并建议采取紧急行动。确定了18个受威胁的收藏，其中7个部分或完全保管场所和保护状况不佳，11个因为部门或院系关闭而重组。这些受威胁的收藏来自阿姆斯特丹大学、阿姆斯特丹自由大学、格罗宁根大学、乌得勒支大学和代尔夫特理工大学。LOCUC的调查造成了尴尬局面，并可能代表了荷兰大学遗产的转折点：另一份报告被委托实施，LOCUC的早期发现得到了证实[②]。然而，在1995年教育部（负责高等教育）和文化部（负责博物馆、收藏和遗产）合并之前，国家层面不会采取重大战略行动（Clercq，2003a）。

五所古老的荷兰大学——阿姆斯特丹、格罗宁根、莱顿、乌得勒支和代尔夫特——将合并视为一个机会，可以提高人们对其历史遗产的认识，同时提出一项战略救援计划来保护它们的遗产。因此，《大学收藏和文化宝藏》（*University collections and treasures of culture*）分四卷出版（Stoop，1999；Galen & Stoop，2000）。这个“救援计划”提出了四个关键点：（1）五所“古老”大学和莱顿[③]的国立博物馆保留了绝大多数荷兰的学术遗产；（2）许多大学收藏

① LOCUC表示大学收藏调查组（Survey Group for University Collections）。

② 关于处在危险边缘的大学收藏的建议。国家博物馆委员会给自然历史博物馆的建议，1986年。详见克莱克（2003a）。

③ 国立自然历史博物馆，自然历史博物馆（自然历史）；国立自然科学和医学史博物馆，布尔哈夫（科学和医学史）；国立民族学博物馆（人类学）和国立考古学博物馆（考古学）。

未得到妥善保存，需要采取紧急保护行动；（3）并非所有大学收藏都值得保存；（4）许多收藏仍被视为重要资源用于教学和研究；大学认为收藏“毫无价值”或“孤立”的事实，并不能准确衡量其内在意义（Clercq，2003a）。

这些观察加上日益增长的政治压力，对大学对其遗产的文化作用和责任日益增长的认知，以及必然行动的信念，导致同样五所大学于1997年建立了学术遗产基金会（Stichting Academisch Erfgoed，SAE）。这一合作网络的目的，是提高大学收藏的质量和可及性，并通过选择、取消加入、收藏流动甚至处置，来加强其当前和未来的使用（Clercq，2003a）。与此同时，教育部、文化部和科学部委托进行了第二次调查，于1996年出版（Adviesgroep Rijksdienst Beeldende Kunst，1996）。这项调查题为《推广学术传承》（*Om het Academisch Erfgoed*），对学术遗产的定义比以前更广泛：（1）不仅包括大学，还包括荷兰科学院等其他研究机构；（2）包括博物馆、收藏、图书馆和档案馆，共有约350万件藏品。

英国至少从20世纪60年代以来，与大学博物馆有关的具体问题已经在政治层面得以解决。从那时起，便定期进行独立调查和政府调查（Standing Commission on Museums on Museums and Galleries，1968、1976；Museums and Galleries Commission，1987；Higher Education Funding Council of England 1995；Bennett et al.，1999）。

20世纪80年代，英国对大学收藏进行了两次调查：一次是对英格兰东南部的大学收藏的调查（Bass，1984a），另一次是对伦敦大学/的收藏进行的调查（Bass，1984b）。然而，对英国大学收藏的详细和系统调查仅在1989—2002年进行。英国的调查由博物馆和陈列委员会（Museums and Galleries Commission）委托开展，从伦敦大学开始并逐个地区依次进行（Arnold-Foster，1989）。随后又进行了八项调查：苏格兰（Drysdale，1990）、英格兰北部（Arnold-Foster，1993）、英格兰南部（Arnold- Foster，1999）、西南地区（Arnold- Foster & Weeks，1999）、中部地区（Arnold-Foster & Weeks，2000），东南地区（Arnold-Foster & Weeks，2001），威尔士（Council of Museums in Wales，2002）和北爱尔兰（Northern Ireland Museums Council，2002）。这些调查关注了治理、管理、

展览和收藏维护等几个问题。与美国、荷兰和澳大利亚同行一样，英国的调查证实了大学博物馆和收藏的规模和类型的多样性和复杂性。该调查确认了大约400个博物馆和收藏，占英国博物馆界的4%。其中，25%定期向公众开放，而75%主要由研究者和学生使用。主要发现总结在阿诺德·福斯特（2000），阿诺德·福斯特和米尔昌达尼（2001）和梅里曼（2002）的研究中[①]。

英国的调查，代表大学收藏取得了的重大突破。主要因为调查分析是在国家层面彻底完成的，所以关键的宣传文件的推出，如《牛津和剑桥大学博物馆：对扩大知识和加深理解的全球贡献》（Roodhouse，2003）、《英国的大学博物馆：21世纪的国家资源》（University Museums Group，2004）和《为学习敞开大门——21世纪苏格兰的大学博物馆》（University Museums in Scotland，2004）等顺利完成。特别是《英国的大学博物馆：21世纪的国家资源》受到大学和整个博物馆界的欢迎（T. 贝斯特曼在2004年10月18日，K. 阿诺德·福斯特在2004年11月3日），并且已经取得了具体成果（见下一节）。

在法国，对大学博物馆和收藏的调查是一个持续的过程，尚未公布任何结果。目前，国家科学与技术博物馆和技术局提供的非正式工作清单，列出了22个法国大学博物馆（R. Bertrand，2004）。

一份关于20世纪90年代初国家教育部（Ministère de l'Education Nationale）博物馆状况的重要报告（Héritier-Augé，1991），由于缺乏可靠的清单而省略了大学收藏："什么都没有……用于大学收藏…… 系统清单仍有待通过适当的调查编制"（Héritier-Augé，1991）。只有国立博物馆被涵盖在内。作者描绘了一幅庄严的画面，描绘了几十年来"智力和道德"的背弃，缺乏足够的资金，缺乏空间，专业水准较低，这与所涉及的遗产的极大重要性形成鲜明对比。"保留一切，但什么都不做"作者如此描绘了国家收藏的情况，这一评估可能也适用于大学博物馆和收藏。埃里蒂埃-奥热描述了大学博物馆的作用，与欧洲同行一致，并基于三重使命：研究、教学和公开展示（Héritier-Aug，

① 在进行这些调查时，对大学档案进行了类似的调查(Everitt，2002)。由此产生的1997年报告《英国高等教育机构档案馆藏需求调查》(*Survey of Needs of Holdings of Archives in UK Higher Education Institutions*)，由联合信息系统委员会(Joint Information Systems Committee，JISC)汇编。该委员会向大学提供战略指导、咨询和机会，以用于利用信息和通信技术(ICT)支持教学、学习、研究和行政工作。

1991)。随后，工艺美术博物馆（图4.4）①和国家自然历史博物馆进行了博物馆技术学（museographic）和结构的革新。工艺美术博物馆（Musée des Arts et Métiers）翻新的优先事项之一，是建造一座新的占地面积7500m²的场外仓库大楼（圣但尼，建筑师弗朗索瓦·德斯劳吉耶）。配备最先进的保护设施、研究人员的学习室、技术和维护车间、修复和摄影实验室以及文献中心。该建筑于1994年完工，从巴黎搬迁即可启用。同时，目录和数据库系统实现了彻底的重新定制，伴随着宏大的出版物政策。见皮卡德（1998，2000a，b）和拉·梭曼（1996）。目前，人类博物馆的部分收藏正被纳入一个重要的新项目——布朗利码头博物馆（Desveaux，2004；Mohen， 2004；Naffah，2003、2004）。

图4.4　翻新后的工艺美术博物馆

（照片:帕斯卡尔·多勒米厄,梅蒂斯,经工艺美术博物馆授权）

高桑特（2002）概述了法国教育和研究部管辖下的博物馆和科学文化中心，重点是国家自然历史博物馆、工艺美术博物馆、科特迪瓦宫、科学与工业城，以及两个地方博物馆和科学文化中心网络。对法国的大学收藏，严格意义上的引用仅限于斯特拉斯堡的路易斯巴斯德大学（University Louis Pasteur）。

① 工艺美术博物馆的翻新工程,始于20世纪90年(正式纳入国家的伟大作品(Grands Travaux de l'Etat)),新博物馆于2000年4月10日落成。该项目在三个平行轴上进行,正如多米尼克·费里奥特所解释的那样:“1990/2000年的翻新……涵盖三‘建筑工地’,即收藏(新库存、修复、数字化和收购)、公众(特别是对期望和表现的研究、临时展览的评估),当然还有建筑工地。”(D. 费里奥特,2005年7月22日)。关于该项目的更详细情况,见《第28/29号评论》(2000年),以及更新纪事报的博物馆网站 http://www.arts-et-metiers.net/magic.php?P=149&lang=fra,访问于2005年7月22日。

查穆（2002）简要概述了科学仪器，主要是来自法国学校[①]的仪器。

有关法国大学收藏的其他知识，可以在《La Lettre de L'OCIM》特刊（No 44，1996）中找到。除了概述介绍植物标本馆（Lazare，1996）和石膏模型藏品（Mossière，1996）的论文外，还有几个大学收藏的案例研究：里昂高等师范学院的科学仪器（Artu，1996），卡昂大学的罗马博物馆里的公元4世纪的石膏计划（Fleury，1996），以及波尔多第二大学的人种学博物馆（Mériot，1996）。

与澳大利亚一样，调查意大利大学遗产的倡议来自校长会议，即意大利大学联合会（Conferenza dei Rettori delle Università Italiane，CRUI）。1999年之前，意大利关于大学博物馆和收藏的知识刚刚出现，且比较零散，尽管博物馆已被列入总目录。西普里亚尼等人（1986年）发表了一项调查，列出了98座大学博物馆和23个植物园。1999年，CRUI成立了一个委员会——博物馆、档案馆和具有历史和科学意义的大学收藏中心的大学代表委员会，我将其称为CRUI委员会。CRUI委员会对意大利大学博物馆和收藏进行了系统和深入的调查，后续调查结果在网上公布[②]。为此，诞生了两个不同的数据库：一个用于博物馆和档案馆（包括植物园），另一个用于藏品（包括树木园和植物标本馆），两者都按主题组织。2005年2月，委员会的门户网站列出了约180所大学博物馆和档案馆，以及约350个大学收藏（这两个数据库之间存在重叠）。

在德国，已发表的调查也很少。与意大利一样，最近唯一一次在国家层面对大学博物馆和收藏进行的全面普查，是将互联网作为传播平台开展的。2001年，柏林洪堡大学的亥姆霍兹文化技术中心发起了一个项目，调查了德国大学博物馆和收藏（不包括图书馆和档案馆）。调查结果正在陆续输入数据库，命名为德国的大学博物馆和收藏（Universitätsmuseen und Sammlungen in Deutschland）[③]。2005年7月，该数据库保存了545所德国大学博物馆和收藏

① 查阅国立教育研究所网站的在线清单（国家教育研究所，也负责法国鲁昂国家教育博物馆）http://www.inrp.fr/she/instruments/index.htm，访问于2005年6月22日。在访问之日，有大约1200件文书从法国各地清点和描述。

② 关于博物馆，请见塞尔塔德尔博物馆 http://www1.crui.it/musei/mainmenu.asp?Scelta=Musei，如需收藏，请见塞尔塔·德拉·科莱齐奥内 http://www1.crui.it/musei/mainmenu.asp?Scelta=Collezioni，两者均于2005年4月21日访问。

③ 参见 http://publicus.culture.hu-berlin.de/sammlungen/，2005年7月5日访问。

的信息。在这一数据库中大学博物馆和收藏的数据可以按地点、大学、学科和机构形式（水族馆、房屋博物馆等）进行检索。韦伯（2003）介绍了德国普查的第一批结果，讨论了选择基于网络平台的优势，并概述了其彰显德国大学遗产和作为本科和研究生博物馆学教学和研究工具方面的潜力（Weber，2005a；Weber，2004、2005b）。

除了上面提到的调查和目录外，还发布了比利时（Van den Driessche，2000）、巴西（Almeida & Martins，2000）、西班牙（Such，2003）、菲律宾（Labrador，2000）、新西兰（Hudson & Legget，2000）、澳大利亚（Wallace，2000）、日本（Kinoshita & Yasui，2000；Adachi，2003）、墨西哥（Herreman，2000）和印度（Tandon，1983）等的大学博物馆和藏品的概述。在学科层面，阿尔梅达（2002）概述了巴西的大学艺术博物馆。澳大利亚的辛普森（2003a、b）和荷兰的克莱克（2001c、2003a）和克里格斯曼（2004）讨论了地质大学的藏品。

图4.5　鲁汶天主教大学新鲁汶博物馆（比利时）
（照片经鲁汶新博物馆授权）。

最近，由比利时联合国教科文组织之友协会出版的《遗产新报》（*Les Nouvelles du Patrimoine*）第107号（2005年1月至3月），完全致力于比利时大学的博物馆和收藏。它包括范登德里舍（2005a）和盖什-科宁（2005a、b）的评论性论文，关于鲁汶天主教大学（Robert，2005；Van den Driessche，2005b）[鲁汶天主教大学新鲁汶博物馆（图4.5）由艺术、人类学和考古学藏品组成，其博物馆学计划具有创新性。该博物馆由其创始人伊格内修斯·范德维维尔定义为“对话博物馆”，旨在弱化艺术家、博物馆学家和游客之间的传

统分歧（Vandevivere 1979、1996、2001；Van den Driessche 2002）]、列日大学（Drouguet & Gob 2005）、布鲁塞尔自由大学（Séjournet 2005，Geshé-Koning 2005c）、蒙斯天主教学院（Caltagirone，2005）的遗产论文、以及各大学校长的声明（Dorchy，2005a、b、c）。

据我所知，葡萄牙、芬兰和瑞典没有对国家层面的大学博物馆和收藏进行过公开的调查。本文中展示了葡萄牙大学博物馆和收藏清单（2002）。

4.1.3 博士论文

特别针对大学收藏的，有四篇博士论文值得一提。1956年，塞西莉亚 H. 佩克特对美国学院和大学校园的艺术博物馆进行了调查（Peikert，1956）；同样在美国，阿尔瓦 G. 哈弗研究了大学博物馆的管理和行政（Huffer，1971）；M. 赫斯特（1991）讨论了北美大学博物馆中成年人的教育；而阿德里安娜 M. 阿尔梅德则讨论了巴西圣保罗大学艺术博物馆的使命和起源（Almeida，2001）。

虽然这些博士论文对我们理解大学博物馆和收藏作出了重大贡献，但数量很少，这表明该领域的理论和经验薄弱，尤其是在欧洲。显然，有必要在博士论文层面进行更全面的研究。目前，我知道有八篇学位论文，专门提到了大学博物馆和收藏：英国圣安德鲁斯大学的海伦·罗森和泽诺比亚R.哥萨克，英国莱斯特大学的芭芭拉·罗瑟梅尔和瓦希扎A. 瓦希德，埃及开罗大学的普拉西德·蒙贝贝莱，荷兰阿姆斯特丹大学的约翰·范·伊克塞尔和克劳迪娅·德·鲁斯，以及英国卡迪夫威尔士大学学院的雅库布S.布赛迪。这些论文提到了基本问题，例如大学收藏和博物馆的历史和作用，大学遗产的概念，大学遗产与旅游业之间的关系，大学博物馆的跨学科潜力，以及大学收藏的选择和处置。

4.2 国家和国际倡议

在当下的后“危机”时代，不同的欧洲国家采取了不同措施，来应对大学博物馆和收藏带来的挑战。大学时常试图提出解决方案，但许多挑战过于复杂和多元，如果没有国家层面的协调措施，就无法解决。在不深入讨论每个国家的具体环境和问题的条件下，我将讨论国家层面最近的倡议和挑战，强调更积极的进展。各种情况的结合，以及意识的大幅提高，为荷兰、英国、法国、德国和意大利面对大学遗产带来的挑战，作出了更好的准备。我还将对西班牙、希腊、爱沙尼亚和东欧的局势作了一些简短的评论。

4.2.1 英国

在20世纪80年代，英国大学博物馆和收藏的状况糟糕透顶（沃赫斯特1986，威利特1986）。从那时起，它们在大学中的作用得到了阐明，它们在大学和社区中的形象得到了提升，专业标准也得到了提高。同时，许多大学博物馆获得了大量资金，也有许多收藏（通常以创新的方式）用于教学和研究，它们现在的情况看起来总体上是稳定的。毫无疑问，英国的大学博物馆仍然面临挑战（Merriman，2002），但在过去25年左右的时间里，它们的处境已经大大地改善，例如雷丁大学科尔动物学博物馆（图4.6），尤其与欧洲大陆的同行相比。

这些积极的事态发展源于三个因素。首先，所有相关方之间的战略合作至关重要：即大学、大学博物馆群体UMG和UMiS、博物馆当局（国家层面的和地方层面的），以及博物馆协会（MA），即英国的博物馆和博物馆专业人士协会之间的合作。其次，对该领域现实的详细了解，起了重要作用：从1980年代末到2002年，对大学博物馆和收藏进行广泛调查所获得的信息，为持续和协调的宣传创造了条件。最后，计划和执行了由此产生的投资，首先是进行了藏品编目和可及性评估，这两者在大多数情况下都得到了适当的资助。这是一个困难的——往往是动荡的——过程（T. Berstermann，2004年2月3日采访；K. Arnold-Foster，2004年2月6日采访），但这并没有导致收藏数量的大幅下降，行动已经开始取得成果。

图4.6　雷丁大学科尔动物学博物馆
（经雷丁大学博物馆和藏品服务机构授权）

今天，英国32所大学博物馆获得了艺术与人文研究委员会（AHRB[①]）的直接资助，该委员会是英国艺术和人文学科研究的资助机构，包括工作人员和藏品维护等结构性资助（请注意，AHRB根据其藏品的重要性和项目的相关性为大学博物馆提供资金，无论是科学、自然历史、考古学还是艺术藏品）。在最近的两份宣传文件（《2004年大学博物馆群体》《2004年苏格兰大学博物馆》）之后，提出了38项建议（其中，34项针对大学，4项针对英国政府），英国大学博物馆获得了增值税豁免（英国财政部 HM Treasury，2003；博物馆联盟 Museum Association，2004a、b；Taylor，2004）[②]。

4.2.2 荷兰

目前，荷兰大学博物馆的情况正在迅速变化，因此总体评估还为时过早。但是，已经可以进行一些总体的思考。

荷兰拥有丰富深厚、长达数百年历史的学术遗产，并享有珍贵特权，即该国家的博物馆和大学由同一部委（教育、文化与科学部）管辖和资助。从理论上讲，这应该对大学收藏有益。但经常发生的情况是：这些收藏被分到教育部时，教育部认为收藏是“文化”，因此不属于他们的业务范围；而文化部则说它们属于大学的管辖范围，因此也不是他们的业务。然而，尽管荷兰文化与遗产部门为搭建桥梁，作出了越来越大的努力，而且人们的兴趣日益浓厚（C. Rappard-Boon，2003年5月7日），但即使两者是同一部委的部门，文化和科学之间的鸿沟依然存在。

已经提到的学术传统基金会（Stichting Academisch Erfgoed）（SAE）是由五所“老牌”大学（阿姆斯特丹、代尔夫特、格罗宁根、莱顿和乌得勒支）于1997年成立的基金会，一直是荷兰大学遗产的主要战略决策者和促进者。在前面提到的调查的同时，SAE一直在协调和实施荷兰政府资助的国家项目[③]。实施计划分为五个专题/学科的项目：（1）地质藏品，（2）植物园，（3）图像

① 2005年4月，AHRB更名为艺术与人文研究委员会（AHRC）。

② 以前，英国的公共资助博物馆（大学博物馆除外）免征增值税。葡萄牙的情况更糟，因为大学博物馆需要支付增值税，大学在年底获得退款，因为它们被豁免，但退款通常不会退还给博物馆。

③ 政府拨款由蒙德里安基金会管理，占总费用的40%，而60%由大学支付，总预算为2500万欧元。详见克莱克（2003a）。

藏品（图像艺术收藏，包括肖像、石膏模型、海报），（4）医学藏品，以及（5）历史教学小组的藏品。地质藏品项目，于2003年4月完成（Kriegsman，2004），植物园的重组于2004年12月完成（Stichting Nationale Plantencollectie，2001）。其余的项目即使没有完全完成，也已接近完成。SAE值得一提的一个方面是，它有一个独立的主席，每所大学由两名成员代表：一名博物馆专业人士和一名大学理事会相关成员。格罗宁根大学博物馆创建于1934年，是第二代大学博物馆，现在融合了格罗宁根大学的第一代和第二代藏品。在过去两年中进行了重组和翻新（图4.7）。

SAE的项目有两个广泛的目标：（1）增加研究者和公众参观大学藏品的机会，（2）促进大学遗产领域内外的新合作方式（T. Monquil，2003年5月8日访谈）。这涉及三个连续的步骤：（1）对现有情况的诊断和清点，（2）实用性和战略性的评估，以及（3）决定即将采取的适当措施——这些措施可能从保护和恢复到藏品的退出和重新分配不等。大学博物馆界对评估标准特别感兴趣，值得更广泛地了解和讨论[①]。

图4.7　格罗宁根大学翻新的大学博物馆

（照片由格罗宁根大学博物馆档案馆提供）

① 评价标准包括在次级藏品层面开展工作（例如，查看特定的连贯藏品，比如说，来自一项博士研究，属于一个更大的藏品），并根据价值和意义将它们分为四种类型：从A到D。关于标准的准确描述，见克莱克（2003a）。

并非所有项目都同时涉及这五所大学。例如，关于教学小组的项目涉及所有五所，但关于医学藏品的项目不包括代尔夫特理工大学。此外，项目就“什么应该被视为学术遗产”采取了宽泛的概念，因此，这可能还涉及非大学收藏。例如，植物园项目涉及17个植物园，其中只有7个是大学的（G. van Uffelen，2003年4月29日访谈）。

应该强调“荷兰方法”的协作方面，因为合作似乎是每个人都认可和欣赏的东西，但往往没有重大的实际成果。在荷兰的例子中，合作意味着在全国范围内战略性地促进藏品的推广，并协调行动计划。例如，莱顿大学、乌得勒支大学和瓦赫宁根大学投入了他们的植物标本馆、资源和工作人员，以创建荷兰国家植物标本馆（National Herbarium Nederland，NH-NL）（图4.8）。

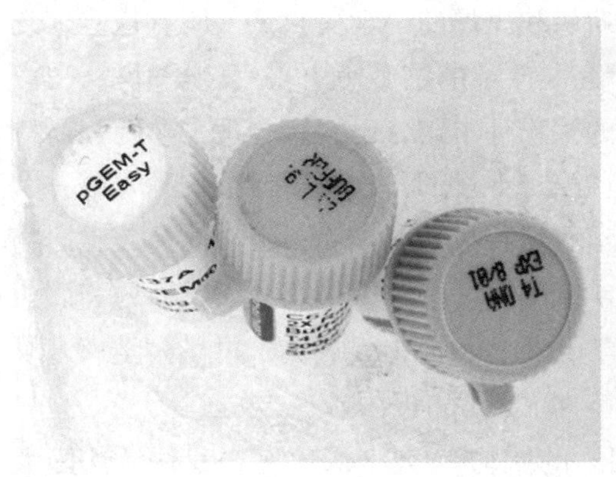

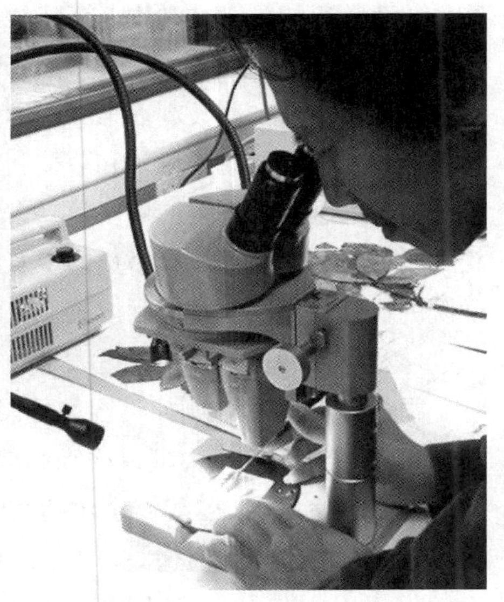

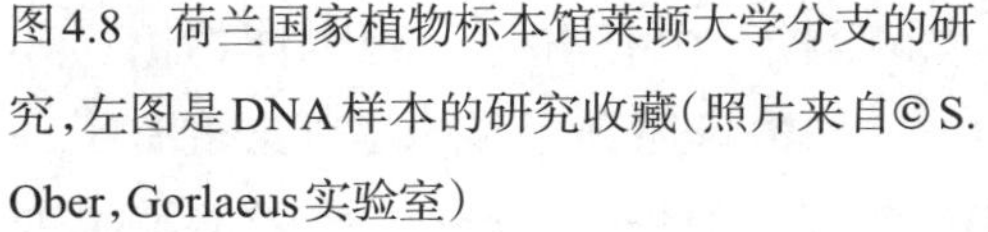

图4.8　荷兰国家植物标本馆莱顿大学分支的研究，左图是DNA样本的研究收藏（照片来自© S. Ober，Gorlaeus实验室）

NH-NL包括超过550万个标本，而且植物标本馆经过重组，每个分支都有自己的地理优势，与传统研究和各个藏品的优势一致（莱顿专门研究印度太平洋、热带亚洲和欧洲植物群；乌得勒支聚焦新热带植物区系；瓦赫宁根关注栽培品种和非洲植物区系）。在合并之前，三个植物标本馆的情况严重停滞不前，但在重组后，NH-NL在资金（来自研究委员会、政府机构和私营部门）以及教学和研究成果方面取得了成功（B. Gravendeel，2003年4月29日采访），表明植物标本对科学仍然很重要[①]。

① 有关NH-NL的更多信息，请参阅2005年6月22日访问的 http://www.nationaalherbarium.nl。

"荷兰方法"的缺点是，它涉及大学藏品的大量流动和重组，导致藏品淘汰和分散。这些藏品淘汰对荷兰高等教育、学生培训和研究的长期影响还有待观察（另见下一章）。

4.2.3 法国

如前所述，法国拥有非凡的大学收藏，涵盖了从自然历史到科学史、医学和药学、埃及学到艺术和人类学等的所有学科。除了国家收藏（艺术与工艺博物馆、国家自然历史博物馆[①]、鲁昂国家博物馆、布朗利码头博物馆）和66个地区博物馆网络外，一些鲜为人知的收藏在欧洲背景下的重要性怎么强调也不过分：著名的"罗马大奖赛"国立高等美术学院的藏品，里昂第一大学的古生物学收藏，巴黎、蒙彼利埃、斯特拉斯堡和里昂的医学史收藏（所有这些，几乎涵盖了直到20世纪的外科和医学研究和教学的整个历史），里昂一世、图卢兹保罗萨巴蒂埃和蒙彼利埃第二大学的植物标本馆，巴黎综合理工学院、斯特拉斯堡路易斯巴斯德、里尔和蒙彼利埃第二大学的科学仪器，蒙彼利埃第一大学的精美的阿格内阁，波尔多第二大学和斯特拉斯堡马克布洛赫的民族志博物馆，斯特拉斯堡马克·布洛赫的埃及学藏品，斯特拉斯堡路易斯巴斯德和矿业学院的矿物学藏品，蒙彼利埃第一大学的药房和药物收藏史，里昂大学卢米埃尔大学和蒙彼利埃保罗瓦莱里大学的铸件（Ruppli，1991、1996）。

根据类似国家（例如英国和德国）的博物馆/大学的比例，我估计法国大学、国立理工学院、大型机构和高等师范学校至少有400～500个博物馆，如果研究实验室（CNRS等）也包括在内，这一数量还会更多。尽管最近有了一些令人鼓舞的进步，但这一巨大遗产中的很大一部分——特别是严格意义上的大学收藏——几乎不为法国公众所知。到目前为止，它们几乎没有受到有关当局的关注。在本节中，我将主要参考那些鲜为人知的大学收藏。

缺乏认可，始于大学本身。在这项研究的早期阶段，我对法国高等教育机构的101个网站进行了调查[②]。其中，只有34个提到了博物馆和收藏的存在。

① 艺术与工艺学院和国家自然历史博物馆(MNHN)都是科学、文化和专业领域的公共机构(CNAM和MNHN的章程,分别于1988年4月22日和2001年10月3日颁布法令)。

② 调查于2002年1月13日至14日进行(在这两天内访问的所有网站)。作为启动资源,使用了法国高等教育门户网站(http://www.education.gouv.fr/sup/default.htm),调查包括大学、高等师范学校、大学校和其他高等教育机构。http://www.education.gouv.fr/sup/default.htm)

我知道有几个有收藏和博物馆的机构，没有提到它们（与图书馆相反）。在34所引用博物馆和收藏的大学中，只有四所在其主网页（通常称为“主页”）中引用：国家艺术与工艺学院、国家自然历史博物馆、国立体育研究所和亨利庞加莱-南希一世大学。鉴于这四所高等教育机构中有三所努力成为或实际上是国家博物馆·博物馆和收藏在法国高等教育机构网站上的可见性普遍很低。有两所机构在“大学介绍”下引用了它们的博物馆和收藏（卡昂大学和勒内·笛卡尔大学）。至于剩下的28个网站，人们必须深入挖掘多层网络信息，才能找到关于博物馆或收藏的简短提及①。除了缺乏认可之外，法国大学博物馆还面临着与外国同行相同的问题：缺乏资源（资金和员工）、缺乏明确的身份、在大学内缺乏明确的角色、对未来的不确定性，以及与大学中长期战略规划的背离。此外，法国国家馆藏的规模和国际意义，很可能已经吸引了政府的关注和公共资源。然而，在立法和结构方面，法国是欧洲最愿意保护和促进其大学遗产的国家之一。

法国有关于大学收藏的适当法律文书，可能是欧洲唯一一个在高等教育法中明确提到研究和保护收藏的国家。该条款至少可追溯到1984年的《萨瓦里法》(关于高等教育的第84～52号法律，1984年1月26日)，其中第7条规定：

高等教育公共服务的使命是发展文化、传播知识和研究成果。……它参与研究和加强国家和地区遗产要素。它确保了委托给各机构的藏品的保存和丰富性。

虽然大学可能无法获得必要的资源（或者可能将其用于藏品以外的目的），但法国大学管理部门都不能在不违反法律的情况下轻松说“藏品不关我们的事”②。

除法律框架外，法国还在国立教育部、高等教育局内设立了一个常设机构，致力于协调、调查、决策、监督和资助（以四年项目为基础）大学博物馆

① 与图书馆相比，大学网站中博物馆和收藏的这种低存在感并不是法国高等教育体系所特有的。同时进行的一项类似调查发现，只有两所葡萄牙大学在其主页（里斯本大学和波尔图大学）中提到了他们的博物馆和收藏 - 但在总共14所公立大学中，其中至少有七所被确认拥有博物馆和收藏。

② 另一项相关的法国法律是第2002-677号法令（2002年4月29日，最新版本）。该法令规定，公共建筑工程必须装饰一件或多件当代艺术品，而这些当代艺术品的成本应至少占总建筑成本的1%。大学也算作公共建筑。这项法律（在其他欧洲国家也存在，如果不是以法律的形式存在，至少作为一种常见的做法，例如德国，荷兰）对藏品的影响可能小于对艺术和建筑遗产（例如雕塑公园等）的影响。

和收藏：博物馆局[①]。据我所知，这种组织在欧洲的背景下也是唯一的。由于前面提到的埃里蒂埃-奥热报告，该局于1993年启动了一项促进法国大学收藏的政策（Lenard，1996）。该局同样负责博物馆合作与信息办公室（OCIM）[②]，这是在博物馆专业人员中培训和传播知识的重要工具。该局有六名工作人员，负责管理博物馆网络、工艺和美术博物馆、国家自然历史博物馆、发现宫、科学和工业城、布朗利码头博物馆、国立教育博物馆和藏品总数不详的法国大学博物馆。该局的管辖权仅限于“科学遗产”，尽管它采用了“遗产”的广泛概念（R. Bertrand，2004年7月8日）。因此，法国大学的艺术和人文学科藏品遭遇了挑战，因为它们冒着落入“无人区”的风险——当然比起它们的科学同行更是如此。至于大学收藏，博物馆局目前的主要优先事项是：（1）为大学博物馆和藏品设立一个工作组；（2）加强与大学校长联合会的联系；（3）及时更新有关大学博物馆和藏品的信息；（4）在2005年出版一份关于大学博物馆和藏品的出版物（R. Bertrand，2005年6月25日）。

在不久的将来，法国大学收藏面临的挑战是非同寻常的。也许第一步也是最重要的一步，是了解存在什么收藏以及存放在哪里。鉴于遗产的重要性，这应该在最高优先级。调查应包括藏品的状态和使用情况、储存条件、紧急需要（修复、安全）、现有工作人员和资金状况，以及法律地位。没有这项调查，就无法在国家层面规划可持续和稳定的长期战略、政策和行动。

第二个挑战是协作和整合。由于其固有的性质，如果没有法国文化部、大学校长联合会（CPU）、国家博物馆，当然还有教育部以及大学博物馆和藏品本身的参与和合作，就无法促进大学遗产。鉴于国家博物馆的知名度、专业度和可信度，它们尤其可以发挥关键作用。20世纪90年代的英国，大英博物馆及其前任馆长，在促进大学博物馆和藏品方面发挥了积极作用（R. G. W. Adnerson，2002年6月29日）。法国文化当局对大学遗产的兴趣日益浓厚，特别

① 博物馆局直接隶属于文化与信息科学与技术传教团，而该传教团又是研究部的一部分（自2005年6月起隶属于最高研究与技术部，因此可能是一项政治举措，对大学博物馆和收藏产生了有益的影响）。该局的目标可在 http://www.recherche.gouv.fr/recherche/cistm/musee.htm，2005年6月23日查阅）。

② OCIM成立于1985年，是第戎勃艮第大学的一个特殊组织。有关OCIM的使命和活动的详细信息，请参阅 http://www.ocim.fr/sommaire/ocim/index.html。

是在地方一级（例如阿尔萨斯文化行动指导）。这种兴趣转化为两部分专业人员之间交流的增加。[1]在国家层面，法国文化部以前曾参与促进科学藏品，即对天文台的著名调查[2]。一些地区博物馆对大学收藏的发展越来越感兴趣（C. Schlecht，J. Clary，采访于2004年5月18日）。因此，建立持久伙伴关系的条件确实存在，大学之间的合作也至关重要。虽然已经有很好的例子，但显然还有更多工作需要做。此外，在国家政策层面和大学层面，都应以整合的方式处理大学遗产问题。物品、文物、书籍、图书馆、实验室、档案馆、圆形剧场、素描、绘画等，需要由跨学科和专业的团队进行整合研究。随着对法国大学收藏历史的更多研究逐步完成，其复杂而动态的影响将不可避免地浮现出来，从而使它们不用仅仅存放于僵硬的隔间里。

第三个挑战是辩论和交流。直到最近，围绕法国大学博物馆和藏品的争论，在很大程度上都是偶然的和支离破碎的。在过去的几年里，法国对大学遗产的兴趣大大增加，希望正在为情况的积极变化做好准备。最近在里尔大学（2004年4月）和蒙彼利埃大学举行了两次会议（2004年11月），[3]会议中博物馆专业人士（大学和非大学）、法国和国外校长积极参与。这种势头是存在的，并且对讨论共同问题有真正的积极作用。

与荷兰一样，法国也看到了大学间合作项目可以促进其大学遗产的发展。考虑其范围和所涉遗产的重要性，也许耗资最大的是MuseUM项目（蒙彼利埃大学博物馆，临时名称）。该项目旨在研究、保护和解释蒙彼利埃三所大学的科学、艺术和建筑遗产——从植物园到植物标本，从自然历史和医学藏品到科学和天文仪器，以及制药和艺术收藏，还有重要的建筑元素，比如解剖学剧场。MuseUM目前正在蒙彼利埃和朗格多克-鲁西永欧洲大学学院的框架下推

---

① 2004年11月18日至19日，在蒙彼利埃大学举行的国家科学反思和研究会会议记录。

② 见法国文化部数据库（特别是帕利西和梅里梅数据库）http://www.inventaire.culture.gouv.fr/culture/inventai/presenta/bddinv.htm，访问于2005年6月24日 。有关清单的更多信息，请参阅达沃尼奥和盖特塔利（1999）、盖特塔利和达沃尼奥（2002），特别是第84号OCIM信函（2002年11月至12月），其中包括杰罗姆·拉米、比阿特丽斯·莫塔德、安东尼·特纳、保罗·布伦尼、莉·梅森、索拉亚·布迪亚以及弗朗索瓦丝·盖特·塔利和简·达沃尼奥等的关于该主题的文章。

③ 前者由法国文化部与研究部联合组织，后者由博物馆局（研究部）联合举办，由法国大学校长联合会赞助。

进，在欧洲范围内仍然是特殊的，因为它不仅超越了传统的学科边界，而且超越了单一大学的界限（图4.9）。

图4.9　MuseUM项目的传单

（经MuseUM授权）

这种整合对公共解释（将藏品联系在一起的适当故事情节）、可访问性（藏品分散在蒙彼利埃各处）、管理（协调结构的性质和定位、资金、馆藏的地位和所有权、工作人员的地位等）和学术文化（跨机构方法的传统抵制）等方面提出了重大挑战。MuseUM项目清楚地提出了一个创新性和实验性的建议，潜在地为欧洲大学遗产的提升打开了一扇窗。

1999年，卢瓦尔河地区（Pays de Loire）的大学发起了另一个涉及几所大学的合作项目：当代科技遗产（Patrimoine Scientifique et Technique Contemporatin）[①]项目，旨在解释当代第二代大学收藏。虽然拍摄、清点以及描述仪器和设备是特别令人关切的问题，但该项目还涉及访谈发明、改进和使用这些设备的研究人员（C. Cuenca，2004年5月26日访谈）。

---

① 参见 http://patrimoine.atlantech.fr/atlantech/foffice/portail/accueil.html，2005年6月23日访问。该项目 http://patrimoine.atlantech.fr/atlantech/foffice/portail/accueil.html 同时已扩展到国家层面，艺术与工艺博物馆正在协调其实施（C. Cuenca & D. Thoulouze，2004年5月26日采访）。

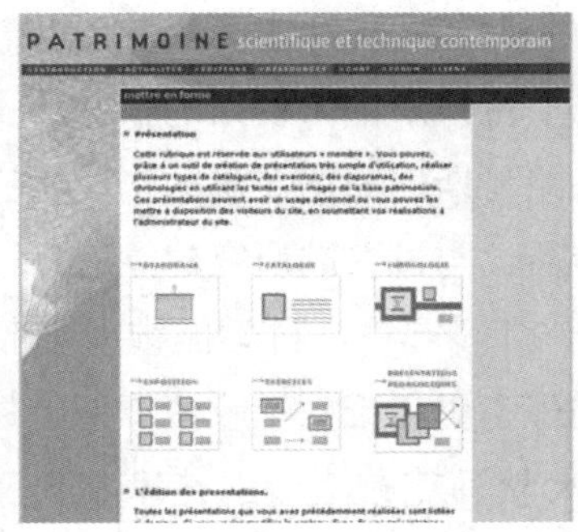

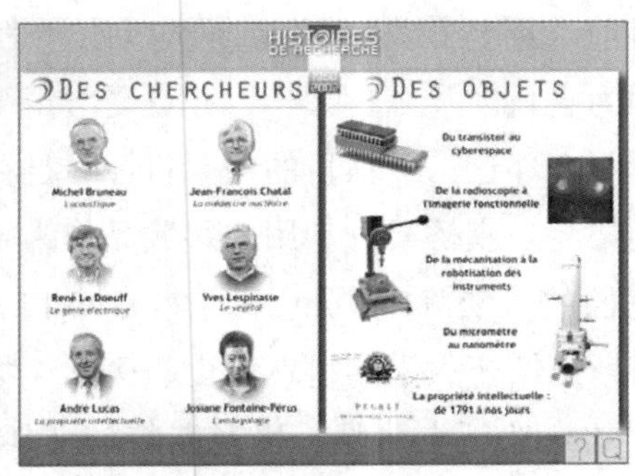

图4.10 “当代科技遗产”项目

（图片经GIP亚特兰科技，南特大学和Iht-A授权）

由GIP亚特兰科技和卢瓦尔河地区南特大学（Université de Nantes）开发的“当代科技遗产”项目（图4.10）。该资源可通过DVD和在线形式获得[①]。左侧是在线菜单，允许用户探索设备以及开发和使用它的研究人员；右侧是主DVD菜单。该项目是详细和多层次的，整合了物体、文档和研究人员的精湛技艺。当代设备与通常的第二代收藏的结合，对欧洲各地的大学来说都是一个挑战，因为拆卸设备和重新装备实验室的速度非常快。设备本身在收集、储存藏品和公共讲解方面也出现了重大挑战（Brenni，2000；Caro，2004；Jacomy，2004）。

图4.11 科学园项目的传单（经斯特拉斯堡路易斯巴斯德大学授权）

① 当代科技遗产项目的DVD，由C. Cuena & Yves Thomas、GIP亚特兰科技、南特大学和Iht-A，南特2001实施。该项目可于http://patstec.fr/ 在线查阅，访问于2005年7月13日。

目前，斯特拉斯堡路易斯巴斯德大学的科学园项目（图4.11）也值得一提，因为它只涉及一所大学，并且受益于与斯特拉斯堡博物馆的特殊历史关系和实际距离邻近。该项目的主要目标，是在路易斯巴斯德大学的当代研究与社会之间架起一座桥梁，利用这些藏品作为容器，与过去的研究建立联系，同时促进它们的发展（H. Dreyssé，2003年12月7日采访）。科学园涉及斯特拉斯堡路易斯巴斯德大学的自然历史、医学、物理学史和天文学收藏，斯特拉斯堡博物馆的自然历史藏品，以及斯特拉斯堡大学马克布洛赫的艺术和人文收藏（其中最重要的是考古学和埃及学藏品，民族学藏品和印模博物馆）。科学园的明确目标、范围和形式仍在讨论中。它得到了定期公共活动计划（辩论、会议、展览、出版物）的支持，并伴随着对大学档案的持续深入研究，特别是对物理学收藏的历史研究①。

4.2.4 意大利

意大利拥有具有重大国际意义的大学遗产，包括第一个植物园、解剖学剧院、植物标本馆和医学博物馆。帕多瓦大学的植物园，是唯一被联合国教科文组织列为世界遗产的大学博物馆。意大利许多大学博物馆几十年来一直保存良好，是第一代大学博物馆和藏品黄金时代的非凡典范。因此，意大利大学遗产的国内和国际重要性，不仅在科学、艺术和建筑上具有相关性——实际上是独一无二的——而且需要一个多层次的视角，即收藏和博物馆的历史是向公众推广和解释的重要组成部分。

自1999年博物馆委员会成立以来，在国家层面推广意大利大学遗产的工作一直由校长会议负责。博物馆委员会由一名校长担任主席②。在撰写本文时，帕多瓦大学校长由维琴佐·米拉内西（Vicenzo Milanesi）担任。委员会的主要目标，是制定一项结构性方案，提升意大利大学博物馆和藏品、档案馆和植物园所持有的遗产（Garuccio，2005）。这种综合办法非常受欢迎，意大利和荷兰办法的相似之处值得关注：在这两种情况下，提升大学遗产的倡议都

① 见MCST-IRIST 2004—2007。保护斯特拉斯堡的物理学遗产。研究和公开募捐在研究部ACI“科学文化”框架内资助的方案，由美国物理研究所/DRAC阿尔萨斯物理史中心之友资助。

② 自1999年成立以来，博物馆委员会制作的所有文件，均可在 http://www.crui.it/link/?ID=1350 查阅，2005年7月5日查阅。

来自大学（在荷兰，是五所最古老的大学；在意大利，是大学校长会议）。这两项举措都显示出范围的广度，包括所有学科的藏品，还包括档案馆和图书馆，并且都促使校长和大学博物馆的专业人士共同努力。

2000年的一份文件，概述了意大利大学博物馆的现状和未来状况。博物馆委员会承认意大利大学博物馆及其藏品的相关性，其类型和历史的多样性，以及在国家层面提升认可度的必要性（CRUI，2000）。该文件承认，藏品在数量和质量方面代表了意大利绝大多数大学遗产。意大利大多数大学博物馆规模非常小，通常不对公众开放，在藏品维护、收藏技术和能力以及与研究小组保持密切和定期联系方面，人员不足。博物馆资金不足，常不定期拨付，而且往往得不到保证（CRUI，2000）。许多大学博物馆很少在公众领域开展重大活动，如展览、电影、出版物等。鉴于孤立和零散的举措成倍增加，以及各级标准（目录、清单、法规、任务、公共服务）的不同，该文件呼吁各大学之间加强协调与合作，旨在形成更加一致的和统一的政策和做法。正是在这种背景下，委员会提议建立一个意大利大学博物馆网络（全国大学博物馆系统网络，Rete Nazionale di Sistemi Museali di Ateneo）。国家系统的创建，鼓励意大利大学创建自己的大学博物馆系统，根据所涉及的不同博物馆和藏品的特定历史和当下作用进行实施（此前仅在博洛尼亚和帕维亚开发了原始博物馆系统）。普格纳洛尼（2001，2003）讨论了意大利网络的几个方面——可行性、法律、使命和活动。

2005年5月，在罗马提出了一项提案，旨在提供一个法律框架—— 国家科学博物馆观察站——用于未来大学博物馆及其藏品在国家层面的保护、促进和合作[①]。虽然仍处于初步阶段，但该提案是在博物馆委员会、意大利科学博物馆协会（ANMS）和国际博协意大利国家委员会的积极参与下制定的。如果天文台有足够的资源和条件，它可能是意大利大学遗产获得认可的重要一步。

目前，意大利大学遗产面临的主要挑战，是将过去12年的反思和调查转化为实际措施。以便像英国一样，漫长的意识过程，需由必要的政治和法律工具构成，并获得大量需要的资源，便会开始结出成果。

① 2005年关于“建立国家科学博物馆观察站”的法律提案（众议院第5839号，马祖卡议员的倡议）。

4.2.5 德国

德国的学术遗产数量惊人。德国许多大学拥有20至30个大学博物馆和收藏，这些博物馆和收藏尚未进行大型重组，包括一些具有重大国际意义的收藏，如莱比锡大学的乐器博物馆、柏林洪堡大学的自然历史博物馆、柏林自由大学的柏林达勒姆植物园和博物馆、柏林洪堡大学的维尔肖博物馆，以及哈勒 - 维滕贝格马丁 - 路德大学的盖泽尔谷博物馆等等。此外，德国还继承了洪堡大学模式（Humboldt University model）这一遗产。然而，与其他国家一样，德国大学的遗产在大学边界之外鲜为人知。

一些博物馆和藏品在第二次世界大战期间遭受了严重破坏，例如柏林洪堡大学自然历史博物馆的部分藏品和建筑物被毁（图4.12），莱比锡大学乐器博物馆的藏品遭受洗劫和散落（Fontana & Heise，1998）。最近，当其他欧洲国家正在经历1990年代的经济繁荣时，德国正在为其统一付出沉重的代价，目前正在经历复杂的经济形势。2004年，大学经历了严重的预算削减，这危及到了一些藏品（F. Riesbeck，2004年6月2日采访）。而在其他情况下，它们的未来尚不清楚。哈勒-维滕贝格大学的盖瑟尔塔尔博物馆，也面临着不确定的未来，因为新的科学博物馆预计将建于新住宅区，即盖瑟尔塔尔的现址（G. Berg，2004年6月8日采访）。汉堡大学的动物学博物馆目前岌岌可危。克劳斯塔尔技术大学地质和古生物学系的藏品，由于博物馆即将关闭而处于危险之中（L. Schmitz，2003年10月11日；无法证实随后发生的事情），并且柏林洪堡大学人类学研究所的人类学藏品，也可能发生同样的情况（U. Creuz，2004年6月10日采访）。柏林洪堡大学的罗伯特・科赫博物馆（一个致力于诺贝尔奖获得者罗伯特・科赫的生活和工作的传记博物馆）也面临着不确定的未来，因为该大学出售了微生物学研究所/夏里特的建筑，即该研究所的所在地（图4.13、图4.14）（W. Donath，2005年7月12日）。德国自然历史博物馆的“危机”，由于官僚主义的收藏程序和其他结构性问题而加剧，最近在巴伐利亚科学与人文学院对此进行了讨论（2003；由克雷尔 2004审查）。

图4.12　柏林洪堡大学自然历史博物馆
（照片拍摄于2004年7月）

图4.13　柏林洪堡大学夏里特解剖学博物馆
（经柏林洪堡大学授权）

在其他学科领域，德国大学收藏似乎被积极用于教学和研究，同时与公众保持着鲜明的联系。一个值得注意的例子是莱比锡大学的乐器博物馆，它也是世界上最好的乐器参考博物馆之一。它诞生于第一代大学博物馆时期，如今在大学多个部门的教学和研究以及莱比锡社区的应用研究中都很活跃。该博物馆成立了乐器研究所（E. Fontana，2004年6月3日访谈）。另一个例子是在哈勒-维滕贝格马丁-路德大学数学与计算机科学系300个数学模型的收藏（主要由马丁・席林制作；1875—1920）该收藏用于几何、拓扑学和力学，以及数学史的教学（K. Richter，2004年6月23日）。

在不久的将来，德国大学博物馆及其藏品将面临巨大的挑战。作为一个联邦国家，德国的高等教育系统没有集中的管辖权，大学由不同的州（Länder）管理和资助。因此，在国家层面协调措施可能更加困难。此外，没有大学博物馆及其藏品协会可以在识别过程中发挥领导作用。尽管如此，基本的准备工作已经完成，主要是在柏林洪堡大学亥姆霍兹中心的倡议下进行的，该大学自2001年以来一直在汇编德国大学博物馆及其藏品的数据。目前，正在开发一个关于德国大学收藏历史的研究项目。

图4.14　柏林洪堡大学夏里特的罗伯特·科赫博物馆
（经罗伯特·科赫博物馆授权）

4.2.6 其他国家

欧洲其他国家的问题，与上述问题基本相同，但迄今为止国家层面的举措很少见。在希腊和西班牙，情况可能不同，因为最近在这两个国家成立了国家大学收藏协会。在西班牙，目前正在开发一个大学博物馆在线目录（Such，2003）。在挪威，大学博物馆制定了一个合作项目，以增加获得大学藏品的机会（Ore，2001）。

除了波兰、爱沙尼亚、立陶宛和前东德外，东欧国家很少发表关于大学收藏的英文出版物。大学往往经历了动荡的政治历史，藏品被分散、转移或丢失。例如，爱沙尼亚塔尔图大学的重要地质藏品被转移到塔林科学院，包括爱沙尼亚古生物学类型的藏品（M. Isakar，2003年10月9日采访）。这同样适用于16至19世纪考古原件和油画的历史收藏，这些作品在第一次世界大战期间被转移到俄罗斯，至今仍保存在俄罗斯沃罗涅日艺术博物馆（Art Museum of Voronezh）（I. Kukk，2003年10月9日采访）。从爱沙尼亚和立陶宛的情况来看，它们长期以来一直无法被更广泛的科学界所接触，大学收藏的自然历史、考古学、人类学可能会引起相当大的兴趣，因为它们现在变得更加知名[①]。

图4.15 塔尔图大学历史博物馆

（照片：M. Sakson，经塔尔图大学授权）

① 在塔尔图大学，人们非常有兴趣让世界各地的科学家更好地了解藏品。今天，塔尔图的动物学、古生物学和地质学藏品正在按照现代标准进行编目（M. Isakar，T. Pani，访谈于2003年10月9日）。

图4.16　塔尔图大学解剖剧院（左）和天文台（右）
（照片来源于S. de Clercq）

塔尔图大学（1632年）是爱沙尼亚最古老的大学，拥有著名的藏品、博物馆和建筑，包括艺术博物馆、大学历史博物馆（图4.15）、地质博物馆、动物学博物馆、植物园和植物标本馆、解剖学剧院、天文台（图4.16）以及相应的医疗和仪器收藏。解剖剧院建于1803年至1805年之间（中央圆形大厅），直至1860年被横向扩建。天文台建于1808年至1810年之间，塔楼（最初是圆顶）于1825年重建，用来存放弗劳恩霍夫折射器，天文台是斯特鲁维地理探测弧线的一部分，如今已被联合国教科文组织列为世界遗产。其中的大多数藏品保存完好，建筑物结构完好无损，只是由于时间的流逝正常腐蚀。2005年，这些馆藏被整合在统一体系内，是为了在大学内部统一意见，特别是针对第一代藏品的意见，提供更好的公共服务，而不用失去与教学和研究的联系。

俄罗斯似乎拥有相当多的大学遗产，尽管调查或盘点发现要么不存在，要么不可靠（V. Kuzevanov，2004年5月13日）。显然，需要对东欧的大学收藏进行更多的研究，因为近三分之二的欧洲大学都位于东欧。

4.2.7　国际层面的举措

在国际层面，最近最重要的三项举措是：2000年建立的Universeum网络；1999年至2001年，欧洲委员会发起的欧洲项目（European project）；2001年，在国际博物馆协会（International Council of Museums）内，设立的一个专

门的大学收藏国际委员会（UMAC）。

（1）Universeum网络（2000）

在20世纪90年代后期，欧洲历史最悠久、最负盛名的大学中有十二所参与了一个合作项目（“Universeum：学术遗产和大学、责任和公众访问”）。该项目由欧洲联盟委员会资助（文化2000计划），以分享知识和经验，并主动提高藏品的可访问性。十二所创始大学分别是阿姆斯特丹大学、柏林洪堡大学、博洛尼亚大学、剑桥大学、格罗宁根大学、哈勒-维滕贝格马丁-路德大学、莱比锡大学、英国皇家外科医学院、牛津大学、帕维亚大学、乌普萨拉大学和乌得勒支大学。2000年4月16日，这些大学签署了《哈勒宣言》。该网络开展了三个合作项目：第一项是“识别和清点一部分欧洲样本大学的藏品，从医学学科开始”（数据库项目）；第二项，旨在建立一个“基于网络的设施，以便通过互联网轻松访问欧洲的大学藏品”（虚拟画廊项目）；第三项，策划一个展览“展示过去和现在欧洲大学之间知识的互动”（联合展览项目）（Bremer，2001）。Universeum还展出了欧洲大学收藏的珍品（Treasures of University Collections in Europe）（Bremer & Wegener，2001）。自2000年以来，Universeum定期举办会议，其他欧洲大学也加入了进来。虽然Universeum从未正式成立为一个协会，但它是当今唯一一个旨在提高欧洲大学遗产意识的组织。

（2）UMAC（2001）

国际博协的大学博物馆和收藏国际委员会（UMAC），于2001年7月在巴塞罗那举行的国际博物馆协会（ICOM）第19届大会期间正式成立，成为了第一个国际范围的大学博物馆和收藏协会[①]。UMAC的创建意味着，大学博物馆的独特身份首次得到全球最重要的博物馆组织的认可。根据2001年至2004年期间UMAC主席彼得·斯坦伯里的说法，“UMAC的作用是突出大学博物馆与其他博物馆之间的异同，并鼓励所有博物馆专业人员之间的互动与合作……通过提出探究性问题，UMAC能够找到解决方案，以保护我们共同的遗产。UMAC的文章、会议和讨论提高了大学收藏负责人的正式培训”（Stanbury，2003b）。

① 见UMAC网站 http://icom.museum/umac。UMAC的目标可以在“什么是UMAC”下找到。另见斯坦伯里(2002)。

UMAC已被证明是一个活跃的机构。自成立以来，巴塞罗那（2001）、悉尼和堪培拉（2002）以及美国俄克拉荷马（2003）的年度会议记录已经出版，首尔年会（2004）的论文选编很快也将出版。UMAC还负责编纂和编辑了一期ICOM研究系列（第11号，2003），并发布了咨询文件《大学博物馆及其藏品：重要性、责任、维护、处置和关闭》（*University Museums and Collections*：*Importance*, *Responsibility*, *Maintenance*, *Disposal and Closure*）（UMAC，2004）。UMAC最重大的项目之一，是汇编有关全球大学博物馆和藏品的信息，并在互联网上展示。UMAC的全球大学博物馆和藏品数据库来自德国和澳大利亚的两个初始数据库，可以按国家、博物馆、藏品类型以及主题进行搜索（Weber & Lourenço，2005）[①]。该数据库正在进一步发展，以成为大学博物馆专业人员更丰富的信息来源，以及研究人员和公众更有用的在线工具。

（3）大学遗产和欧洲委员会（1999—2001）

1999年至2001年，欧洲委员会在欧洲范围内发起了一个合作项目，目的是促进学术遗产的发展。该项目源自欧洲委员会高等教育和研究指导委员会（CDESR）和文化遗产指导委员会（CDPAT）的联合倡议，部分由欧盟委员会资助。它涉及来自比利时、克罗地亚、爱沙尼亚、法国、意大利、立陶宛、波兰、葡萄牙、罗马尼亚、俄罗斯、西班牙和土耳其的大学。最初旨在建立一条古老的大学路线，“参与者很快远离了这条道路……同意强调欧洲大学的遗产，这至少有两个原因。首先，虽然欧洲大学的起源可以被称为古老，但并非所有认同并继续践行这一传统的大学都以古老为标志。其次，虽然欧洲大学传统在欧洲及其他地区的各种机构之间提供了空间和时间的联系，但路线的概念，作为构思这种联系的一种方式，过于简单化了”（Sanz & Bergan，2002b；Boylan，2003）。项目结束后，《欧洲大学遗产》（*Heritage of European Universities*）一书以英文和法文出版（Sanz & Bergan，2002a）。其中的文章包括有关大学历史（Ridder-Symoens，2002a、b；Rüegg，2002；Zonta，2002），大学和欧洲身份（Blasi，2002；Brizzi，2002a；Peset，2002；Renaut，2002），与大学遗产有关的博物馆和收藏品（Boylan，2002），大学遗产的概念（Sanz & Bergan，2022b、c、d），案例研究（Bakhouche，2002；Brizzi，2002b；

① 见UMAC全球数据库 http://publicus.culture.hu-berlin.de/collections/

Díaz，2002；Silva，2002），以及相关欧洲宣言和公约的汇编。该项目还提出了《关于大学遗产治理和管理的建议书》草案（欧洲委员会，2004）。该建议书草案针对的是欧洲委员会46个成员国的政府，并于2004年底或2005年初由高等教育和研究指导委员会（CDESR）和文化遗产指导委员会（CDPAT）审议。该文本有详细的介绍，包括关于立法、治理和管理、财务、访问、专业化、培训、研究、提高认识、与当地社区的关系以及国际合作的建议。建议书草案敦促各国政府“在政策、法律和实践中落实”文案中所载的原则，并“促进各级有关公共部门和高等教育机构实施这些措施”。

应当指出，欧洲委员会已于1998年采纳了一项与大学收藏间接相关的建议，即“附带藏品”建议（第1375/1998号建议）。欧洲委员会关于大学遗产的另一项有关建议于2000年发布（部长委员会第R（2000）8号建议），针对大学的研究使命，内容如下：“我们应当考虑大学通过其广泛的学科，对欧洲文化遗产的保护、发展和丰富所作的贡献”。

4.3 小　　结

本章旨在回顾我们目前对大学收藏的了解状况，包括文献和欧洲最近的举措。

博物馆层面在文献综述中占主要篇幅，收藏层面的几乎没有提及。这并不是因为收藏不存在——它们肯定存在 ——而是因为在选取文献来源时存在偏见：论文主要选自专业的博物馆期刊，其中关于博物馆的文本更有可能被发表。对大学收藏的引用大多出现在学科专业期刊（考古学、人类学、动物学等）中，而在博物馆文献中相对罕见。

20世纪发表的文献似乎表明，大学博物馆的作用在某种程度上是不稳定的，缺乏统一的规划——特别是在公众方面。虽然大学博物馆也关注普罗大众，但其目标受众主要是学生和研究人员。在20世纪50年代后期，文本逐渐开始在展览层面进行区分，以适应内部和外部受众。并且在20世纪60年代似乎出现了一个转折点：更多的文本开始被要求在面向公众的同时，符合专业标准。这种转变很可能是相关因素共同作用的结果。首先，大学的数量迅速增长，加上至少自20世纪50年代以来就出现的研究兴趣转移的迹象，导致第一代收藏用于教学和研究的减少。其次，博物馆界也开始了戏剧性的转变。最后，在20世纪60年代，关于自然历史的大学博物馆（第二代）开始了一个渐进的增长时期。第二代大学博物馆专门展示与历史和艺术相关的物品，可能吸引了更广泛的公众到大学，并最终将他们吸引到第一代博物馆。在这方面进行更多的研究当然是值得欢迎的，但观众的多样化很可能逐渐促使第一代大学博物馆思考其公共角色的性质，包括开放时间、藏品可及性、讲解和专业标准，特别是考虑到与此同时，他们面临着传统观众减少的问题。

第二代大学博物馆的增长，也可能与大学数量的增长有关——因为有了更多的大学，所以严格意义上的博物馆也更多了（据我所知，没有相关的统计数据）。然而，第二代大学博物馆的繁荣，并没有带来第一代大学博物馆的增长①。在我看来，历史和艺术博物馆在大学中的扩张，主要来源于博物馆的总体变化，特别是公众的作用日益突出，加上大学越来越意识到其历史遗产的重要性(也许主要是作为公共关系和招生的工具)。这反过来又为大学带来了新的观众，并促使第一代大学博物馆重新思考他们的观众和专业标准。

大学博物馆和藏品当下主要的困境可以表述如下。为了与大学保持联系，藏品需要为教学和研究作出重大贡献；为了充分地与整个社会相关，他们需要越来越多地提供接触藏品的机会，提高专业标准，并更广泛地提供公共服务。当大学博物馆专业人士在明确界定大学藏品的当代作用，及其与现在、过去和未来的教学和研究的联系方面有相当大的困难时，如何实现这一目标？当大学本身对其当代社会和文化角色的看法相当局限时，这目标又怎么会实现呢？最后，当资源正在减少并且不足以实现稳定、反思、研究和合作时，如何实现这一目标？

要找到解决这一困境的关键，需要大学、政府和博物馆界之间的共同努力。它需要超越学科边界、大学边界和国界。大学藏品需要以融合的方式被视为国内和国际分布式藏品的一部分。协作是一项挑战，因为它需要巨大的文化

① 据我所知，20世纪60年代以后，欧洲就没有建立过一所主要的自然历史大学博物馆。"新"博物馆确实出现了，但它们来自于前博物馆或藏品的重组，例如，巴黎皮埃尔和玛丽居里大学的矿物学博物馆（1970年），其藏品可追溯至1800年代；以及弗罗茨大学自然历史博物馆（1976年），来源于动植物博物馆的重组，两者都可以追溯到19世纪（Jakuboswski，2001）。

跨越。当国家规模较大（如法国）或去中央集权（如德国）时，合作在实际层面上也可能被证明是困难的，但合作和融合的愿景对于更有效地促进大学遗产至关重要。

文献还表明，对大学博物馆和藏品的全面调查并不多。这种调查需要大量的财力和人力、科学专业技能、时间和政治意愿。尽管如此，这种调查是客观了解大学博物馆和藏品性质的重要工具，也是迈向知情决策的不可或缺的第一步。目前，欧洲的不同调查数据很难比较，因为尽管存在同质化的趋势，但欧洲的高等教育体系仍然是多种多样的。此外，现有的调查是在不同的概念和方法框架（例如，“博物馆”和“藏品”的不同定义）和不同的范围（有些仅包括物品馆藏，有些包括档案馆和图书馆，有些侧重于公立大学，另一些侧重于公立和私立大学）内进行的。应作出更多努力，提高标准和定义的一致性。尽管在方法和范围上存在差异，但所有调查都有两个共同点：如果不是来自于“危机”，其根源是普遍和严重的不稳定情况，并且调查结果和建议惊人地相似，即大学博物馆和藏品没有得到当代大学和社会的认可，它们的作用受到质疑，并且它们的运作通常远远没有发挥出它们在研究、教学和公共服务中的潜力。

参 考 文 献

[1] Adachi, M., 2003. ‘Muse therapy’ as a new concept for museums. *Museologia*, 3: 117-120.

[2] Adviesgroep Rijksdienst Beeldende Kunst, 1996. *Om het academisch erfgoed.* Ministerie van Onderwijs, Cultuur en Wetenschappen, Zoetermeer.

[3] Alarcão, A., 1993. O património museológico e as tutelas. *Vértice,* 54 (May/June): 32-36.

[4] Almaça, C., 1982. Que futuro para o Museu Bocage? In Associação Portuguesa de Museologia (ed), *Museus universitários. Sua inserção activa na cultura portuguesa.* Actas do Colóquio APOM, Coimbra, 29 November-3 December 1978, pp. 35-40. APOM, Coimbra.

[5] Almeida, A.M., 2001. *Museu e coleções universitários: por que museus de arte na Universidade de São Paulo?* Unpublished PhD thesis, Escola de Comunicações e Artes, Universidade de São Paulo.

[6] Almeida, A.M., 2002. University art museums in Brazil. *Museologia*, 2: 109-118.

[7] Almeida, A.M. 2004. Os visitantes do Museu Paulista: Um estudo comparativo com os visitantes da Pinacoteca do Estado e do Museu de Zoologia. *Anais do Museu Paulista História e Cultura Material,* 12: 269-306.

[8] Almeida, A.M. & M.H.P. Martins, 2000. University and museum in Brazil: a chequered history. *Museum International,* 52 (2): 28-32.

[9] Anonymous, 1990a. A major museum goes "populist". *Nature*, 345: 1-2.

[10] Anonymous, 1990b. Fate of The Natural History Museum, London, formerly British Museum (Natural History). In *Society of Avian Palaeontology and Evolution Newsletter* 4, http://www2.nrm.se/ve/birds/sape/sapenews4.html.en, accessed 22 March 2005

[11] Anonymous, 1995. *Universitaire collecties en cultuurschatten 1*. No publisher given.

[12] Anonymous, 1997. *Universitaire collecties en cultuurschatten 2.* No publisher given.

[13] Armstrong, D.M., H.H. Genoways & J.R. Choate 1991. University Museums of Natural History: An Informal Survey, 1990. *ACUMG Newsletter*, 8 (1): 4-6.

[14] Arnold-Forster, K., 1989. *The collections of the University of London. A report and survey of the museums, teaching and research collections administered by the University of London.* London Museums Service, London.

[15] Arnold-Forster, K., 1993. *Held in trust: Museums and collections of universities in northern England.* HMSO, London.

[16] Arnold-Forster, K., 1999. *Beyond the Ark: Museums and collections of higher education institutions in southern England.* Southern Museums Agency, Winchester, UK.

[17] Arnold-Forster, K., 2000. ‘A developing sense of crisis’: a new look at university collections in the United Kingdom. *Museum International,* 52 (3): 10-14.

[18] Arnold-Forster, K. & H. La Rue, 1993. *Museums of music. A review of musical collections in the United Kingdom.* Museums and Galleries Commission/HMSO, London.

[19] Arnold-Foster, K. & S. Mirchandani, 2001. Collections in the United Kingdom. In: M. Kelly (ed.), *Managing university museums: education and skills*, pp. 47-53. OECD, Paris.

[20] Arnold-Forster, K. & J. Weeks, 1999. *Minerals and magic lanterns. The university and college collections of the south west.* South West Museums Council, Somerset.

[21] Arnold-Forster, K. & J. Weeks, 2000. *Totems and trifles: museums and collections of higher education institutions in the Midlands.* West Midlands regional Museums Council, Bromsgrove.

[22] Arnold-Forster, K. & J. Weeks, 2001. *A review of museums and collections of higher education institutions in the eastern region and the south east region of the South Eastern Museums Service.* South Eastern Museums Service, Bury St Edmunds.

[23] Arth, M., 1974. Two different cultures. *Museum News,* 52 (9): 39-40.

[24] Artu, M.- C., 1996. Les instruments de laboratoire de l' École Normale Supérieure de Lyon. *La* Lettre de l' OCIM, 44: 14-15.

[25] Associação Portuguesa de Museologia, 1982. *Museus universitários. Sua inserção activa na cultura portuguesa.* Actas do Colóquio APOM, Coimbra, 29 November-3 December 1978. APOM, Coimbra.

[26] Associazione Nationale Musei Scientifici, 2004. *Deliberazione sul il patrimonio della scienza* (*le collezioni di interesse storico*). Approvata all' unanimità durante la sessione conclusiva del 14o Congresso dell Associazione. Torino, 10-12 novembre.

[27] Auer, H., 1970. The curator-university professor. In: *Museum and research. Pa-*

pers from the 8th general conference of ICOM, pp. 104-110. Deutsches Museum & International Council of Museums, München.

[28] Baker, F.C., 1924. The place of the museum in university instruction. *Museum Work*, 7 (3): 81-87.

[29] Bakhouche, B., 2002. The medieval university: the example of Montpellier. In: N. Sanz & S. Bergan (eds.), *The heritage of European universities,* pp. 151-156. Council of Europe Publishing, Strasbourg.

[30] Balandraud, O. & N. François, 2001. *Une collection de copies: pour quoi faire?* Paper presented at the Journées d' étude 'Du moulage au fac-simile. Diffusion du patrimoine et conservation préventive', organised by the DESS de Conservation préventive (Paris 1), Musée des Arts et Traditions Populaires, 10-11 May 2001.

[31] Baramki, D., 1970. The museum and the student. In: *Museum and Research. Papers from the 8th general conference of ICOM*, pp. 30-34. Deutsches Museum & International Council of Museums, München.

[32] Bass, H. 1984a. *Survey of University Museums in South Eastern England.* Area Museums Service for South Eastern England, Milton Keynes.

[33] Bass, H., 1984b. A *survey of museums and collections administered by the University of London.* London Museums Service.

[34] Battcock, G., 1968-69. "A young teaching collection": from art to idea. *Art Journal,* 28: 406- 410.

[35] Bayerische Akademie der Wissenschaften (ed.), 2003. *Biologische Vielfalt: Sammeln, Sammlungen und Systematik.* Verlag Dr. Friedrich Pfeil, Munich.

[36] Bell, J., 2000. Forum UNESCO-University and Heritage. *Museum International*, 52 (3): 45-48.

[37] Bennett, O., P. Shaw & K. Allen, 1999. *Partners and providers. The role of HEIs in the provision of cultural and sports facilities to the wider public.* Higher Education Funding Council, Bristol.

[38] Birney, E.C., 1994. Collegiate priorities and natural history museums. *Curator,*

37: 99-107.

[39] Black, C.C., 1984. Dilemma for campus museums: open door or ivory tower? *Museum* Studies Journal, 1 (4): 20-23.

[40] Blasi, P., 2002. The idea of Europe through the history of universities: the European dimension as university heritage in the past, today, and in the future. In: N. Sanz & S. Bergan (eds.), *The heritage of European universities,* pp. 103-110. Council of Europe Publishing, Strasbourg.

[41] Boyd, W.L., 1995. Wanted: an effective director. *Curator,* 38: 171-184.

Borhegyi, S.F., 1956a. The public relations function in American college and university museums. Museologist, 59: 2-6.

[42] Borhegyi, S.F., 1956b. American university museums. *Museums Journal,* 55: 309-311.

[43] Borhegyi, S.F., 1958. A museum training programme. *Museums Journal,* 58: 78-80.

[44] Boylan, P.J., 1999. Universities and museums: past, present and future. *Museum Management and Curatorship,* 18: 43-56.

[45] Boylan, P.J., 2002. Museums and collections in relation to the heritage of the university. In N. Sanz & S. Bergan (eds.). *The heritage of European universities,* pp. 65-73. Council of Europe Publishing, Strasbourg.

[46] Boylan, P.J., 2003. European cooperation in the protection and promotion of the university heritage. *ICOM Study Series,* 11: 30-32.

[47] Bremer, T., 2001. Foreword. In: T. Bremer & P. Wegener (eds.), *Alligators and astrolabes: treasures of university collections in Europe,* p. 7. Druckwerk, Halle.

[48] Bremer, T. & P. Wegener (eds.), 2001. *Alligators and astrolabes: treasures of university collections in Europe.* European Union Project “Academic Heritage and European Universities: Responsibility and Public Access”. Druckwerk, Halle.

[49] Brenni, P., 2000. Old artifacts and new challenges: the future of history. *Euro-*

physics news, June: 16.

[50] Brizzi, G.P., 2002a. Universities: a shared heritage in terms of European cultural identity. In: N. Sanz & S. Bergan (eds.), *The heritage of European universities,* pp. 93-100. Council of Europe Publishing, Strasbourg.

[51] Brizzi, G.P., 2002b. The University of Bologna, its Student Museum and Historical Archives. In: N. Sanz & S. Bergan (eds.), *The heritage of European universities,* pp. 131-141. Council of Europe Publishing, Strasbourg.

[52] Bruno, M.C.O., 1992. Museu universitário hoje (Painel "A Pesquisa nos Museus"). *Ciências* em Museus, 4: 27-33.

[53] Bryant, E., 1967. The boom in U.S. university museums. *Artnews*, September: 30-47, 73-75.

[54] Bulotait, N., 2003. University heritage. An institutional tool for branding and marketing. *Higher Education in Europe*, 28: 449-454.

[55] Burcaw, G.E., 1969. Museum training: the responsibility of college and university museums. *Museum News*, 47 (8): 15-16.

[56] Butler, D., 1997. French museum "in decay" fights for its life. *Nature,* 385: 378.

[57] Butler, B.H. & A.L. Horn, 1983. A meeting of minds: museums and universities. A natural partnership. *Museum News*, 61 (6): 42-43.

[58] Caltagirone, S., 2005. Le cas des FUCaM. La gestion particulière d' un curieux heritage. *Les Nouvelles du Patrimoine*, 107: 32-34.

[59] Canelhas, M. da G.S., 1987. Museus universitários-Que futuro? *Revista da Universidade de Lisboa,* 1 (4): 38-39.

[60] Cannon-Brookes, P., 1994. University and foundation collections and the law [Proceedings of a Seminar Held at the Courtlaud Institute of Art, London, 23 June 1994]. *Museum Management and Curatorship,* 13: 340-407.

[61] Caro, P., 2004. Sources et traitements de l' actualité scientifique. *La Lettre de l' OCIM*, 94 (July-August): 17-24.

[62] Carradice, I., 2001. Funding and public access through partnership with business. In: M. Kelly (ed.), *Managing university museums: education and skills,*

pp. 133-139. OECD, Paris.

[63] Casaleiro, P.J.E., 1996. *Origins, public perceptions and future directions of the National Museum of Natural History in Portugal*. Unpublished PhD Thesis, University of Leicester.

[64] Cato, P.S., 1993. The effect of governance structure on the characteristics of a sample of natural history-oriented museums. *Museum Management and Curatorship* 12: 73-90.

[65] Cato, P.S., 1994. Variation in operational definitions of natural history in a sample of natural history-oriented museums. *Museum Management and Curatorship* 13: 251-263.

[66] Chamoux, H., 2002. L'inventaire déscriptif des instruments scientifiques dans les lycées et universités de France. *La Lettre de l'OCIM,* 84: 25.

[67] Cipriani, C., A. Merola & L. Sentinelli, 1986. Un' indagine sui Musei Scientifici ed Orti Botanici Universitari italiani. *Museologia Scientifica,* 3 (3-4): 251-259.

[68] Clercq, S.W.G. de, 1998. *Bridging history and future, a European approach*. Unpublished paper presented at the 5th Anniversary of the British Society for the History of Science, Leeds, 10 September 1998.

[69] Clercq, S.W.G. de, 2001a. *Museums, from cabinets of curiosities up to now; and the special character of university museums*. Unpublished paper presented at the University of Uppsala, 27 January 2001.

[70] Clercq, S.W.G. de, 2001b. *Museums, from cabinets of curiosities up to now; the special character of university museums, and how to do more with less*. Unpublished paper presented at the University of Valladolid, 21 September 2001.

[71] Clercq, S.W.G. de, 2001c. Uniting forces: the European network and national collaborative projects. In: M. Kelly (ed.), *Managing university museums: education and skills,* pp. 85-102. OECD, Paris.

[72] Clercq, S.W.G de, 2003a. The ‘Dutch approach’, or how to achieve a second life for abandoned geological collections. *Museologia,* 3: 27-36.

[73] Clercq, S.W.G de, 2003b. What if we weren' t here? *Museologia,* 3: 149-152.

[74] Clercq, S.W.G de, 2004a. *Keeping object-based research collections.* Unpublished paper presented at the Conference 'The Significance of Collections', University Museums in Scotland (UMiS), University of Edinburgh, 12 November 2004.

[75] Clercq, S.W.G de, 2004b. *University museums at a crossroad.* Unpublished paper presented at the Colloque Musées et Collections Universitaires d' Arts et Civilizations, Musée de Louvain-la-Neuve, Université de Louvain, 25-26 November 2004.

[76] Clercq, S.W.G de, 2005. Museums as a mirror of society: A Darwinian look at the development of museums and collections of science. In: P.B. Tirrell (ed.), *Proceedings of the third conference of the International Committee for University Museums and Collections* (*UMAC*), pp. 57-65. Sam Noble Museum of Natural History, University of Oklahoma, Norman, OK.

[77] Clercq, S.G.W. de, in press. Musées des sciences: de la conservation à la compréhension. *La Revue* [Musée des Arts et Métiers].

[78] Clercq, S.W.G. de & M.C. Lourenço, 2003. A globe is just another tool: understanding the role of objects in university collections. *ICOM Study Series*, 11: 4-6.

[79] Clercq, S.W.G. de & M.C. Lourenço, 2004. A note on museum research. *ICOM News*, 57 (2): 5, 8.

[80] Coelho, A.P. & M.G.S. Canêlhas 1982. Um Museu Nacional de História Natural renovado que futuro? In Associação Portuguesa de Museologia (ed), *Museus universitários. Sua inserção activa na cultura portuguesa.* Actas do Colóquio APOM, Coimbra, 29 November- 3 December 1978, pp. 41- 45. APOM, Coimbra.

[81] Coleman, L.V., 1939. College and university museums. *The Museum in America*, Vol. 1, pp. 165-176. American Association of Museums, Washington D.C.

[82] Coleman, L.V., 1942. *College and university museums: a message for college and university presidents*. American Association of Museums, Washington D.C.

[83] Collet, P.J., 2004. The role of art and craft collections in teacher training institutions in Australia. *Jade,* 23 (1): 91-100.

[84] Coolidge, J., 1956. The academic art museums of America. *Museums Journal,* 56: 167-171.

[85] Coolidge, J., 1966. The university art museum in America. *Art Journal*, 26: 9-12, 21.

[86] Coor, L.F., 1986. What is the future of university museums? Communication presented at the New England Museum Association Annual Meeting, Brenton Woods, New Hampshire, 16 October 1986.

[87] Cordell, L.S., 2000. Finding the natural interface: graduate and public education at one university natural history museum. *Curator*, 43: 111-121.

[88] Council of Europe, 2004. *Revised draft recommendation on the governance and management of the university heritage.* Unpublished Secretariat document submitted to the Steering Committees for Cultural Heritage and Higher Education and Research of the Council of Europe, 19 August 2004, Strasbourg.

[89] Council of Museums in Wales, 2002. *Dining amongst the bones: a survey of museum collections in Welsh universities.* Council of Museums in Wales, Cardiff.

[90] Craig, T.L., 1988. Off-campus audiences benefit from museums in academe. *Museum News,* 67 (2): 52-55.

[91] Crompton, A.W., 1968. The present and future course of our museum. *Museum News*, 46 (5): 35-37.

[92] CRUI, 2000. *Musei Storici-Scientifici Universitari: Realtà e prospettive. Relazione della Commissione Musei, Archivi e Centri per le Collezioni Universitarie di interesse storico-scientifico.* Conferenza dei Rettori delle Università Italiane, Roma [unpublished report, appendix of the meeting 13 June 2000 in http://www.crui.it//link/?ID=1356, accessed 5 July 2005].

[93] Cuno, J., 1992. Asset? Well, yes-of a kind. Collections in college and university art museums and galleries. *Harvard University Art Museums Occasional Papers*, 1. http://www.artmuseums.harvard.edu/professional/occpapers1.html, ac-

cessed 21 December 2004.

[94] Cuno, J., 1994. Defining the mission of the academic art museum. *Harvard University Art Museums Occasional Papers,* 2. http://www.artmuseums.harvard.edu/professional/occpapers2.html, accessed 21 December 2004.

[95] Cuno, J., 1995. In the crossfire of the culture wars: the art museum in crisis. *Harvard University Art Museums Occasional Papers*, 3. http://www.artmuseums.harvard.edu/professional/occpapers3.html, accessed 21 December 2004.

[96] Curnow, B., 1993. Campus Rumpus: university art museums in Australia. *Museums National,* 2 (3): 13-15.

[97] Cushman, K. 1984. Museum Studies: The beginnings, 1900- 1926. *Museum Studies Journal,* 1 (3): 8-18.

[98] Danilov, V.J., 1996. *University and college museums, galleries, and related facilities-a descriptive directory.* Greenwood Press, Westport CON.

[99] Davis, G., 1976. Financial problems facing college and university museums. *Curator,* 19: 116- 122.

[100] Davoigneau, J. & F. Le Guet Tully, 1999. *Astronomical observatories in Provence, the southern Alps and the Côte d' Azur.* Association pour le Patrimoine de Provence, Aix- en-Provence.

[101] Deloche, B., 1995. Pourquoi sauver les musées de moulages? In: J.-C. Mossière, A. Prieur & B. Berthod (eds.), *Modèles et moulages. Actes de la table ronde des 9 et 10 décembre 1994*, pp. 75-80. Musée des Moulages, Université Lumière Lyon 2, Lyon.

[102] Desveaux, E., 2004. *Présentation du project scientifique* [Musée du Quai Branly]. Unpublished paper presented at the Collège de France. In: http://www.quaibranly.fr/article.php3?id_article=774&R=2, accessed 10 July 2004.

[103] Diamond, J., 1992. Issues confronting university natural history museums. *Curator,* 35: 91- 93.

[104] Diamond, J., 2000a. A note from the guest editor. *Curator,* 43: 81-82.

[105] Diamond, J., 2000b. Moving towards innovation: informal science education

in university natural history museums. *Curator,* 43: 93-102.

[106] Díaz, A.L., 2002. The European dimension of the historical heritage of Santiago de Compostela: a view from Santiago de Compostela. In: N. Sanz & S. Bergan (eds.), *The heritage of European universities,* pp. 157-162. Council of Europe Publishing, Strasbourg.

[107] Dorchy, L, 2005a. Le Musée de Louvain- La- Neuve par Bernard Coulie, Recteur de l' UCL. *Les Nouvelles du Patrimoine,* 107: 24.

[108] Dorchy, L, 2005b. Les Musées de l' Université de Liège par Willy Legros, Recteur de l' ULG. *Les Nouvelles du Patrimoine,* 107: 27.

[109] Dorchy, L, 2005c. Le point de vue de Pierre de Maret, Recteur de l' ULB. *Les Nouvelles du Patrimoine,* 107: 30.

[110] Doughty, P.S., 1981. The state and status of geology in the United Kingdom museums. *Geological Society of London Miscellaneous Paper,* 13.

[111] Drouguet, N. & A. Gob, 2005. À Liège, deux siècles de collections universitaires. *Les Nouvelles du Patrimoine,* 107: 25-27.

[112] Drucker, P., 1994. The university art museum: defining purpose and mission. In: K. Moore (ed.), *Museum Management*, pp. 115-119. Routledge, London.

[113] Drysdale, L., 1990. *A world of learning: university collections in Scotland.* HMSO, Scotland.

[114] Duggan, A., 1964. The functions of a modern medical teaching museum. *Museums Journal,* 63: 282-288.

[115] Eldredge, C.C., 1978. The museum as educator: the Helen Foresman Spencer Museum of Art. Art Journal 37: 245-247.

[116] Encarnação, J. d', 1982. O Museu Didáctico do Instituto de Arqueologia da Faculdade de Letras do Porto [sic], realidades e perspectivas. In: Associação Portuguesa de Museologia (ed), *Museus universitários. Sua inserção activa na cultura portuguesa.* Actas do Colóquio APOM, Coimbra, 29 November-3 December 1978, pp. 53-57. APOM, Coimbra.

[117] Everitt, S., 2002. *Awakening the archives.* In: MDA Conference 2002, http://

www.mda.org.uk/conference2002/paper09.htm, accessed 5 February 2005.

[118] Ferrarese, G. & F. Palladino, 1998. Sulle collezioni di modelli matematica dei Dipartimenti di Matematica dell' Università e del Politecnico di Torino. *Annali di Storia della Scienza* 18 [Preprint No. 18, 1996, 22 pp.].

[119] Ferriot, D., 2003a. Le musée des Arts et Métiers: un nouvel outil pour la recherche en histoire et en muséologie des techniques. *Culture et Recherche,* 94: 9-10.

[120] Ferriot, D., 2003b. Le musée de sciences: quel rôle pour les musées universitaires. *ICOM Study Series,* 11: 17-18.

[121] Ferriot, D. & M.C. Lourenço, 2004. De l' utilité des musées et collections des universités. *La Lettre de l' OCIM* 93: 4-16.

[122] Firmino, M. da G.P., 1982. Concepção de museus de tecnologia e sua importância In Associação Portuguesa de Museologia (ed), *Museus universitários. Sua inserção activa na cultura portuguesa.* Actas do Colóquio APOM, Coimbra, 29 November-3 December 1978, pp. 71-73. APOM, Coimbra.

[123] Fleming, E.M., 1969. The university and the museum: needs and opportunities for cooperation - Problems and unfinished business. *Museologist,* 111: 10-18.

[124] Fleury, P., 1996. Une reconstitution virtuelle de la Rome antique. La *Lettre de l' OCIM,* 44: 20-23.

[125] Fontana, E. & B. Heise, 1998. *Pleasures for both eye and ear.* Verlag des Musikinstrumenten-Museums der Universität Leipzig & Verlag Janos Stekovics, Halle (Saale).

[126] Freedman-Harvey, G., 1989. University museums and accreditation. *ACUMG Newsletter,* 6 (1): 5-7.

[127] Freundlich, A.L., 1964-65. Is there something the matter with college museums? *Art Journal,* 24: 150-151.

[128] Galen, H. van & E. Stoop (eds.), 2000. *Universitaire collecties en cultuurschatten* 4. No publisher given.

[129] Garuccio, A., 2005. *Rapporti tra università-musei-scuola.* Unpublished paper presented at the session 'Musei Scientifici: patrimonio da valorizzare' [public session to launch the creation of the Italian Observatory for Scientific Museums], Rome 15 June 2005.

[130] Genoways, H.H., 1999. Challenges for directors of university natural history museums. *Curator,* 42: 216-230.

[131] Gesché-Koning, N., 2005a. Le patrimoine des universités européennes: Essai de terminologie. *Les Nouvelles du Patrimoine,* 107: 17-18.

[132] Gesché-Koning, N., 2005b. Gouvernance et gestion du patrimoine universitaire. Projet de recommandation révisé et projet de mémorandum explicatif. *Les Nouvelles du Patrimoine,* 107: 19-21.

[133] Gesché-Koning, N., 2005c. Le réseau des musées de l' ULB. *Les Nouvelles du Patrimoine,* 107: 31.

[134] Geyssant, J., 2002. Institutions muséales scientifiques et système éducatif. *La Lettre de l' OCIM,* 80: 23-31.

[135] Giacardi, L. & C.S. Roero, 1999. Biblioteca speciale di Matematica "Giuseppe Peano". In C.S. Roero (ed), *La Facoltà di Scienze Matematiche Fisiche Naturali di Torino 1848-1998. Tomo primo: Ricerca, Insegnamento, Collezioni Scientifiche*, pp. 437-58. Deputazione Subalpina di Storia Patria, Torino.

[136] Giacobini, G., 1993. Il Museo di Anatomia Umana. In Francesco Traniello (ed), *L' Università di Torino. Profilo storico e istituzionale. Vol. I-Tesori,* pp. 292-295. Pluriverso, Torino.

[137] Giacobini, G., 1997a. Wax model collection at the Museum of Human Anatomy of the University of Turin. *It. J. Anat. Embryol.*, 102: 121-132.

[138] Giacobini, G., 1997b. Il Museo di Anatomia Umana. *L' Ateneo* (Dossier), 1 [gennaio/febbraio]: 1-4.

[139] Gil, F.B., 1982. Museus de ciências exactas no âmbito dos museus universitários. In: Associação Portuguesa de Museologia, *Museus universitários.*

Sua inserção activa na cultura portuguesa. Actas do Colóquio APOM, Coimbra, 29 November-3 December 1978, pp. 81-88. APOM, Coimbra.

[14] Gil, F.B., 1998. *Museus na universidade: porquê e para quê? Keynote address at the opening of the Academic Year 1997/98 of the University of Lisbon* (19 de Novembro de 1997). Reitoria da Universidade de Lisboa.

[140] Gil, F.B., 2002. University museums. Museologia, 2: 1-8.

[141] Gouveia, H. Coutinho, 1982a. Prefácio. In: Associação Portuguesa de Museologia (ed.), *Museus universitários. Sua inserção activa na cultura portuguesa.* Actas do Colóquio APOM, Coimbra, 29 November-3 December 1978, pp. 9-11. APOM, Coimbra.

[142] Gouveia, H. Coutinho, 1982b. Contributo da documentação fotográfica para a história dos museus universitários portugueses. In: Associação Portuguesa de Museologia (ed.), *Museus universitários. Sua inserção activa na cultura portuguesa.* Actas do Colóquio APOM, Coimbra, 29 November- 3 December 1978, pp. 89-97. APOM, Coimbra.

[143] Grinnell, J., 1910. The methods and uses of a research museum. *Popular Science Monthly* 77: 163-169.

[144] Guthe, A.K., 1966. The role of a university museum. *Curator*, 9: 103-105.

[145] Guthe, C.E., 1983. The role of a State University Museum. *Museum News,* 15 (March): 7-10.

[146] Haan, P. de, 2001. A public-oriented and educational museum. In: M. Kelly (ed.), *Managing university museums: education and skills,* pp. 121- 131. OECD, Paris.

[147] Hamilton, J., 1995. The role of the university curator in the 1990s. *Museum Management and Curatorship,* 14: 73-79.

[148] Harden, D.B., 1947. Universities and museums. *Museums Journal,* 47: 141-144.

[149] Heffernan, I., 1987. The campus art museum today. *Museum News,* 65 (5): 26-35.

[150] Heinämies, K., 2001. Funding and museum ownership. In: M. Kelly (ed.),

Managing university museums: education and skills, pp. 163-168. OECD, Paris.

[151] Heinämies, K., 2003. New forms of cooperation between the Helsinki University Museum and university students. *Museologia,* 3: 107-110.

[152] Héritier- Augé, F., 1991. *Les musées de l' Éducation nationale: mission d' étude et de réflexion.* La Documentation française, Paris.

[153] Herreman, Y., 2000. University and museum in Mexico: a historical partnership. *Museum International,* 52 (2): 33-38.

[154] Hester, J.M., 1967. The urban university and the museum of art. *Art Journal,* 26: 246-249.

[155] Higher Education Funding Council of England, 1995. *Museums, galleries and collections: the* outcome of the review of non-formula funding. HEFCE Circular 9/95.

[156] Hill, M. Davies, 1966. The university art museum. *Curator,* 10: 114-118.

[157] HM Treasury, 2003. *Goodison Review: saving art for the nation.* Consultation document, July, HMSO, London.

[158] Hoagland, K.E., 1992. University natural history museums and public service. *Curator,* 35: 89-91.

[159] Holo, S., 1985. Training future curators to buy art. *Museum Studies Journal,* 2: 26-30.

[160] Holo, S., 1993. The university museum: creating a better fit. *American Association of Museums, Western Museums Conference Newsletter,* Summer 1993 (2): 1-2.

[161] Holo, S., 1993- 94. The university museum: creating a better fit. *ACUMG Newsletter,* 1 (1): 1- 3.

[162] Horder, J., 1999. *Titillating, tempting and tracking an audience.* Unpublished paper presented at 'Fringe Benefits', the 5th Annual Conferece of Museums Australia, 5-9 May 1999, Albury, NSW, Australia.

[163] Horder, J., 2001. *Medical milestones, frontiers and challenges in the centenary of federation.* Unpublished paper presented at 'Australian Collections,

Australian Cultures' , the 6th Annual Conference of Museums Australia, 23-26 April 2001, Canberra, Australia.

[164] Horder, J., 2003. Promoting health through public programmes in university medical museums. *Museologia,* 3: 127-132.

[165] Hudson, N. & J. Legget, 2000. University collections in Aotearoa New Zealand: active past, uncertain future. *Museum International,* 52 (3): 21-26.

[166] Huffer, A.G., 1971. *Administration of the museum in selected colleges and universities in the United States.* Unpublished doctoral dissertation, School of Education, Arizona State University, Tempe.

[167] Humphrey, P.S., 1991. The nature of university natural history museums. In: S. C. Paisley & C. Jones (eds.), *Natural history museums: directions for growth,* pp. 5-11. Texas Tech University Press, Lubbock.

[168] Humphrey, P.S., 1992a. University natural history museums systems. *Curator,* 35: 49-70. Humphrey, P.S., 1992b. More on university natural history museums systems. *Curator,* 35: 174-179.

[169] Huntley, D., L. King & T. Toperzer, 1986. *Current issues in university museums 1986.* Southern Illinois University at Edwardsville, University of Minnesota, Twin Cities & University of Oklahoma, Edwardsville IL.

[170] Hurst, M., 1991. *Adult education in college and university museums: an analysis of resource utilization for formal programs (college museums, museum education).* Unpublished doctoral dissertation, The University of Wisconsin-Madison. Dissertation Abstracts International, 52-06, A1985.

[171] Hutterer, K.L., 2005. University museums of natural history. In: P.B. Tirrell (ed.), Proceedings of the third conference of the International Committee for University Museums and Collections (UMAC), pp. 17-20. Sam Noble Museum of Natural History, University of Oklahoma, Norman, OK.

[172] Jacomy, B., 2004. *L' évolution technologique des instruments au XXe siècle.* Unpublished paper presented at the Rencontre scientifique sur la sauvegarde du patrimoine scientifique et technique contemporain, 19 October 2004,

Nantes, France.

[173] Jaffé, M., 1967. The relationship between the universities and the art museums. *Museums Journal,* 67: 148-157.

[174] Jakubowski, K.J., 2001. Les tendences dans le développement des musées d' histoire naturelle en Pologne. *La Lettre de l' OCIM,* 76 : 38-53.

[175] James, N., 1960. The museum and the college student. *Museologist,* 77 (December): 15-18.

[176] Johnson, J.R., 1971. The college student, art history, and the museum. *Art Journal*, 30: 260- 264.

[177] Jonaitis, A., 1995. A delicate balance: a university museum rethinks its relationship with the tourism industry. *Museum News,* 74 (6): 38-39, 57-58.

[178] Jonaitis, A., 2003. The challenge: to convince potential funders and legislators of the value of research collections in a university museum. *Museologia,* 3: 71-76.

[179] Kelly, M., 1998. The management of higher education galleries and collections in Nova Scotia. *International Centre for Higher Education Management, Occasional Paper*, 5. University of Bath School of Management, University of Bath.

[180] Kelly, M., 1999. The management of higher education galleries and collections in UK. *International Centre for Higher Education Management, Occasional Paper,* 7. University of Bath School of Management, University of Bath.

[181] Kelly, M. (ed.), 2001. *Managing university museums: education and skills.* OECD, Paris.

[182] Kemp, J., 1994. Art in the library: should academic libraries manage art? *Journal of* Academic Librarianship, 20: 162-166.

[183] King, L., 2001. University museums in the 21st century. In: M. Kelly (ed.), *Managing university museums: education and skills,* pp. 19-28. OECD, Paris.

[184] King, L., 2002. Engaging university students. *Museologia,* 2: 95-100.

[185] King, M.E., 1980. University museum staffs: whom do they serve? *Museum News,* 58 (1): 27.

[186] Kinoshita, T. & R. Yasui, 2000. University museums in Japan: a time of transition. *Museum International*, 52 (3): 27-31.

[187] Kinsey, W.F., 1966. A college museum and the nature of its community. *Curator*, 9: 106-113. Kohlstedt, S.G., 1988. Curiosities and cabinets: natural history museums and education on the antebellum campus. *Isis,* 79: 405-426.

[188] Kohlstedt, S.G., 1991. Museums on campus: a tradition of inquiry and teaching. In: R. Rainger, K.R. Benson & J. Maienschein (eds.), *The American development of biology,* pp. 15-47. Rutgers University Press, New Brunswick.

[189] Krell, F.-T., 2004. 'Collecting, preserving and research is out!' *Systematic Entomology* 29: 569-570.

[190] Kriegsman, L.M., 2004. Towards modern petrological collections. *Scripta Geologica, Special Issue* 4: 200-215.

[191] Labrador, A.P., 2000. Educating the muses: university collections and museums in the Philippines. *Museum International,* 52 (3): 4-9.

[192] Lanyon, S.M., G. Murdock & D. Luce, 2000. Planning for a natural history museum in a university environment: a case study. *Curator,* 43: 88-92.

[193] Lauret, J.-M., 1997. Culture et université: le partenariat entre institutions culturelles et universités-objectifs, modalités, prespectives. Les presses du réel, Dijon.

[194] Lazare, J.-J., 1996. Les herbiers universitaires en France: situation actuelle, valorisation potentielle. *La Lettre de l' OCIM,* 44: 4-9.

[195] Le Guet Tully, F. & J. Davoigneau, 2002. L' aventure de l' inventaire. *La Lettre de l' OCIM*, 84: 8-16.

[196] Lénard, C., 1996. Les collections universitaires. *La Lettre de l' OCIM,* 44: 3.

[197] Leypold, D., 1996. Richesse du patrimoine universitaire strasbourgeois. Le musée de minéralogie. Bulletin de l'Association Philomatique d'Alsace et de Lorraine, 32: 69-81.

[198] Lima, M., 1982. Museus e universidades. In: Associação Portuguesa de Museologia (ed.), *Museus universitários. Sua inserção activa na cultura portuguesa.* Actas do Colóquio APOM, Coimbra. 29 November- 3 December

1978, pp. 113-121. APOM, Coimbra.

[199] LOCUC, 1985. *Rapport landelijke inventarisatie universitaire collecties, 1985.* Landelijk Overleg Contactfunctionarissen Universitaire Collecties & Ministerie van Onderwijs en Wetenschappen, Den Haag.

[200] Loneux, M., 2005. How to develop an unrecognized scientific heritage: The case of the University of Liège zoological collections, Belgium. In: P.B. Tirrell (ed.), *Proceedings of the third conference of the International Committee for University Museums and Collections* (*UMAC*), pp. 77-84. Sam Noble Museum of Natural History, University of Oklahoma, Norman, OK.

[201] Lopez, R.A., 1977. Interpretive programs in a university museum. In: M. Bryant (ed.), *Museums of Mexico and United States: policies and problems*, pp. 203-210. Texas Historical Foundation, Austin TX.

[202] Lord, M., 2000. Editorial. *Museum International,* 52 (2): 3.

[203] Lourenço, M.C., 2002. Are university museums and collections still meaningful? Outline of a research project. *Museologia*, 2: 51-60.

[204] Lourenço, M.C., 2003. Contributions to the history of university museums and collections in Europe. *Museologia*, 3: 17-26.

[205] Lourenço, M.C., 2004. Musées et collections des universités: les origines. *La Revue*, 41(May): 51-61.

[206] Lourenço, M.C., 2005. Where past and present meet: the changing role of the university museum. *ASTC Dimensions*, (January/February): 8-9, 11.

[207] Lyons, B., 1991. Artistic freedom and the university. *Art Journal*, 50: 77-83.

[208] MacDonald, S., 2003. Desperately seeking sustainability: university museums in meaningful relationships. *ICOM Study Series,* 11: 25-27.

[209] MacFadden, B.J. & B.D. Camp, 2000. University natural history museums: the public education mission. Curator, 43: 123-138.

[210] Mack, V., 2001. The dual role of university museums: its influence on management. In: M. Kelly (ed.), *Managing university museums: education and skills*, pp. 29-38. OECD, Paris.

[211] Mägi, R., in press. Le patrimoine de l' Université de Tartu. *La Revue* [Musée des Arts et Métiers].

[212] Manning, W.H., 1980. Universities and museums. *Museum Archaeologist,* 5: 6-10.

[213] Marandino, M., 2001. The scientific museums of the University of São Paulo, Brazil, and their search for an identity. *Museologia,* 1: 53-66.

[214] Mares, M.A., 1999. Bureaucrats pose threat to museums. *Nature,* 400: 707.

[215] Mares, M.A. (ed.), 2001. *A university natural history museum for the new millennium.* Sam Noble Oklahoma Museum of Natural History, Norman OK.

[216] Mares, M.A., 2003. Did we help create the crisis in university natural history museums? *The Newsgram, Mountain Plains Museum Association Newsletter,* (November): 22-23.

[217] Mares, M. A., 2005. The moral obligations incumbent upon institutions, administrators and directors in maintaining and caring for museum collections. In H. H. Genoways (ed.), *Museum Philosophy.* AltaMira Press (in press).

[218] Mares, M.A. & P.B. Tirrell, 1998. The importance of university-based museums. *Museum News*, (March/April): 7, 61-62.

[219] Markham, S.F. & Richards, H.C., 1934. *Directory of Museums and Art Galleries in Australia and New Zealand.* Museums Association, London.

[220] Martin, B., 2004. Beyond the campus: the community outreach approach to museum studies. *News & Issues* (ACUMG Special Issue Conference Newsletter Insert), Summer: 17- 19.

[221] Martins, R. de S., 1982. O grupo de animação museográfica e antropológica: acção de apoio a um museu universitário. In: Associação Portuguesa de Museologia (ed.), *Museus universitários. Sua inserção activa na cultura portuguesa.* Actas do Colóquio APOM, Coimbra. 29 November- 3 December 1978, pp. 123-128. APOM, Coimbra.

[222] Matthews, K.D., 1962. The university museum. *Museologist,* 83: 10-11.

[223] Meneres, A., 1982. Arquivos de arquitectura moderna, sua inserção num mu-

seu universitário. In: Associação Portuguesa de Museologia (ed), *Museus universitários. Sua inserção activa na cultura portuguesa.* Actas do Colóquio APOM, Coimbra. 29 November-3 December 1978, pp. 129-139. APOM, Coimbra.

[224] Meneses, U.T.B. de, 1968. Museu e universidade. *Dédalo* (Revista de Arte e Arqueologia do Museu de Arte e Arqueologia da Universidade de São Paulo), 8: 43-49.

[225] Mériot, C., 1996. Méconnu mais vivant... Le Musée d' Ethnographie de l' Université de Bordeaux II. *La Lettre de l' OCIM,* 44: 16-19.

[226] Merriman, N., 2002. The current state of higher education museums, galleries and collections in the UK. *Museologia,* 2: 71-80.

[227] Minsky, D., 1976. On curating a small university collection. *Curator,* 19: 37-44.

[228] Mohen, J.- P. (ed.), 2004. *Le nouveau Musée de l' Homme.* Odile Jacob/ Muséum national d' Histoire naturelle, Paris.

[229] Mossière, J.-C., 1996. Les musées des moulages. *La Lettre de l' OCIM*, 44: 10-13.

[230] Mulhearn, D., 2003. University challenge. *Museums Journal,* 103 (10): 32-35.

[231] Munktell, I.-M., 2003. Reflections on leadership in university museums and non-university museums. *Museologia,* 3: 65-70.

[232] Murphy, B., 2003. Encircling the muses: the multi-disciplinary heritage of university museums. *Museologia*, 3: 9-16.

[233] Museums and Galleries Commission, 1987. *Report 1986/87: Specially Featuring University Collections.* Museums and Galleries Commission, London.

[234] Museums Association, 2004a. *University museums may get VAT breaks. The MA welcomes the Treasury's statement that it intends to look into exempting university museums from VAT.* Statement dated 24 March, in: http://www.museumsassociation.org, accessed 21 December 2004.

[235] Museums Association, 2004b. *Response to report on the Arts and Humanities Research Board's support of University Museums and Galleries.* Statement

dated September, in: http://www.museumsassociation.org, accessed 21 December 2004.

[236] Naffah, C., 2003. Le chantier des collections du musée du quai Branly. *Culture et Recherche* 97-98: 2-3.

[237] Naffah, C., 2004. *Le chantier des collections du Musée du Quai Branly. Conservation préventive à l' échelle d' une collection nationale. Organisation, fonctionnement et protocoles de traitement des ateliers*. Musée du Quai Branly, Paris.

[238] Nemec, B., 2004. Cultural collections at the University of Melbourne. *CAUMAC Newsletter,* 12 (2): 11-15.

[239] Northern Ireland Museums Council, 2002. *A survey of the university collections in Northern Ireland.* Belfast.

[240] Odegaard, C.E., 1963. The university and the museum. *Museum News,* 42 (1): 31-34.

[241] Ore, C.-E., 2001. *The Norwegian Museum Project. Access to and interconnection between various resources of cultural and natural history.* Poster presented at the 5th European Conference on Research and Advanced Technology for Digital Libraries, Darmstadt, 4- 9 September 2001. http://www.muspro.uio.no/posterecdl.html, accessed 12 February 2005.

[242] Ortner, F.G., 1978. Memorial Art Gallery, University of Rochester: "An instrument of art education" . *Art Journal,* 37: 211-224.

[243] Oster, S. & W.N. Goetzmann, 2002. Does governance matter: the case of art museums. Yale School of Management, http://mba.yale.edu/keepingcurrent/docs/nonprofit/gov_matter.pdf, accessed 21 December 2004.

[244] Peikert, C.H., 1956. *The status of the museum on college and university campuses having accredited schools of education.* Unpublished PhD thesis, College of Education, State University of Iowa, Iowa City.

[245] Peset, J.L., 2002. The university as the basis for a common European culture. In: N. Sanz & S. Bergan (eds.), *The heritage of European universities,* pp.

111-117. Council of Europe Publishing, Strasbourg.

[246] Petheo, B., 1971. The College Art Gallery. *Art Journal* 30: 385.

[247] Pezzali, A., 1998. *Inventaire sommaire des musées européens conservant des collections de moulages. Etude historique, architecturale et muséographique.* Unpublished masters thesis, Université Lumière Lyon 2.

[248] Picard, E., 1998. Les réserves du Musée des arts et métiers, un outil de recherche. *La Revue*, 24: 4-14.

[249] Picard, E., 2000a. Les réserves, base stratégique du musée. *La Revue,* 28/29: 25-32.

Picard, E., 2000b. Les réserves, outil de recherche. *L' archéologie industrielle en France,* 36: 15-19.

[250] Pigott, P.H., G.N Blainey, R.W. Boswell, A. Clayton, D.J. Mulvaney, F.H. Talbot, D.F Waterhouse, F.J. Waters, E.E. Payne, 1975. *Museums in Australia 1975. Report of the Committee of Inquiry on Museums and National Collections including the Report of the Planning Committee on the Gallery of Aboriginal Australia.* Australian Government Publishing Service, Canberra.

[251] Pihlman, S., 1995. A short story of archaeology at the University of Turku. *Karhun-hammas*, 16: 1-13.

[252] Piper, D., 1972. Some problems of university museums. *Museums Journal,* 72: 107-110.

[253] Pugnaloni, F., 2001. A regional system of university museums. In: M. Kelly (ed.), *Managing university museums: education and skills,* pp. 79-83. OECD, Paris.

[254] Pugnaloni, F., 2003. The future of the university museum's system in Italy. *Museologia,* 3: 51-54.

[255] Reimann, I.G., 1967. The role of a university museum in the education of students and the public. *Museum News,* 46 (3): 36-39.

[256] Renaut, A., 2002. The role of universities in developing a democratic European culture. In: N. Sanz & S. Bergan (eds.), *The heritage of European universities,* pp. 119-127. Council of Europe Publishing, Strasbourg.

[257] Reynolds, B., 1979. *University museums.* Unpublished paper presented to Museums Association of Australia Annual Conference.

[258] Reynolds, B., 2004. Cinderella or sleeping beauty? A wake up call? *CAUMAC Newsletter,* 12 (2): 9-11.

[259] Ridder-Symoens, H. de, 2002a. The intellectual heritage of ancient universities in Europe. In: N. Sanz & S. Bergan (eds.), *The heritage of European universities,* pp. 77-87. Council of Europe Publishing, Strasbourg.

[260] Ridder-Symoens, H. de, 2002b. The intellectual heritage of universities: conclusions of the discussion. In: N. Sanz & S. Bergan (eds.), *The heritage of European universities,* pp. 89-91. Council of Europe Publishing, Strasbourg.

[261] Robert, Y., 2005. Voir et apprendre à voir à Louvain-La-Neuve. *Les Nouvelles du Patrimoine*, 107: 22-23.

[262] Rodeck, H.G., 1950. Functions of university and college museums. *Museum News*, 27 (15): 7- 8.

[263] Rodeck, H.G., 1952. Present situation among college and university museums. *Museum News,* 30 (January): 4-6.

[264] Rodeck, H.G., 1968. Our philosophical framework. *Museum News,* 46 (5): 33-34.

[265] Rodeck, H.G., 1970. The university museum. In: *Museum and research: papers from the Eighth General Conference of ICOM,* pp. 39-44. Deutsches Museum & International Council of Museums, Munich.

[266] Rolfe, W.D.I., 1969. A university's museum. *Museums Journal,* 69: 7-10.

[267] Roodhouse, S., 2003. *The Oxford and Cambridge University Museums: A global contribution to widening knowledge and deepening understanding.* Resource, London.

[268] Rorschach, K., 2004. Why do universities have museums? *Duke News.* http://www.dukenews.duke.edu/news/rorschach_1104.html, accessed 10 December 2004.

[269] Rosenbaum, A., 1988. Where authority resides. A look at the governance of university museums. *Museum News,* 67 (2): 47-48.

[270] Rüegg, W., 2002. The Europe of universities: Their tradition, function of

bridging across Europe, liberal modernisation. In: N. Sanz & S. Bergan (eds.), *The heritage of European universities,* pp. 39-48. Council of Europe Publishing, Strasbourg.

[271] Ruppli C., (ed.), 1991. *Guide des musées de l' Éducation nationale.* OCIM/Ouest Éditions, Nantes.

[272] Ruppli C., (ed.), 1996. *Les muséums de France et les musées de l' Éducation nationale-Guide.* OCIM/Éditions Faton, Dijon.

[273] Russell, J.J. & T.S. Spencer, 2000. *Art on campus-The College Art Association's official guide to American college and university art museums and exhibition galleries.* Friar's Lantern, Monkton MA.

[274] Ruthven, A.G., 1923. An out-of-doors museum for the University of Michigan. *Science,* 57: 710.

[275] Ruthven, A.G., 1931. *A naturalist in a university museum.* Published by the author, Ann Arbor.

[276] Ruthven, A.G., 1939. A naturalist in our times (commencement address, 17 June 1939). *Michigan Alumnus Quarterly Review,* 45: 8-9.

[277] Ruthven, A.G., 1963. *Naturalist in two worlds.* University of Michigan Press, Ann Arbor.

[278] Salmi, H., 2001. Public understanding of science: universities and science centres. In: M. Kelly (ed.), *Managing university museums: education and skills,* pp. 151-161. OECD, Paris.

[279] Sanz, N. & S. Bergan (eds.), 2002a. *The heritage of European universities.* Council of Europe Publishing, Strasbourg.

[280] Sanz, N. & S. Bergan, 2002b. Introduction: a word from the editors. In: N. Sanz & S. Bergan (eds.), *The heritage of European universities,* pp. 9-22. Council of Europe Publishing, Strasbourg.

[281] Sanz, N. & S. Bergan, 2002c. The cultural heritage of European universities. In: N. Sanz & S. Bergan (eds.), *The heritage of European universities,* pp. 49-61. Council of Europe Publishing, Strasbourg.

[282] Sanz, N. & S. Bergan, 2002d. The heritage of European universities: the way forward. In: N. Sanz & S. Bergan (eds.), *The heritage of European universi-*

ties, pp. 165-175. Council of Europe Publishing, Strasbourg.

[283] Savini, A., 2001. A new museum on electrical technology in Pavia: a public university in a university campus. In: M. Kelly (ed.), *Managing university museums: education and skills,* pp. 179-186. OECD, Paris.

[284] Sawyer, C.H., 1964-65. The college art department and the work of art: custodian and costumer. *Art Journal,* 24: 336-341.

[285] Scaravelli, D. & A. Bonfitto, 1994. Imateriali della Collezione Altobello del Museo di Zoologia dele Università di Bologna. 1. Mammiferi. *Hystrix,* 5 [for 1993]: 88-99.

[286] Scheiner, T.C., 1992. Museus universitários: educação e comunicação. *Ciências em Museus*, 4: 15-19.

[287] Schlereth, T.J., 1980. The history behind, within, and outside the history museum. *Curator,* 23: 255-274.

[288] Schmidt, K.P., 1987. The function of the university museum. *Museum News,* 30 (5): 5-8.

[289] Séjournet, D. de, 2005. L' Université Libre de Bruxelles. À la croisée de la science et de l' art. *Les Nouvelles du Patrimoine,* 107: 28-30.

[290] Selig R. & J. Lanouette, 1982. Dancing with gibbons: a museum-university partnership. *Roundtable Reports,* 7 (3): 8-9.

[291] Seyd, E.L., 1971. A university museum and the general public. *Museums Journal,* 70: 180- 182.

[292] Silva, M. de F., 2002. The University of Coimbra and its traditions at the beginning of a new millenium. In: N. Sanz & S. Bergan (eds.), *The heritage of European universities,* pp. 143- 149. Council of Europe Publishing, Strasbourg.

[293] Silva, R.H. da, 2000. University museums: the legacies and the challenges. *Museologia,* 1: 49-52.

[294] Simpson, A., 2003a. The plight of geological collections in the Australian tertiary education system. *Museologia,* 3: 37-44.

[295] Simpson, A., 2003b. Who looks after our university geology collections? *No-*

men Nudum, 28: 17-20.

[296] Simpson, A., 2005. University museums and formative experiences in natural history. In: P.B. Tirrell (ed.), *Proceedings of the third conference of the International Committee for University Museums and Collections* (*UMAC*), pp. 103-108. Sam Noble Museum of Natural History, University of Oklahoma, Norman, OK.

[297] Sloan, B.C. & B.R. Swinburne, 1981. *Campus art museums and galleries. A profile*. Southern Illinois University Press, Carbondale.

[298] Smith, H.I., 1917. The development of museums and their relation to education. *Science Monthly*, 5: 97-119.

[299] Snell, T., 2004. A special mission: university art galleries in Australia. *CAUMAC Newsletter,* 12(1): 5-9.

[300] Solinger, J.W., 1990. *Museums and universities: new paths for continuing education.* National University Continuing Education Association/American Council on Education & Macmillan, New York.

[301] Spencer, J.R., 1971. The university museum: accidental past, purposeful future? *Art in America,* 59: 16.

[302] Spronsen, J.W. van (ed.), 1998. *Guide of European museums with collections on history of chemistry and of pharmacy.* Federation of European Chemical Societies, Antwerp.

[303] Stanbury, P., 1993. A survey of Australian university museums and collections. *Aesthetex - Australian Journal of Arts Management,* 5 (2): 10-32.

[304] Stanbury, P., 1997. Advocacy and planning. *CAUMAC News,* 6 (1): 1-4.

[305] Stanbury, P., 2000. University museums and collections. *Museum International*, 52 (2): 4-9.

[306] Stanbury, P., 2001a. University collections: from isolation to internationally accessible resources. Unpublished paper presented at the University of Valladolid, 21 September 2001.

[307] Stanbury, P., 2001b. Managing the visibility of university museum collec-

tions. In: M. Kelly (ed.), *Managing university museums: education and skills*, pp. 69-77. OECD, Paris.

[308] Stanbury, P., 2002. A panoramic view of university museums. *Museologia,* 2: 9-10.

[309] Stanbury, P., 2003a. University museums in active partnerships. *ICOM Study Series,* 11: 2-3.

[310] Stanbury, P., 2003b. Adding value to university collections. *Museologia,* 3: 1-4.

[311] Stanbury, P., 2004. A tonic for university museums-and for the nation. *CAUMAC Newsletter,* 12 (2): 3-9.

[312] Stanbury, P., 2005. UMAC: Information, ideas and international collegiality. In: P.B. Tirrell (ed.), *Proceedings of the third conference of the International Committee for University Museums and Collections (UMAC)*, pp. 1-3. Sam Noble Museum of Natural History, University of Oklahoma, Norman, OK.

[313] Standing Commission on Museums and Galleries, 1968. *Universities and museums: report on the universities in relation to their own and other museums.* HMSO, London.

[314] Standing Commission on Museums and Galleries, 1976. *Universities and museums: report on the universities in relation to their own and other museums.* HMSO, London.

[315] Stichting Nationale Plantencollectie, 2001. *De Nationale Plantencollectie. Beleidsnota 2001- 2005*. Wageningen.

[316] Stone, D.L., 1993. The campus art museum and its relationship to schools. *Visual Arts Research*, 19: 100-108.

[317] Stoop, E., 1999. *Universitaire collecties en cultuurschatten* 3. No publisher given.

[318] Strachan, I., 1979. Paleontological collections and the role of university museums. In: M.G. Bassett (ed.), Curation of paleontological collections. *Paleontological Association Special Papers in Paleontology,* 22: 70, 73-74.

[319] Such, M.M., 2003. Associación de Museos y Collecciones Universitarios Es-

pañoles. *ICOM Study Series*, 11: 21-22.

[320] Swanson, E.H., 1969. The precarious university museum. *Museum News*, 47 (8): 9.

[321] Tandon, O.P., 1983. University museum and the community. *Journal of Indian Museums*, 39: 72-76.

[322] Taub, L., 2001. Introduction: universities in Europe-the circulation of ideas. In: T. Bremer & P. Wegener (eds.), *Alligators and astrolabes: treasures of university collections in Europe,* pp. 9-14. Druckwerk, Halle.

[323] Taub, L., 2003. The history of science through academic collections. *ICOM Study Series*, 11: 14-16.

[324] Taylor, M., 2004. *Letter from Mark Taylor, the President of the Museums Association, to Paul Boateng, Chief Secretary of the HM Treasury in support of the Goodison Review.* http://www.museumsassociation.org/asset_arena/text/er/manews_paulboatengletter. doc, accessed 21 December 2004.

[325] Teixeira, C., 1982. O Museu Nacional de História Natural, O que foi, o que é, o que se impõe que venha a ser. In: Associação Portuguesa de Museologia (ed.), *Museus universitários. Sua inserção activa na cultura portuguesa.* Actas do Colóquio APOM, Coimbra. 29 November-3 December 1978, pp. 149-156. APOM, Coimbra.

[326] Theologi-Gouti, P., 2003a. Le musée de sciences et techniques: archives de la recherche universitaire ouvertes aux différents publics. *ICOM Study Series,* 11: 12-13.

[327] Theologi-Gouti, P., 2003b. Planning activities in a new university museum. *Museologia,* 3: 77-82.

[328] Theologi-Gouti, P., 2005. Meeting of the Greek University Museums and Collections. *UMAC Newsletter,* (January): 4.

[329] Tirrell, P.B., 1991. Travelling exhibitions as a strategy for university-state museums of natural history. In: P.S. Cato & C. Jones (eds), *Natural History Museums: Directions for growth,* pp. 159-170. Texas Tech University Press, Lubbock.

[330] Tirrell, P.B., 1994. Memote control: strategic planning for museums. *ACUMG Newsletter,* 1 (4): 2-9.

[331] Tirrell, P.B., 1998. Oklahoma Museum of Natural History. In: *Museum mission statements: building a distinct identity,* pp. 109-112. American Association of Museums, Washington DC.

[332] Tirrell, P.B., 2000a. Dealing with change: university museums of natural history in the United States. *Museum International,* 52 (3): 15-20.

[333] Tirrell, P.B., 2000b. A synopsis and perspective of concerns and challenges for the international community of university museums. *Curator,* 43: 157-180.

[334] Tirrell, P.B., 2001a. Travelling exhibitions as a strategy for university-state museums of natural history. In: P.S. Cato & C. Jones (eds.), *Natural history museums: directions for growth,* pp. 159-170. Texas Tech University Press, Lubbock.

[335] Tirrell, P.B., 2001b. Strategic planning and action for success in a university museum of natural history. In: M. Kelly (ed.), *Managing university museums: education and skills,* pp. 105-118. OECD, Paris.

[336] Tirrell, P.B., 2002. The university museum as a social enterprise. *Museologia,* 2: 119-132. Tirrell, P.B., 2003a. Emerging strengths and resources of university museums for meeting global challenges. *ICOM Study Series*, 11: 7-9. 209

[337] Tirrell, P.B., 2003b. Looking for a superhero: a discussion of the qualities, training and experience needed to be a university museum director. Museologia, 3: 55-64.

[338] Tirrell, P.B. (ed.), 2005. Proceedings of the third conference of the International Committee for University Museums and Collections (UMAC). Norman, OK.

[339] Tucci, P., 2000. *The universities' historical-scientific heritage: creating opportunities for research and public utility.* Unpublished paper presented at the XIX International Scientific Instrument Symposium, Oxford, 4-8 September 2000.

[340] Tucci, P., 2002. Role of university museums in disseminating scientific cul-

ture. *Museologia,* 2: 17-22.

[341] Turk, J., 1994. The future of pathology collections in the United Kingdom. *Museum Management and Curatorship,* 13: 259-299.

[342] UMAC, 2004. *University Museums and Collections: Importance, Responsibility, Maintenance, Disposal and Closure.* In UMAC, http://publicus.culture.hu- berlin.de/umac/guidelines.html, accessed 21 June 2005.

[343] University Museums Group, 2004. *University museums in the United Kingdom. A national resource for the 21st century.* Download at http://www.umg.org.uk/pages/advocacy.html

[344] University Museums in Scotland, 2004. *Opening doors to learning. University museums for 21st century Scotland.* Download at: http://www.dundee.ac.uk/umis/

[345] University Museums Project Committee, 1998. *Transforming Cinderella collections: the management and conservation of Australian university museums, collections & herbaria.* Australian Vice Chancellors Committee, Sydney.

[346] University Museums Review Committee, 1996. *Cinderella collections: university museums and collections in Australia.* Australian Vice Chancellors Committee, Sydney.

[347] Van den Driessche, B., 2000. University and universality in Belgium. *Museum International,* 52 (3): 38-44.

[348] Van den Driessche, B., 2001. Les musées de l' université. In: J. Roegiers & I. Vandevivere (eds.), *Leuven/Louvain- la- Neuve. Kennis maken/Aller Retour,* pp. 131-140. PUL, Leuven.

[349] Van den Driessche, B., 2002. Louvain-la-Neuve: là où l' Université Catholique de Louvain a créé une ville avec son musée. *Museologia,* 2: 61-70.

[350] Van den Driessche, B., 2005a. Musées et collections universitaires. *Les Nouvelles du Patrimoine,* 107: 14-16.

[351] Van den Driessche, B., 2005b. Le patrimoine culturel scientifique de l' UCL. *Les Nouvelles du Patrimoine,* 107: 24.

[352] Vandevivere, I., 1979. Le musée de Louvain-la-Neuve. *Vie des musées*, 2: 22-30.

[353] Vandevivere, I., 1996. Musée erratique. *Courrier du passant,* 45 (Feb-Mar): 2-6 (see also http://www.muse.ucl.ac.be/Actualite/Erratique.html, accessed 28 February 2002).

[354] Vandevivere, I., 2001. Le musée de Louvain-la-Neuve: un dialogue entre l' université et la cité. In: J. Roegiers & I. Vandevivere (eds.), *Leuven/Louvain-la-Neuve. Kennis Maken/Aller Retour,* pp. 141-144. PUL, Leuven.

[355] Verschelde, D., 2001. The challenge of the university museum. In: M. Kelly (ed.), *Managing university museums: education and skills,* pp. 37-43. OECD, Paris.

[356] Wakefield, D.W., 2002 *The modern role of the pathology museum.* Unpublished paper presented at the XXIV International Congress of the International Academy of Pathology, Amsterdam, 5-11 October 2002.

[357] Wallace, S.-A., 2000. From campus to city: university museums in Australia. *Museum International,* 52 (3): 32-37.

[358] Wallace, S.-A., 2002. Challenges facing university museums. *Museologia*, 2: 11-16.

[359] Wallace, S.-A., 2003a. Challenges for university museums: museums, collections and their communities. ICOM Study Series, 11: 28-30.

[360] Wallace, S.-A., 2003b. University museums at the crossroads. *Museologia,* 3: 5-8.

[361] Waller, B., 1980. Museums in the groves of academe. *Museum News*, 58 (1): 17-23.

[362] Warhurst, A., 1984. University Museums. In: J.M.A. Thomson (ed.), *Manual of curatorship: a guide to museum practice,* pp. 76-83. Butterworths, London.

[363] Warhurst, A., 1986. Triple crisis in university museums. *Museums Journal,* 86: 137-140.

[364] Weber, C., 2003. A renaissance of German university collections. *Museologia*, 3: 45-50.

[365] Weber, C. 2004. Universitätssammlungen und museen in Deutschland. In: *Ac-*

tes du Colloque: Le musée de sciences-dialogues franco-allemands, Munich 2003/Tagungsband: Wissenschaftsmuseen im deutsch-französischen Dialog, München 2003, pp. 33-39. OCIM, Dijon.

[366] Weber, C., 2005a. University collections as a tool for teaching multimedia literacy. In: P.B. Tirrell (ed.), *Proceedings of the third conference of the International Committee for University Museums and Collections* (*UMAC*), pp. 73-75. Sam Noble Museum of Natural History, University of Oklahoma, Norman, OK.

[367] Weber, C., 2005b. *University collections in Germany: Research on their holdings and history.* Unpublished paper presented at the UNIVERSEUM Meeting, 1-3 July 2005, University of Tartu, Estonia.

[368] Weber, C. & M.C. Lourenço, 2005. *UMAC Worldwide Database. In: P.B. Tirrell (ed.), Proceedings of the third conference of the International Committee for University Museums and Collections (UMAC)*, pp. 43-46. Sam Noble Museum of Natural History, University of Oklahoma, Norman, OK.

[369] Weeks, J., 2000. The loneliness of the university museum curator. *Museum International,* 52 (2): 10-14.

[370] Wijgergangs, A. & I. Kati, 1996. Guide to veterinary museums of the world. *Historia Medicinae Veterinariae*, 21 (special issue).

[371] Willett, F., 1986. The crisis in university museums in Scotland. *Museums Journal,* 86: 141- 144.

[372] Williams, S., 1969. A university museum today. *Curator,* 12: 293-306.

[373] Willumson, G., 2000. The shifting audience of the university museum. *Museum International,* 52, (2): 15-18.

[374] Wilson, R.C., 1988. Obscured by ivory towers: the dilemmas of science collections on campus. *Museum News,* 67 (2): 49-50.

[375] Wittkower, R., 1968. The significance of the university museum in the second half of the twentieth century. *Art Journal,* 27: 176-179.

[376] Yerbury, D., 1993. University museums and collections. *Aesthetex: Australian*

Journal of Arts Management, 5 (2): 1-9.

[377] Yerbury, D., 2001. The Cinderella Collections: an Australian fairy story. In: M. Kelly (ed.), *Managing university museums: education and skills*, pp. 55-67. OECD, Paris.

[378] Zeller, T., 1984. Art museum educators: art historians, curators, or educators? A question of professional identity. *Curator,* 27: 105-123.

[379] Zeller, T., 1985. The role of the campus art museum. *Curator,* 28: 87-95.

[380] Zeller, T., 1986. Art Museums in academe. *Association of College and University Museums and Galleries Newsletter,* 3: 1.

[381] Zonta, C.A., 2002. The history of European universities: overview and background. In: N. Sanz & S. Bergan (eds.), *The heritage of European universities,* pp. 25-37. Council of Europe Publishing, Strasbourg.

第五章　我们现在到哪儿了？大学收藏及其三大使命：研究、教学和公开展示

“我觉得它们（当代的‘新奇事物’）从本质上来说并不新奇，实际上只不过是发生了细微的变化……”。

——豪尔赫·路易斯·博尔赫斯

在过去的二十年里，有三大变化日益明显：（1）许多大学收藏似乎不再频繁使用，即便有使用也并非用于教学和研究；（2）更多大学似乎正在处置其收藏和关闭其博物馆；（3）与此同时，许多大学正在开发替代的组织和管理模式，使其收藏能够融入新建博物馆之中（许多尚未如此的大学似乎也正在考虑在不远的将来予以跟进）。乍一看，这些趋势似乎本质上存在矛盾，但它们却紧密交织。

在许多方面，过去的五年对大学博物馆及其藏品来说都是变幻莫测的。一方面，20世纪80年代有关第一代大学收藏的“危机”加剧了。另一方面，经过一段时间的相对扩张，第二代收藏和博物馆现在似乎正在经历僵局。最后，大学本身也发生了重大变化。

大学博物馆正在经历一个协调、合作和激烈争辩的阶段且尚未结束。主要挑战包括：越来越远离教学和研究、缺乏资金、缺乏工作人员及其职业道路机会、专业标准不足（包括重大道德问题）、缺乏明确清晰的管理结构，以及缺乏明确的身份定位和战略。本章将讨论这些发展趋势，以便回顾大学收藏三大使命（教学、研究和公开展示）的现状。数据主要通过实地调查、文献检索收

集获得。本研究将检视教学和研究（第一代和第二代收藏），并概述公共服务的最新趋势。

5.1 让“危机”归位

大学收藏的“危机”往往以一种简单的方式呈现，与教学和研究使用的减少或其他因素（如大学管理者忽视了收藏）存在因果关系。然而，这场“危机”或许更多关乎大学，而非关乎博物馆。

当讨论大学收藏面临的挑战时，我们不可能忽视当今大学面临的挑战。大学是与时俱进的机构。它们与时俱进，是因为它们由科学、工程、艺术和人文学科知识的进步所驱动。它们与时俱进，也因为它们反映和适应着社会的变化。欧洲大学在过去的二三十年里一直面临着重大改革，它们根据就业市场的需求调整了课程，并以更加功利实用的和利于就业的方式重新定义了自身的使命。它们也越来越多地被要求为地方和区域经济发展作出贡献，如与当地各行各业建立更紧密的联系。由于人口因素或公众吸引力降低，一些课程最近面临着学生人数减少的问题。欧洲大学或许比以往任何时候都更需要在国际舞台上竞争，尤其是与北美大学竞争。今天的大学，要求涵盖方方面面，有的却完全相反：精英化发展和大众化发展，专才教育和通才教育，产出研究和提供就业，全球竞争和本土关怀。

欧洲大学被要求提供这项复杂而宏大的科学、经济和社会议程。但与此同时，政府对每个学生的资助却减少了——在一些国家（例如英国），在过去的二十年里资助几乎减少了一半（Boylan，2003）[①]。据《世界报》（*Le Monde*）报道，巴黎第十一奥赛大学（Université d' Orsay-Paris XI）2003年年度预算仅占其运营成本的81%。2003年1月，奥赛关闭了两周以节省取暖燃料和水。图卢兹保罗·萨巴蒂埃大学（University of Toulouse Paul Sabatier）也宣布要采取类似的措施[②]。2004年，哈雷-维滕贝格大学的预算削减达10%。德国历史上第一次就高等教育是否是一项普遍权利展开辩论（P. Wegener，2004）。今天，从

① 目前，大多数欧洲大学不收学费（或只是象征性的）。即使要收费，也比美国的学费要低10到20倍。

② 奥赛大学因缺乏资源而关闭十五天，《世界报》，http://www.lemonde.fr/web/ article/0,1-0@2-3226,36-306698,0.html，访问于2003年2月13号。

里加到都柏林，欧洲大学正在经历双重危机：身份和目标危机，以及资源危机。大学“危机”的原因似乎主要不是科学上的，而首先是政治和经济上的。

院系——通常是整个系——正在被淘汰，新的院系正在创建，同时所有大学都正在合并。在英国，这种变化目前更加明显，卡迪夫大学于2004年8月与威尔士大学医学院合并。不到三个月，这两所曼彻斯特的大学合并成了一所“超级大学”。根据英国广播公司2004年12月的一项调查，每五所大学中就有一所，在2004年关闭或缩小院系规模，或计划在2005年这样做。这包括安格利亚理工大学（Anglia Polytechnic University）的化学系，埃克塞特（Exeter）的化学系、音乐系、认知科学和创造性写作系，金斯敦（Kingston）的法语和西班牙语系，帝国学院（Imperial College）的农业科学系[①]。同一项调查表明，其他学科和院系也在创建中——伦敦经济学院（London School of Economics）的风险和随机学专业、格洛斯特郡大学（University of Gloucestershire）的数字媒体等新学科，以及达勒姆大学（University of Durham）的物理和化学等更“经典”的学科，帝国学院的环境科学，纽卡斯尔大学（University of Newcastle）的应用物理和苏格兰佩斯利大学（University of Paisley）的动物学。淘汰课程并创造其他课程并不新奇。看似新奇的是，大学作为一个提供广泛学科的机构，这一百年理想逐渐中断了。当今的英国大学似乎专攻战略性知识领域，这一趋势在其他地方也很明显，例如在荷兰。

毫无疑问，各种规模和类型的大学收藏都可能受到影响。这一点很重要，因为人们似乎普遍认为，只有不再用于当今教学和研究的大学收藏才会受到忽视。一所大学可能会忽视甚至想要丢弃一批地质学、考古学、医学史或艺术史藏品。罗伯特·科赫博物馆是一座历史博物馆，主要展现柏林洪堡大学罗伯特·科赫的生活和工作，目前正前途未卜，因为该大学出售了它所在的建筑（W. Donath，2005年7月12日）。即使是资金充足的大学博物馆也不能幸免，例如哈佛大学（Temin，2003）。事实上，一个博物馆，即使它被积极地用于教学和研究，大学也有可能想要丢弃它。

① 大学确认科目削减。BBC网站，http://news.bbc.co.uk/1/hi/education/4105961.stm，访问于2004年12月21日。

当前大学收藏的“危机”必然与更普遍的大学“危机”有关，后者的根源主要是经济上和政治上的。因此，在将大学收藏目前面临的挑战和问题归因于纯粹的科学环境时，需要更加谨慎。在继续讨论大学收藏的使用（或不使用）之前，澄清这一点很重要。

5.2 第一代收藏:研究

“对于大多数人来说，破坏书籍被普遍认为是野蛮的象征。例如，1914年德国军队烧毁比利时鲁汶天主教大学的图书馆，在全世界不仅被视为恐怖行为，而且被视为不顾后代的行为。(…) 1992年巴尔干战争期间萨拉热窝主图书馆的破坏（…）被许多人视为冲突中最悲惨的事件之一（…）。即使我们有理由哀叹现代社会的大部分反智主义，但西方文化最珍视书籍和图书馆，将其视为文明、人性和知识自由的象征。因此，令人惊讶的是，我们基本上没有看到对其他现有知识和潜在知识的威胁。

——沃伦·D·阿尔蒙

任何比细胞更大的东西都无法获得资金，而且似乎许多科学家确实认为分类学是维多利亚时代的一种古怪的追求。

——E.保罗斯

20世纪下半叶，第一代大学收藏在教学和研究方面的使用量大幅下降。据文献记载，自然历史和医学收藏的下降通常是从1950年代开始的，考古学和人类学收藏的下降是从1960年代开始的。但是，应区分由研究产生的收藏（例如硕士和博士论文，由实地工作产生或与之相关的专著）和收藏研究。数据表明，前者的下降比后者更为明显。除非另有说明，否则我在下面指的是收藏研究，即使用现有收藏进行的研究。

在这项研究的初始阶段，来自比利时、丹麦、芬兰、意大利和英国的54所大学博物馆被问及，当时是否有对其收藏进行任何研究。有17所进行了正面答复（共37所受访），其中一份答复来自自然历史博物馆。从第一代收藏中摘录的答复如下：

只是学生的学习研究。没有此类真正的科学研究（在19世纪有过）。

——D.韦舍尔德，根特大学动物学博物馆（比利时），2000年12月6日

只是偶尔研究，因为缺乏对此感兴趣的研究人员。

——M.洛纽克斯，列日大学动物学博物馆（比利时），2000年12月8日

以前曾有过研究，现在没有了。

——M.扬古，奥古斯特·勒梅尔动物学博物馆，布鲁塞尔自由大学（比利时），2000年12月11日

尚未对藏品进行任何研究。它是一种教学和学习资源，因此它经常被教学人员和学生使用用于教学。

——J.尼科尔斯，骨头和模型收藏，西英格兰大学健康与社会护理学院（英国），2000年12月14日

过去曾对一些脊椎动物材料进行过研究，尽管我不知道研究成果是由谁在哪里发表的。

——P. 考特，布里斯托尔大学生物收藏（联合王国），2000年12月15日

没有研究。不幸的是，鲁汶无脊椎动物收集的情况是戏剧性的！此外，地理系将于明年关闭。

——L.汉斯，无脊椎动物古生物学收藏，鲁汶天主教大学(比利时),2001年2月26日

在第一代收藏中，自然历史收藏——包括动物学、植物学、地质学收藏——无疑是受影响最严重的，原因有二。首先，自然历史收藏代表了大多数大学的收藏；其次，它们的存储需要相当大的空间。

在过去的25年里，已经充分讨论过自然历史收藏的“危机”(Ricklefs，1980；McKitrick，1981；Olson，1981；Bryant，1983；Alberch，1993；Mares，1993；Seymour，1994；Winker，1996；Herbert，2001；Maigret，2001；Godfray，2002；Dalton，2003；Krishtalka，2003；Miller et al.，2004；Wheeler，2004；Wheeler et al.，2004)，这不是为了说明分类学和自然历史收藏与科学特别是当代社会的相关性——它们的重要性以前已经得到充分强调（Bartholomew，1986；Nicholson，1991；Cato & Jones，1991；Cusset，1995；Tassy，1995；Nudds & Pettitt，1997；Brown，1997；Krishtalka & Humphrey，2000；Ray，2001；Jonaitis，2003；Suarez & Tsutsui，2004；Allmon，2005；Mares，2005）。

我也不会评论自然历史收藏对当代解剖学家、兽医、医生、分子生物学家、生态学家、考古学家、毒理学家、病毒学家、环保主义者的重要性，更广泛地说，对于农业、公共卫生和安全、气候研究以及一系列其他领域的重要性。此外，我不会反复强调自然历史收藏通常用于分子生物学研究，作为DNA（Houde & Braun，1988；Graves & Braun，1992；Leeton et al.，1993；Payne & Sorenson，2003；Hewitt，2004）和古代DNA的存储库（Pääbo，1993；Poinar，1999）。我不会争辩说，通过继续收集组织、血液和分子提取物（蛋白质和核酸）的遗传资源收藏，自然历史博物馆"履行了道德义务，在世界消失之前尽可能多地保存有关我们世界遗传多样性的信息"（Sheldon，2001）。或者说，一些最好的收藏仍然放置在博物馆的展柜里——数以百万计的分类群在很久以前仍然没有被描述或未充分描述，以至于迫切需要重新描述。新类型的标本、新的分类群（包括更高的分类群，如传统的"科"和"目"）在几十年来留在博物馆的标本中，不断被发现（Whitfield，2002）。

最后，我不会强调"无论博物馆中有多少信息是基于数据的，或者扫描了多少标本并将高分辨率图像发布在万维网上，收藏的最终价值在于标本。对于研究人员来说，它们仍将是识别或字符表达问题的终极决定因素；对于儿童和成人游客来说，它们仍具有独特的吸引力"（Wheeler，2004）——这一说法同样适用于考古学和人类学文物，以及许多医学收藏。自然历史收藏源于多种理论和应用目的，所以欧洲和美国的一些大学，可能会在未来几十年内以最困难的方式才会意识到这一点（即在它们忽视其收藏或完全处置它们之后）。

自然历史收藏用于研究减少的原因在科学、社会、经济和政治方面很复杂，并且在文献中得到了广泛的讨论。经常提到的原因是：（1）生物学的最新发展（分子生物学以及生态学、行为学、人口研究）大大盖过了大学这一"完整有机体"的研究和教学，以及进行商业支持的应用研究所面临的压力（Shaw，2002）；（2）维护大量标本的成本；（3）反对收集某些脊椎动物群体（如哺乳动物和鸟类）。据一些作者称，这可能构成社会和政治误解，缺乏科学依据和可信度（Winker et al.，1991；Remsen，1995；Patterson，2002；Krell，2004）；（4）分子生物学和分类学之间的误导性竞争（Wheeler，2004），好像前者已经产生以取代后者，加上一系列相关的误解，例如认为DNA条形码将

取代标本，而条形码只是“产生信息，而不是知识”（Ebach，2005）；（5）渴望遵循最新的流行趋势（Heads，2005）。

在过去的二十年里，这些因素导致了对自然历史收藏的忽视，最好的情况是业余主义和“邮票收藏”（Bateman，1975），最坏的情况是布满灰尘，沦为无用的材料。根据梅尔斯（2003）的说法，大学博物馆专业人士本身就是部分原因。都灵大学动物学博物馆馆长彼得·帕瑟林·德恩特雷夫斯教授（Professor Pietro Passerin d' Entrèves），解释了这种忽视对日常学术生活的影响：

学生对系统学毫无兴趣，尽管系统学仍然是都灵大学生物学学位的一部分。有时我有一位博士生和我一起工作（当然是保护或生态学研究），他或她会得出一些有趣的分类学结果。因此，我鼓励他们发表文章。他们问我“你建议我们可以在哪里发表呢?”我说，“显然这是××××一个系统学期刊的主题”。他们变得非常痛苦，不想让这篇文章发表在该期刊上，甚至有时建议将它发表在保护研究的期刊上，因为科学引文索引（SCI）[①]……我自己，做昆虫的系统学。现在我正处于职业生涯的顶峰，但在我从副教授晋升为正教授的过程中，评审委员会中有一位同事说我所做的“是不引人注目的，因为它没有花多少钱”。对于系统主义者来说，这就是当前的情况。当然，博物馆也会遭受影响。

——彼得·帕瑟林·德恩特雷夫斯（P.P. d' Entrèves），2003年4月4日采访。

忽视大学自然历史收藏的长期后果很难预测，但它们已经显现且很显著。由于缺乏学生，一些院系（地质学、古生物学和矿物学，例如在荷兰和比利时）最近被关闭，其他院系已经重组并更名。博物馆与院系之间的联系已经减弱，在某些情况下被打破，并且使用收藏作为教学和研究主要来源的学科从研

① 科学引文索引(SCI)是一个数据库,用于跟踪科学期刊中的哪些文章引用了哪些其他文章。这些期刊是根据有争议的“影响因子”进行排名的,这在实践中意味着某些科学的排名高于其他科学。例如,平均而言,医学期刊的影响因子高于数学期刊,分子生物学和保护期刊的影响因子高于分类学或系统学期刊。科学引文索引(及其对艺术和人文学科等价效果)对已发表的科学研究的感知和评估方式具有巨大影响。因此,对大学的研究评估过程和职业发展,并最终对大学收藏,产生巨大影响。详情请见http://isiwebofknowledge.com/,访问于2005年6月20日。

究生课程中删除或沦为选修课[1]。在一些大学中，从事传统基于收藏的工作人员——如策展人兼教授、动物标本制作者、博物学家——退休后没有人替代，而在其他情况下，这些职业不复存在[2]。对空间持续的需求和对建筑物的管理，也给博物馆和收藏带来了压力。收藏散落了，由于出售建筑物或被并入老牌大学，最终的“大学黑洞”（老牌大学以其强大的引力场而闻名，一切都会被吸引进去，没有任何东西逃脱）。有关大学自然历史藏品“危机”的文献，请参阅例如布莱克（1984），豪森（1986），梅尔斯（1988，1999，2003），梅尔斯和蒂罗尔（1998），克莱克（2003），格罗普（2003），Simpson（2003a，b），Kriegsman（2004），and Hutterer（2005）．（2003），辛普森（2003a，b），克里格斯曼（2004）和胡特尔（2005）。

仅在2003年，美国至少有14所大学博物馆面临关闭的威胁（E. Farber，2004年1月13日）。几乎一半的博物馆被关闭或藏品散落，包括阿肯色州和内布拉斯加州大学重要的自然历史博物馆。2000年，辛辛那提大学无脊椎动物古生物学藏品，被转移到辛辛那提博物馆中心（前身为辛辛那提自然历史博物馆）（Sumrall et al，2000）。2004年，范德比尔特大学（田纳西州纳什维尔）放弃了他们的古生物学藏品，一些到转移当地博物馆，一些到转移另一所大学（田纳西大学马丁分校），其余藏品的命运仍然未知（J. Hecht，2005年4月7日）。美国博物馆协会（AAM）认为情况严重到足以发布声明，这是该组织历史上第一次发布关于大学藏品的官方立场声明。

欧洲的情况也很严重，应该比迄今为止更多地引起博物馆界的关注。在参观的几个博物馆中，储存条件若非眼见，实难置信：由于缺乏空间，标本被包装在从地板堆到天花板的盒子里，几十年来没有打开，在没有窗户，潮湿的地窖或阁楼中，标本被害虫严重损坏，很少能达到符合研究人员或公众访问的最

① 在里斯本大学，系统学于1980年代淘汰（或者更确切地说，“埋葬”在“生物思想和系统学史”这一更具概括性的名称下）。而在其他几所欧洲大学，它已成为生物学学位的选修课（如帕维亚大学）。古生物学在荷兰不再作为学位课教授，在整个欧洲，矿物学学科今天几乎从高等教育课程中消失了，大多数矿物学大学藏品都是为了大学教学而孤立的（尽管不一定用于研究）。

② 在葡萄牙的大学里，“博物学家”的职位在1970年代被取消。当时，博物学家可以选择融入研究事业，许多人都这样做了。然而，对研究事业的评估很少包括或奖励基于收集的工作。大多数意大利大学的管理员（conservatores）职位也出现了同样的情况。今天，一些博物学家和管理员仍在工作，但即将退休。

低标准。成千上万的标本和文物由一个人看护或根本没有人看护。在缺乏这种基本需求和条件的情况下，基于收藏的研究更是想都别想。

收藏研究，尤其是自然历史中的收藏研究，与研究行为有着内在的联系，以至于策展这个词事实上就指研究。它们的存在并不一定能产生研究。但无论出于何种原因，在没有积极策展的情况下，收藏就会变得不可靠，其科学品质会随着时间的推移而受到侵蚀，收藏会不可避免地逐渐衰败，它们只能艰难地挣扎。加诸于它们身上的“不相关”也如同预言般应验了。

在前一章中，简要提到了因荷兰、德国和比利时的各院系关闭，而处于危险境地的藏品及其处置。一个特别具有说明性的例子，是阿姆斯特丹大学（University of Amsterdam，UvA），在过去的20年里，该大学实际上取消了其自然历史收藏，或者打算在不久的将来这样做：

（1）1983年：地质学作为一门学科被废除（藏品无人看管）（Clercq，2003）；

（2）1988年：植物园的藏品被出售处理（成立了一个私人基金会对其进行维护）（Ursem，1994）；

（3）1993年：决定将三分之一的地质收藏捐赠给阿姆斯特丹动物园——2002年移交生效（Clercq，2003）；

（4）1998年：Pinetum Blijdenstein（针叶树植物园）被“出售”给植物园基金会；

（5）2002年：弗吉尼亚大学与莱顿国家自然历史博物馆（Naturalis）签署了一份意向书，根据荷兰皇家科学院的建议，预计2006年将动物博物馆90%的收藏（1300万个标本）转移到莱顿国家自然历史博物馆，即荷兰的系统动物学应该集中化（W. Los，2003年5月11日面谈）；请注意，在撰写本报告时，尚未决定实际转让；

（6）2003年：其余三分之二的地质收藏中有一部分分散在国家自然历史博物馆、马斯特里赫特和奈梅亨的当地自然历史博物馆以及在万隆的印度尼西亚地质局，其余的被处置（Clercq，2003）[①]。

其他大学正在内部转移和重组藏品，例如将它们与院系分开或将其用于纯粹的展览中。我将在专门讨论第三使命的一节中讨论这点。

① 2003年4月28日，在莱顿自然科学博物馆举行了转移会议，我也出席了该会议。

尽管未来会产生后果，特别是在地质学家、植物学家、动物学家、解剖学家和古生物学家的培训中，但重要的是要将大学自然历史收藏的“危机”置于更广阔的视野中。

首先，这里所说的大部分内容同样适用于非大学博物馆。自然历史收藏的“危机”是一个世界性的现象[①]。此外，普遍缺乏资源和吸引力，加上在超级饱和的文化市场中竞争日益激烈，导致许多地方和国家的博物馆处于弱势地位。无论学科如何，博物馆的背景和基本职责（例如研究和藏品保存）都受到特别的影响。据最近的报道，德国巴登 - 符腾堡州科学研究和艺术部博物馆和美术馆馆长，“明确表达了这样一种观点，即对于博物馆来说，收藏、保存和研究‘出局’了。此外，整个博物馆业务‘必须变得更便宜’”（Krell，2004）。如果我们在这一大环境下再考虑到大学的“危机”，那么这么多大学藏品的问题就不应该完全出人意料。

其次，处置大学自然历史收藏并不新奇[②]。关于机构丢弃藏品的可靠记录难以找到，但口头记录如此之多，以至于有理由得出结论，这种情况并不罕见。1970年，博洛尼亚大学的动物学收藏被转移到国家野生动物研究所（Istituto Nazionale per la Fauna Selvatica（Ozzano dell'Emilia））（Roselaar，2003；O. Negra，2005年4月4日）。1977年，更多的研究收藏被转移，博洛尼亚大学基本上只剩下展示材料（Scaravelli & Bonfitto，1993）。1972年，锡耶纳大学（1900—1930）的动物学收藏被转移到物理科学学院（Roselaar，2003）。这些收藏现在位于学院自然博物馆，由锡耶纳市管理。1979年，都灵大学将其动物学收藏转移到自然科学区博物馆（P.P. d' Entrèves，采访于2003年4月4日）。就收藏而言，近代的一个重大人为悲剧是欧洲最古老的大学之一鲁汶天主教大学（比利时，1425年）的分裂，纯粹出于政治原因。1968年，它分裂为鲁汶天主教大学（法语）（Université Catholique de Louvain）和鲁汶天主教

① 在欧洲，也许第一个受到严重打击的主要自然历史博物馆是伦敦的自然历史博物馆（一个非大学博物馆）。1990年，博物馆宣布裁员，原因是员工过剩和“博物馆科学活动的革命性重组”（匿名，1990b，另见匿名，1990a）。给出了两个原因：外部缺乏政府资金，以及内部未能认识到基于藏品研究的重要性。此后几年，情况有了很大改善（Thackray & Press，2001）。

② 除了处置之外，还有一些问题，是一些教授将藏品视为个人财产。我听说有几个教授退休并带走了“他们的”收藏的案例。

大学（荷语）（Katholieke Universiteit van Leuven），导致其遗产、书籍、档案和收藏的任意划分（Aubert，1998）。收藏分散时，其效果大不如前。[①]

停滞不前、缺乏资源和遭到忽视，也不是最近才出现的现象。阿什莫林博物馆在开放一个世纪后便停滞不前，不再对牛津课程做出任何重大贡献（MacGregor，2001）。即使在黄金时代（1800年代至1940年代），也有报道说自然历史类的大学收藏没有被用于教学和研究。1924年，弗兰克·C·贝克指出："美国有两百多所大学和学院（自然历史类）博物馆。其中，只有十几所以令人满意的方式运作，绝大多数作为实际教学的辅助手段几乎没有价值。……今天，在许多机构中都可以发现，藏品布满灰尘，遭受忽视，默默见证了伟大而不复存在的过去"（Baker，1924）。同样，密歇根大学安娜堡分校自然历史博物馆馆长亚历山大·鲁斯文（Alexander Ruthven）报告了被忽视、缺乏吸引力和资金匮乏的情况，教职员工甚至用轻蔑的词汇提到博物馆。他指出，一位大学管理人员曾对当地一家报纸说，大学应该通过取消博物馆来削减开支，因为这是"一个不必要的部门"（Ruthven，1931）。更重要的是，"大学的秘书习惯于问每个新馆长何时终结博物馆，以便解雇工作人员"。[②]佛罗伦萨大学自然历史博物馆在其官方网站上直言不讳地宣称："在20世纪上半叶，博物馆失去了自主权，……更加依附于研究所，而且经常被剥夺资金、空间和人员"。[③]在浏览20世纪初博物馆馆长的信件及其年度报告时，人们经常会发现有证据表明其工作条件极差。

---

① 在1968年的美国，美国博物馆协会（AAM）对博物馆进行的一项全国性重大调查《贝尔蒙特报告》（*Belmont Report*）》，报告说："尽管由于当今强调分子生物学而不是分类生物学训练，大学倾向于丢弃其自然历史藏品，但今天美国校园内的科学博物馆比其他任何一类博物馆都多"。1957年，加州理工学院（CalTech）将其脊椎动物古生物学藏品，出售给洛杉矶县博物馆（Glowiak & Rowland，2003）。

② 被忽视的迹象可能可以追溯到更久以前。科尔施泰特（1988）指出，在他们的早年（即19世纪初），大学和学院的自然历史藏品"在校园中的地位不确定；它们被认为在某种程度上很重要，但它们很少拥有永久分配的空间或保证每年的维护费"（Kohlstedt，1988）。她抄录了普林斯顿大学档案馆1812年3月15日的一份报告，其中一位教授说："关于珍奇百宝屋自然历史藏品……我发现它的状态真的很令人沮丧——房间里布满灰尘；而这些易腐烂的珍奇藏品（其中许多）都未得到修复……"（Kolhstedt，1988）。

③ 佛罗伦萨大学科学史博物馆，http://www.unifi.it/msn/history/hifr_eng.htm，访问于2002年9月7日。

第三点在于，所谓的“危机”可能并不像某些人暗示的那样简单明了。明确这一点有助于我们正确看待问题，资金确实很少，但我遇到了几个动物学、古生物学和地质学博物馆，其收藏被积极用于教学和研究，馆内标本被积极交换，高质量的基于收藏的科学论文和博士论文稳定发表。这些当中包括小型和大型的博物馆，例如剑桥大学的动物学博物馆，莱顿大学的植物标本馆（荷兰国家植物标本馆的一部分），莱比锡大学的植物园和植物标本馆，柏林洪堡大学的动物声音档案馆，柏林 - 达勒姆植物园和柏林自由大学的博物馆，莱顿大学的植物园，都灵大学的植物园和人类古生物学实验室，牛津大学博物馆，巴黎国家自然历史博物馆，曼彻斯特大学曼彻斯特博物馆和阿姆斯特丹大学动物学博物馆。[①]其中许多博物馆都在高水准的科学期刊上发表文章。在其他情况下，策展人认识到，由于几十年的关闭状态，他们的收藏没有被使用，标本被装在盒子里，缺乏适当的策展。他们表示，希望一旦藏品被编目并广为人知，它们的使用将会变得频繁（C. Violani，F. Barbagli，C. Rovati，采访于2003年3月24日）。具有重要历史价值的自然历史收藏也用于研究科学史，例如博洛尼亚大学的阿尔德罗万迪植物标本馆（A. Magnalia，采访于2003年3月13日），帕维亚大学的自然博物馆（F.Barbagli，访谈于2003年3月24日），剑桥大学塞奇威克博物馆（M. Dorling，访谈于2002年11月12日）和巴黎矿业学院博物馆（L. Touret and J. Touret，访谈于2002年6月21日）等馆藏。

简而言之，就使用自然历史大学收藏进行研究而言，情况在某种程度上令人困惑。部分原因是条件正在迅速变化，部分原因是一些事实似乎相互矛盾。一方面，基于标本研究的使用和资助存在全球性的“危机”，其原因和后果已在文献中得到广泛讨论。许多大学博物馆被忽视，处于关闭状态，其藏品保护面临严重的问题，有些正在转移和重组，基于第三使命被“选中”，分散或丢弃。另一方面，许多大学博物馆及其藏品，似乎没有受到“危机”的影响（或者可能已经克服了它），并且积极参与研究和教学。他们成功的关键，似乎是

① 除了其藏品的质量和范围（约35,000个全息模型，并且该系列在昆虫和软体动物方面特别强大，因为它覆盖了整个世界），阿姆斯特丹大学的动物学博物馆活跃于研究生教学、理论研究和应用研究，每年有约700名访问研究人员，并积极参与收藏。它从外部资金来源（荷兰科学基金会、欧盟委员会和其他赞助商，主要是工业）筹集了50%的预算（W. Los，采访于2003年5月11日）。值得注意，阿姆斯特丹大学计划在未来几年内处置该博物馆的90%藏品。

对当前研究政策和资金的创新适应，在保护、生态学①、生物信息学、分子生物学和应用科学方面开辟了新的研究前沿，同时保持了分类学研究。系统学方面的国际合作尤为重要，许多大学博物馆已经建立了富有成效的伙伴关系，以加强收藏研究和可访问性。对于已经关闭了几十年的博物馆来说，改善基于收藏的研究不可避免的第一步是通过减少积压，让研究人员知道收藏的存在，且能接触到收藏，这几乎是从零开始的，这目前正在爱沙尼亚塔尔图大学和意大利帕维亚大学的自然历史博物馆实施。与此同时，也有一些大学收藏和博物馆的例子，尽管这些博物馆在研究和教学中很重要且活跃，但仍受到关闭的威胁。这似乎证实，问题的根源是非科学性的原因，因此超越了使用或不使用的问题。显然，在许多情况下，需要深刻的反思和长远的眼光。在许多情况下，藏品被选择是有益的，可以大大提高其使用率。应该注意的是，今天大学或许不再拥有胜任的员工来评估、挑选，并最终出售收藏。

其他类别研究收藏的情况似乎并不那么严重，可能是因为“危机”没有被普遍化，但也可能是因为丢弃一系列岩石的“感觉”与丢弃伊特鲁里亚花瓶或巴布亚新几内亚的乐器有很大不同。

在人类学中，自1960年代以来，大学收藏用于研究的频率似乎一直在下降（Collier，1962；Parr，1963；Sturtevant，1967）。有趣的是，1968年5月至6月，法国学生要求“访问人类学博物馆收藏并介绍他们的研究”（H. Balfet，1967）。斯特蒂万特（1967）对美国、英国和法国的三种主要人类学期刊进行了调查，发现前一年发表了65篇关于民族学主题的论文。其中，只有五篇涉及物质文化，其中三篇以实地观察为基础，并未提及藏品。他总结道：“如果没有博物馆藏品，绝大多数（65篇中有60至63篇）本来可以写出来的”（Sturtevant，1967）。在目前的研究过程中，我观察到，除了少数例外，大学人类学和民族学的收藏很少用于研究或高级教学，很少鼓励学生将它们用于专著或论文撰写——用一位策展人兼研究员的话来说，“缺乏信息和吸引力(par manque d'information et manque d'intêret)”(M. Girotti，2003年4月1日采访)。

① 其中许多举措都可由规模较小的大学博物馆进行。例如，塔尔图大学的自然历史博物馆在生态学家和分类学家之间开发了一个合作项目，以建立一个基因库。基因库（包括来自专家鉴定并存放在公共植物标本馆的标本的DNA序列）对于生态学家鉴定植物根部真菌非常重要（U. Kõljalg，2005年7月18日）。见UNITE，http://unite.zbi.ee/，访问于2005年7月20日。

原因包括“原始文化”等古典概念的衰落，加上向文化人类学的转向，社会和熟悉关系的重要性日益增加，以及从个人范式到社会范式的转变（Sturtevant，1967；L. Peers，访谈于2002年11月21日）或从人工制品到社会组织（Saville，2002），可与1950年代后期自然科学中从有机体范式转向人口范式相媲美。

在体质人类学中，使用收藏开展研究的下降始于20世纪50年代。在20世纪初，基于博物馆收藏和活人的骨骼测量学，是一个主要的研究领域。在20世纪50年代，人类遗传学和灵长类动物行为学等仅使用有限的（如果有的话）藏品的子专业变得流行，古典骨骼测量学和人体测量学几乎消失了（Sturtevant，1967）。对人类古生物学、古外经造影术和古病理学的研究，仍然依赖于骨骼材料，但是——除非规模和范围很大——较老的收藏很少作为古代人口的适当样本（Sturtevant，1967）。欧洲大学有数百个人类学收藏，其中大部分仅用于有限的古病理学、法医或家谱研究。这些收藏对大学来说是一个重大挑战。由于各院系和研究所的关闭以及工作人员的缺乏，他们前途未卜，引起了重大关注。与其他研究收藏相反，这些收藏无法通过公开展示轻松获得“第二次生命”，也无法以“正常”和简单的方式处理。大学工作人员应该日益意识到与保存、研究、教学和展示人类遗骸藏品有关的法律和道德问题。尚未这样做的国家，应对其高等教育机构、博物馆、研究实验室和科学院范围内的体质人类学收藏进行全面的全国性调查。虽然，我确实不大同意将大学收藏集中在一个地方（集中化档案的研究藏品）的想法，但在这种情况下，这个想法并不合适。

人们可能会认为某些学科（例如考古学）将主要基于收藏。然而，考古学收藏的情况似乎与人类学收藏的情况相似（Morgan，1972；Davies，1984；Hawkes，1982；Saville，1999）。根据萨维尔（2002）的说法，考古学经历了三个主要的认识论时期。“三个时代体系”，其分支以及对这些时期内区域差异的认识，导致了人工制品在建立“时间顺序视野，和从空间和时间定义考古文化”方面发挥了重要作用（Saville，2002）。在第一段时期，收藏在教学和研究中的作用非常重要。在第二段时期，文物被视为“技术发展和随时间变化的类型顺序”的证据（Saville，2002）。因此，收藏对于了解狩猎和贸易等活动至关重要。在过去25年左右的时间里，“注意力集中在对文物类型和群体的社

会、政治和经济解释，原材料开发和获取，以及对仪式活动的见解……使用二手数据而不是直接处理藏品”（Saville，2002）。[①]英国博物馆考古学家人数的普遍下降进一步加剧了这种情况。在所访问的大学中，很少有大学进行自己的考古发掘，但在德国（例如哈雷-维滕贝格大学、莱比锡大学）、芬兰（例如图尔库大学）、法国（例如斯特拉斯堡大学马克布洛赫大学埃及学研究所的埃及学收藏）、瑞典（例如乌普萨拉大学）甚至英国（例如里德埃及考古博物馆、伦敦大学学院）似乎被用于教学和研究。事实上，在与英国相似的国家下降幅度更大，“情况正日益再次逆转……因此，也许异化阶段即将结束“（A. Saville，2003年1月7日），这似乎证实了收藏的使用是由波动的趋势，而不是实际的科学动机驱动的。缺乏使用和缺乏科学相关性之间的因果关系，不仅不合理，而且可能是危险的，导致对收藏的去向作出临时决定。

5.3 第二代收藏:研究

“学者群体由两个群体组成，有人甚至可以说是两个派别。大学里的职位大多被那些喜欢称自己为历史学家的人占据；而在博物馆的办公室里，你会见到策展人。历史学家的研究方向从一般到特殊，从抽象到具体，从知识到实体。策展人则朝着相反的方向前进，两者大多都不会超过一半——顺便说一句，他们甚至没有见过面。

——M.弗里德兰德

从某种程度来说，对第二代收藏进行研究似乎更为容易：其使用量没有下

① 请注意，只能得出这些基于次要来源的理论见解，因为以前曾研究过主要来源。正如萨维尔（1999）所说，曾经有一段时间“有时，专业知识和资源使对象能够被适当地记录、研究和出版”（萨维尔，1999）。同样，惠勒（2004）指出，如果没有可用的背景知识，生命科学中的大多数当代分子研究对科学几乎没有价值，因为馆藏是经过研究、记录和出版的。事实上，“如果没有有趣的解剖结构或行为的历史背景知识，……分子系统发育对科学的兴趣很小或根本没有。……分子系统发育学家，实质上花费了自十六世纪以来形态学家积累的知识资本“（Wheeler，2004）。如果这些当代研究趋势，被几十年来在记录和研究藏品方面的差距所破坏，由于缺乏定期修订、专著和编目，或者完全丢弃藏品，这些当代研究趋势将会发生什么？

降，因为使用量从未多过（如果有的话）。正如林赛（1962）所说，“科学博物馆或历史博物馆的问题不在于历史学家已经远离它，而在于历史学家一开始就不曾主动承认问题的存在”。

一般来说，物理学、医学、生物学或技术学的历史学家不使用收藏作为主要的信息来源。尽管收藏与研究的相关性越来越强，至少在科学仪器的历史中，实验史和“表演性”科学史学等方法变得重要（Sibum，2000），但很少有历史研究是基于收藏或大量使用三维资源的。一般来说，历史学家主要和文字打交道，他们查阅书籍、文章、信件和其他档案来源。“词”和“物”之间的分离不仅限于大学藏品或科学史，还包括人类学、艺术史、社会史等研究。海丝特（1967）、弗莱明（1969）、格林纳威（1984）、鲁巴和金格里（1993）、科恩（1996）、金格里（1996）等之前曾讨论过这一点。

“词”与“物”分歧的核心，是西方文化中书面文字的“神圣性”，仿佛书面文字闪耀着客观和真理的光芒。最终，这种“神圣性”解释了我们为什么高度重视书籍，并在图书馆被摧毁时感到震惊和愤怒。这种鸿沟让人想起人类永恒的偏见，认为思想世界在智力上优于人造事物的世界，抽象优于具体，理论优于实践，纯粹研究优于应用研究或工程学。事实上，“词”与“物”的争论似乎是在博物馆背景下重新审视的2500年以来精神与物质对抗（Lourenço，2002）。

此外，可能还有其他分歧。鉴于大多数历史仪器和设备的收藏都是由物理学、医学、数学教授保存和收集的，个别教授可能会觉得自己在自己的科学部门被边缘化了。一位负责大学科学仪器收藏的受访者希望保持匿名，他说：“我在我的物理系中是一个无名之辈。在我的职业生涯中，我一直被边缘化，转而支持从事凝聚态物理学或粒子物理学的同事（匿名，2003）”。同样，米兰大学应用物理研究所布雷拉天文台全职教授兼天文台主任，帕斯夸莱·图奇解释说：“……标准和职业评估过程是相同的，但我们必须比其他同事多工作两倍才能达到同一职位。”（P. Tucci，采访于2003年3月25日）一些自然历史策展人表示，这与他们从生物学或地球科学系的其他同事那里得到的低评价惊人地相似。然而，在物理学或数学中，情况更加矛盾，因为许多科学家和工程师经常第一批站出来说“传统”历史学家（即来自“人文学科”）在研究科学

史时缺乏适当的科学培训。

对于第二代大学收藏，这些分歧带来了多方面的后果。第一，它们很少被学生、教师或研究人员使用，并且当没有被放在存储室或用来装饰办公室或走廊中时，大多数仅限于帮助完成第三使命，即公共展示。第二，许多策展人和维护人员在科学物质文化方面，没有接受过充分的培训（Taub，2003），这可能将他们的研究，限制在“编制清单的机制”（Fenton，1995）。第三，鉴于保存、研究和解释第二代收藏取决于教授的自愿倡议，如果他们没有受到自己科学部门的鼓励，收藏可能面临风险。

也有几种例外情况。在第二代收藏里，在所研究的几个博物馆中进行了基于收藏的研究，例如，艺术博物馆、布里斯托尔大学的戏剧博物馆、斯特拉斯堡大学路易斯巴斯德大学的科学园项目以及帕维亚大学历史博物馆。班尼特（1997）解释了，剑桥惠普尔博物馆和牛津科学史博物馆的科学仪器藏品如何在历史和科学的教学和研究中，发挥了重要作用，并且它们也是创建科学史相应学术部门的基础。牛津和剑桥的藏品继续在教学和研究方面发挥着重要作用，这种作用被传达给公众[①]。同样，帕维亚大学历史博物馆的伏特柜——那里的科学史有一位联合教席——在科学史的教学和研究中发挥了非凡的作用，为科学界和普罗大众提供了丰富资源的网络。这些包括围绕伏特藏品开发的3D物理概念动画，从（1）历史角度，（2）操作角度，以及（3）定性和定量方法（F. Bevilacqua，访谈于2003年3月20日）[②]。为多样化的受众提供基于收藏研究的阐释，需要大量的学术研究，这在学术事业中往往得不到认可。剑桥大学惠普尔博物馆鼓励历史和科学哲学系的学生，开展基于收藏的研究。这可能包括写一篇文章和为基本陈列开发一场展览。这里描述了所谓的“案例研究展示”之一（右侧详细信息）。学生整理陈列柜、选择藏品、并为其写标签。这篇文章展示在陈列柜旁边（图5.1）。

① 例如，在访问期间（2002年11月），惠普尔正在举办一个小型临时展览——双螺旋的表征——由该大学分子生物学实验室的分子生物学研究人员，索拉亚·德·查达雷维亚（Soraya de Chadarevian）和哈姆卡明加（Harmke Kamminga）构思和开发。科学史博物馆定期为公众举办基于藏品的演示（所谓的“席间漫谈 Table Talks”），以及其他基于藏品的特别活动和教育计划。

② 见伏特柜的资料，http://ppp.unipv.it/web/，访问于2005年7月9日。

图5.1　剑桥大学惠普尔博物馆“案例研究展示”柜
（照片经惠普尔博物馆的授权）

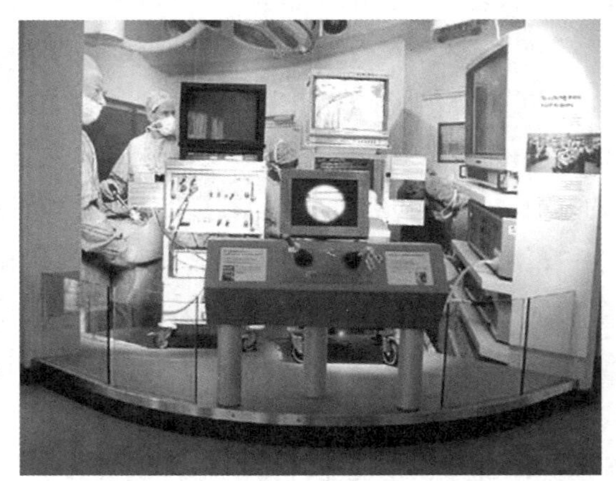

图5.2　在皇家外科学院亨特里安博物馆的新外科科学展厅
（照片来自亨特里安博物馆档案，爱丁堡皇家外科学院）

当第二代收藏与科学史院系相关或有一门支持科学史研究生的课程时，它们更有可能用于教学和研究吗？还是更有可能是个人主动性的问题？还是两者都有？这是一个值得在欧洲国家间进行比较研究的问题，例如皇家外科学院亨特里安博物馆的新外科科学展厅（图5.2）。

在第二代大学收藏的研究中，有三个方面没有得到历史学家和大学博物馆馆长的足够重视：作为教学和研究的有形标记所发挥的作用、语境留档的作用以及大学研讨会的作用。

无论是过去还是现在，模型在教学收藏中都很常见，例如巴黎法国国立工艺学院艺术博物馆（图5.3），图中左边是德尔斯波的螺旋楼梯模型（档案号：No. 7885）；右边是19世纪初克莱尔的詹姆斯·瓦特蒸汽机的演示模型（档案号：No. 5094-I），图片由费里奥特等人发表（1998）。

图5.3　巴黎法国国立工艺学院艺术博物馆收藏的两个历史模型
（H. Maertens，经艺术博物馆授权）

第二代大学收藏是教学和研究工具的历史收藏。在这些物品丢失背景并被纳入博物馆之前，它们被用于研究和教学——通常是用于实验室设备或课堂演示中。这些物品被研究人员、讲师和学生频繁、重复地使用，经过改造、改进和拆卸，直至面目全非。许多是从商业仪器制造商那里获得的，并在院系或研究机构的工作坊中被用于各种目的。其他的是在这些工作坊里构思和建造的。除了少数可以独立使用的演示模型或机器之外，它们几乎从未被单独使用过，通常结合成多个具有特定研究目的的设备。正如第四章所讨论的，这些实践可以追溯到18世纪的自然哲学陈列柜，并在大学的凝聚态物理、地球物理学、生物化学、眼科学、放射学和核医学等许多院系中一直保存至今。

这一过程的痕迹（通常长达几十年），可在仪器和设备中见到——物体带有教学和研究的有形标记。除了记录科学原理和概念，这些物体还必须讲述学习和了解科学原理和概念的故事。它们不仅仅是物理学史和医学史，更是物理学知识和医学知识的历史物质证据。

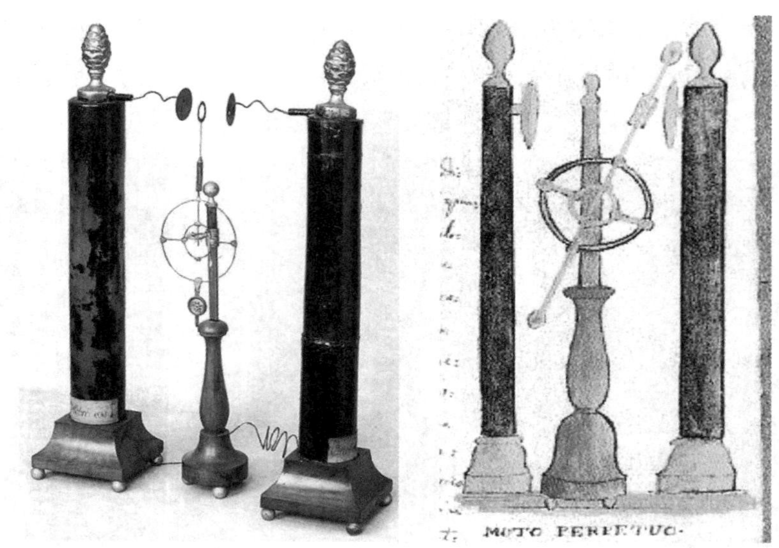

图5.4　帕多瓦大学物理学史博物馆赞博尼摆（The Zamboni Pendulum）
（1830，档案号：No. 249）（经帕多瓦大学物理史博物馆和G. Beltrame的授权）

仪器和设备可以以无限多样的方式来展示和解释以实现数不清的目的。博物馆有责任从收集和记录设备使用背景的某种“古文物”观出发，为未来研究和公众解释做准备。记录使用场景包括意识到教学和研究对象可能具有的标记，对它们的学习和保存。记录语境不仅包括标准程序——汇编目录和仪器手册，还包括教授目录、课程内容、教学大纲、教师课程计划和笔记、学生笔记和绘图［例如帕多瓦大学物理学史博物馆的赞博尼摆（图5.4），这里描绘的是朱塞佩·赞博尼的一个学生的一幅画（Ms. Zamboni，1840； Collezione Beltrame）。学生在图纸上写了“永动机”。这些图片发表在“虚空之光（*Bagliori nel vuoto*）”展览（Peruzzi & Talas，2004）的目录中］、仪器计划、实验室结果、教授之间的通信等。教授和研究人员退休时经常随身携带的留档，或者当它留在实验室时，是首先被分散和丢弃的东西之一。

记录语境还包括倾听和记录使用和调整仪器的研究人员、学生和教师。1991年创建的都灵大学科学和技术档案（Archivio Scientifico e Tecnologico，ASTUT）是一个使用语境方法留档的例子。档案馆收集科技类藏品，但也收集“整体背景”，如个人文件、家具、相关建筑元素（灯、抽屉、壁橱把手等）、书籍、照片、录像和来自研究人员、教师和学生的口述历史，目的是记录都灵大学和当地实验室教学和研究的物证（M. Galloni，采访于2003年4月3日）[①]。

记录语境，还意味着越来越多地认识到技术人员和工匠艺人在大学工作坊的作用。现在和过去一样，仪器是从头开始改造或制造的，以适应特定实验的需要。有故障的仪器被修复，部件从过时的设备中取出并插入其他仪器，复制品便制成了，如图5.5所示，左边是一个用于测定卡路里机械等效物的仪器，该仪器于1930年由波尔图大学理学院从著名的德国仪器制造商马克斯·科尔手中获得。右边（在另一台仪器后面）是一个由内部技术人员在物理系研讨会制作的1：1复制品。这两件仪器今天都是波尔图大学科学学院科学博物馆收藏的一部分。

图5.5 博物馆中修复的仪器(档案号： 1138/1929,复制品档案号:2727/1962）

（照片经科学博物馆授权）

① 都灵大学制定了一项内部条例,要求所有学术部门在处置任何过时设备之前向档案馆报告。即使由于缺乏空间或其他原因,若设备没有被存档,工作人员也会去实验室并存档,通常通过视频来记录特定仪器的最后使用时间,并由研究人员现场解释。尽管档案馆很少开放展览(正如加洛尼教授Professor Galloni所说,“我们认为自己是一项档案研究”)。这些材料经常用于研究历史的公共解释,无论是在都灵大学或其他机构开发的展览中,还是在出版物中(M. Galloni,2003年4月3日采访)。参见斯拉维耶罗和加洛尼（2000)。

这些研讨会及其技术人员/工匠艺人，有责任保证第二代大学藏品的多样性和独特性。然而，除非他们是像发明制造莱顿瓶的穆森布鲁克（Musschen-broek）这样的著名仪器制造商，否则他们似乎不会引起策展人或科学史学家的太多关注。霍兰德（2002）呼吁，对内部仪器制造商及其在科学研究发展中的作用进行更多研究。

5.4 第一代和第二代收藏：教学

与研究收藏有关的论点和推理，同样适用于教学馆藏。由于大学的大部分教学实际上是为研究而教学，因此教学收藏通常很难与研究收藏区分开来。特定学科中基于藏品的研究的下降，很可能伴随着基于藏品的教学的下降。正如牛津大学博物馆藏品经理曼（D.J. Mann）所说："现在所有学生学习的都是生态学——这需要实地观察，而不是观察博物馆标本。"（D.J. Mann，于2002年11月18日采访）在阿伯丁大学马歇尔博物馆，这是一个人类学、考古学和美术博物馆，展览附近存在的教室通常用于教学。当被问及教授在课堂上是否使用过收藏时，答案是"他们很少运用收藏——我们只是收集教授的幻灯片"（A. Taylor，于2002年12月3日采访）。

教学收藏使用的下降，可能不是出于严格科学的原因。教学收藏根据学习水平和课程的给定部分进行排列和组织。除了在高级研究水平中——教学和研究收藏可能确实非常相似，然而即使在同一个博物馆中，教学和研究收藏的组织标准也往往不同。教学收藏通常具有更简单的组织标准，这些标准帮助学生更快地理解给定的观点。在埃及考古学皮特里博物馆（伦敦大学学院），研究收藏（也是主要收藏）按类型学组织（陶瓷、珠子等），但三组教学收藏按时间顺序和挖掘地点组织（S. MacDonald，于2002年11月25日采访）。在马歇尔博物馆，主要收藏按地理位置组织，但教学收藏按主题组织（维多利亚时代收藏、罗马收藏等）（A. Taylor，于2002年12月3日访谈）。新鲁汶博物馆（鲁汶天主教大学）是一所艺术、考古学和人类学博物馆，其一般收藏按主题（艺

术、史前等）和历史时期组织，但考古学和艺术史学生使用的收藏按材料和技术进行组织（雕刻、木材、陶瓷等）（B. Van den Driessche，于2004年11月25日访谈）[①]。

这些与特定课程和课程体系的紧密联系，定义了教学收藏的独特性质，并在使用中具有明显的影响。如果一门学科（例如矿物学或地质学）被淘汰并且该院系关闭，教学收藏就会自动变得多余——这不一定适用于研究收藏。在牛津大学博物馆，矿物学已经30年没有被教授了，矿物学教学收藏现在被认为是“历史性的”，但仍然存在基于收藏的研究（M. Price，2002年11月19日采访）。也有可能，当一个院系关闭时，教学和研究收藏都被丢弃——1983年的阿姆斯特丹大学地质系和2002年的鲁汶天主教大学都发生了这种情况。就阿姆斯特丹而言，藏品被转移到其他博物馆；但在鲁汶，据我所知，藏品的命运是未知的。

通常，仅仅一个存在的学科在大学中的地位发生变化，就会影响教学中对收藏的使用。例如在帕维亚大学，系统学原本是必修课，但最近由于国家课程改革，它成为生物学博士生的选修课（C. Violani，2003年3月24日采访）。虽然这似乎是一个细节，但这相当于地位的有效改变，并影响了教学中对藏品的使用（由于学生人数减少而减少）以及大学对收藏的看法。

诸如“教学的紧迫性”，“一些大学中几何学的地位下降”以及“数学的日益多样化”（Gray，1988）等原因，导致数学模型的使用在1940年代下降。然而，格雷补充道：“我知道使用它们的地方和不使用它们的地方”（Gray，1988）。有些数学教授仍然使用这些模型或使用适应当代的模型版本，米兰大学和哈勒 - 维滕贝格马丁 - 路德大学就有这类例子。有关数学模型的历史和类型学的更多信息，请参阅费舍尔（1986）。

19世纪末至20世纪初，用于几何教学的c.65模型收藏的两幅照片，在都灵大学数学系朱塞佩·皮亚诺图书馆（Giuseppe Peano Library）展出。这些模

① 在这些例子中(皮特里、马歇尔和新鲁汶)，教学收藏也由公众处理。这在遵循这三个使命的大学博物馆中很常见。

型在第二次世界大战之前，一直被广泛使用，但后来被搁置、锁在橱柜里。在20世纪80年代后期，数学教授费拉勒斯（G. Ferrarese）发现了它们，对它们进行研究、修复和编目，并安排在图书馆展出。参见费拉勒斯和帕拉迪诺（1998）以及贾卡尔迪和罗埃罗（1999）（图5.6）。

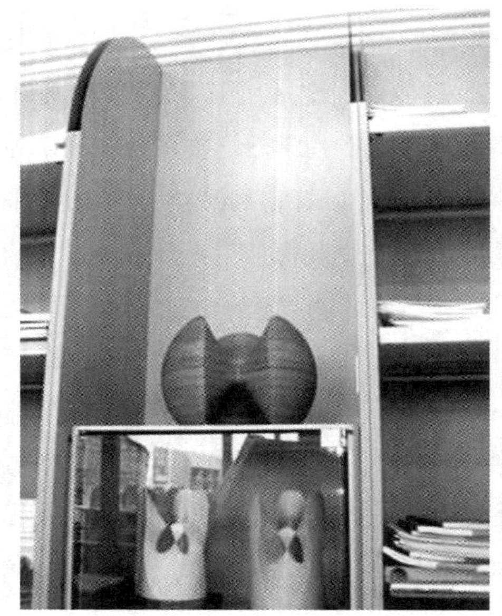

图5.6　用于几何教学的模型收藏
（照片经都灵大学数学系授权）

今天，玛丽亚·德多教授（Maria Dedò）在拓扑学课程中，大量使用了该系列收藏。如米兰大学数学系的教学模型收藏（图5.7），左图是用于表面教学的模型，右图是用于解释经典三大问题解决方案的圆环。基于藏品的数学教学，促使德多教授在院系[①]中开发了一个永久性的数学展览，并为其他博物馆举办了展览［例如，在米兰达·芬奇国家科学和技术博物馆（Museo Nazionale della Scienza e della Tecnologia Leonardo da Vinci）举办的马特米拉诺展览（2003-2004）］。

① 2000年，对称镜像游戏展览（Simmetria，giochi di specchi）向公众开放。见网站http://specchi.mat.unimi.it/，访问于2005年7月20日。另见德多（2001）。

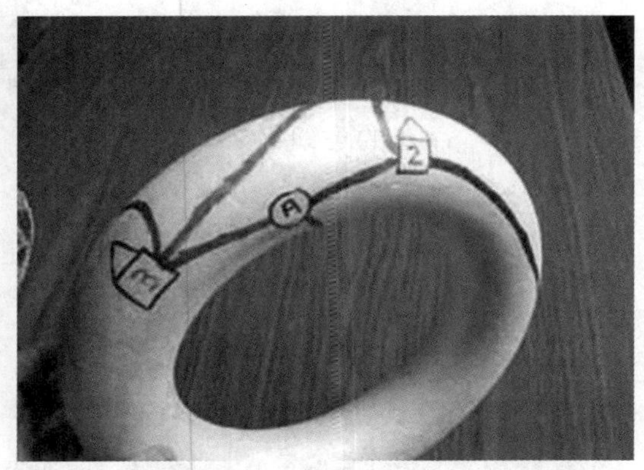

图5.7 米兰大学数学系的教学模型收藏

教学收藏也可能因为被其他更具解释力的收藏所取代，而变得较少使用或完全搁置。19世纪从蜡模型到解剖学中真实身体部位研究的转变就是一个实证。当保存技术得到改进时，人们对蜡模型的兴趣下降了，因为人们认为从“真正的”解剖学标本中学习更有益，也更准确（Giacobini，1997）①。同样，病理收藏通常通过划分一种疾病对一个人的总影响来组织，换句话说，也就是将器官分开：“学生们面对的是大量的验尸材料，这些材料由显示不同病理变化的同一器官群组成。”（Duggan，1964）当疾病的概念在20世纪50年代发生变化时，将来自同一身体的器官关联在一起就变得更加重要。因此，收藏失去了示范价值，在教学中变得过时。显然，这些收藏对于了解我们对健康和疾病的知识是如何在各个时代演变的，具有重要意义。

教学收藏的使用也有可能因为现代技术或视觉辅助工具的使用而减少。一个典型的例子是在艺术史的高等教育课程中，引入照片和幻灯片。事实上，这两者几乎是当代的现象。20世纪艺术教学史中一直主张对原作而不是复制品进行第一手观察（Read，1943；James，1960；Rosenberg，1964—65；Robert-

① 这导致用于教学的蜡像模型不可避免地逐渐衰落，以至于当一个学生说一些愚蠢的话时，教授会立即问：“你在哪里学习解剖学，在蜡模型中？”（G. Giacobini，2003年3月31日访谈）。

son，2000）。然而，二维图像可以通过观察和比较远程、无法访问或丢失的艺术品，来促进学习。通常，艺术史、（文化）人类学和考古学的课程，开发了幻灯片收藏以及艺术品和文物收藏，一个例子是哈勒-维滕贝格马丁路德大学神学院的考古学和艺术史教学收藏（图5.8）。这些幻灯片被编目，并与教职员图书馆的艺术品收藏、印刷品和书籍收藏结合使用。照片中的许多建筑元素都来自已经不存在的建筑物，这使得它们更具研究价值。该收藏自19世纪以来，便一直用于教学。

图5.8　哈勒-维滕贝格马丁-路德大学神学院的第一代艺术史和建筑史教学收藏
（照片经哈勒-维滕贝格马丁-路德大学授权）

新技术也为建筑和所谓的图形艺术领域开辟了新的可能性，导致模型和石膏模型的收藏在教学中的使用减少。也许更令人惊讶的是，至少在20世纪40年代中后期，医学院对教学收藏的使用也有所下降（Duggan，1964）。尽管许多教授坚持认为解剖比以往任何时候都更加重要，不仅有益于人体解剖学的教学，而且可以传达关于成为医生的意义的更微妙启示。计算机扫描和三维软件当前在医学院系中广泛使用，并且经常完全取代运用标本进行研究（J.-C. Neidhart，O. Guedel，访谈于2004年5月19日；Zuger，2004）。也许更令人担忧的是整个人体解剖学研究的现状，似乎在某些课程中遇到了麻烦。最近，一位退休的病理学家兼历史学家弗兰克·冈萨雷斯-克鲁西（Frank Gonzalez-Crussi）

指出，“许多传统的人体解剖学课程不包含医疗实践，可能很容易被淘汰”（Frank Gonzalez-Crussi，2004）。除了这样的声明（不是协商一致的）对于人们如何看待解剖学和病理学收藏有影响之外，人们不禁想知道，在研究生初级阶段亲身观察，处理和研究标本是否比通过软件了解人体骨骼和组织，更有益于帮助他们成为未来的医生和外科医生。

毫无疑问，基于收藏的教学往往是源于博物馆工作人员和大学部门之间坚持不懈的个人接触——“我们确实必须说服他们”（T. Buttrey，2002年11月14日）。我遇到过许多第一代和第二代收藏用于教学的例子，甚至可能超过用于研究的例子——例如在牛津大学科学史博物馆、剑桥大学惠普尔博物馆、莱比锡大学植物标本馆（图5.9）、剑桥大学动物学博物馆（图5.10）、剑桥大学地球科学系、鲁汶天主教大学新鲁汶博物馆、牛津大学阿什莫林博物馆、帕维亚大学加比内托沃尔塔①。

请注意，植物标本馆的工作表覆盖着塑料，以防止学生的密集接触。在这种木犀科植物Ligustrum vulgare（木犀科Oleaceae）的情况下，标本的名称呈现在纸张的背面。

图5.9　莱比锡大学的植物标本之一

（照片经莱比锡大学植物园和植物标本馆的授权）

剑桥大学动物学博物馆在博物馆内有一个教学实验室，在这里学生可以看到实践演示、观察和处理藏品中的标本，并进行实践评估和考试。实际上可以

① 请注意，被引用为积极参与基于藏品教学的博物馆，也被认为是积极参与基于藏品研究的博物馆。这可能不是巧合，一旦一个收藏被积极使用，它就会在两个方面都变得活跃。

在左图上看到学生。作为教学辅助工具，为学生提供了配备有参考书和论文的操作台，得以单独提供给学生使用。右图：一名学生正在一张操作台研究化石。

图5.10　剑桥大学动物学博物馆
（照片由剑桥大学动物学博物馆授权）

图5.11　塔尔图大学艺术博物馆的艺术系学生
（2003年10月，照片经塔尔图大学艺术博物馆授权）

此外，当基于收藏时，它可能会超越收藏中所代表的学科。例如，除了艺术系学生经常使用自然历史收藏（几乎在参观过的每一个收藏中都可以找到）之外，英国文学教授使用剑桥大学菲茨威廉博物馆的钱币学收藏（M. Blackburn，于2002年11月14日采访），艺术和手工艺课程使用阿什莫林博物馆的仪器（J. Whiteley，于2002年11月20日采访）。更传统的教学联系，也确实发生了，例如在皮特里（S. MacDonald，2002年11月25日采访）教授的选修研讨会"埃及文物"（伦敦大学学院的历史学位）或爱沙尼亚塔尔图大学艺术学生在大学艺术博物馆使用石膏模型（图5.11）。皮特河博物馆的物质人类学和博物馆民族志理学硕士，是收藏用于训练的另一个例子（在这种情况下，用于博物馆人类学家）（L. Peers，于2002年11月21日采访）。显然，大学博物馆及其藏品有很多可能性，用来增加其收藏在教学和研究方面的使用。

5.5 第三使命:一体化趋势

欧洲的大学正在翻新和重建博物馆。莱比锡大学的乐器博物馆目前正在搬迁到一座翻新的建筑中。乌得勒支大学博物馆于1996年进行了翻新（图5.12）。乌得勒支大学博物馆，建于1936年，该博物馆整合了第一代和第二代收藏：医学史、牙科、物理学、自然历史、大学历史和学生生活，以及艺术类收藏。博物馆还包括左边的古老的园艺，经过翻新的工艺美术博物馆，于2000年在巴黎落成，博洛尼亚大学的波吉宫博物馆也是如此，博物馆创建于2000年，展示了博洛尼亚大学一些最重要的历史收藏。参见对波吉宫博物馆的描述（图5.13），特加（2002）描述了该博物馆中对科学和艺术的融合方式的创新性。2003年7月，经过翻新的曼彻斯特大学曼彻斯特博物馆向公众开放，同年10月，赫尔辛基大学博物馆在经过修复的阿普阿努姆大楼开放[①]。剑桥大学菲茨威廉博物馆于2004年6月，举行了翻新的博物馆落成典礼。格罗宁根大学博物馆于2004年6月完成了翻新，并向公众开放。

① 新的赫尔辛基大学博物馆于2004年被国际博协-芬兰(ICOM- Finland)授予年度博物馆奖。

图5.12　乌得勒支大学博物馆
（照片来源于S. de Clercq）

图5.13　波吉宫博物馆目录的封面

2005年，那不勒斯大学的新物理博物馆于1月开放；乌普萨拉大学的新进化博物馆于2月开放；英国皇家外科医学院（伦敦）的新亨特利安博物馆（图5.14），于去年2月落成；爱丁堡皇家外科医学院的新博物馆和雷丁大学的英国乡村生活博物馆，均于7月开放；美国阿拉斯加大学费尔班克斯分校的新北方博物馆，将于2005年9月落成；东英吉利大学的塞恩斯伯里视觉艺术中心正在

扩建，将于秋季开放；而都灵大学翻新的人体解剖学博物馆也将在秋季落成；里斯本大学科学博物馆翻新的奇米科实验室将于2006年开放（图5.15）。19世纪里斯本大学的化学实验室（Laboratorio Chimico）包含一个圆形剧场（两幅照片的右侧），是科学博物馆的一部分。直到1998年，化学课程一直在这里教授。如右图所示，实验室目前正在修复中，并将于2006年开放（照片拍摄于2005年2月）。左边的照片或许可以追溯到20世纪初。今天，这些早期的化学实验室在欧洲大学中很少见，因为大多数专业都随着研究和教学发展，而与时俱进重新适应。在某些情况下，只剩下墙壁、工作台或烟囱。参见拉马略（2001）和圣巴巴拉（2001）。

图5.14　进入伦敦皇家外科医学院的新亨特利安博物馆入口
（照片英国皇家外科医学院亨特利安博物馆档案馆提供）

图5.15　里斯本大学科学博物馆照片

2005年2月，建于18世纪的科英布拉大学化学实验室修复工程开始进行（图5.16），实验室也包括一个圆形剧场。在修复过程中，发现了几个16世纪的建筑元素（窗户和讲坛，但没有描绘）。

图5.16　科英布拉大学化学实验室修复工程

（经科英布拉大学授权）

更多的大学博物馆正处于项目执行阶段。牛津大学阿什莫林博物馆计划在未来几年进行重大翻新；新鲁汶博物馆有一个新建筑项目；圣安德鲁斯大学和帕维亚大学自然历史博物馆的藏品都有新的项目；2003年，佛罗伦萨大学自然博物馆启动了正在进行的重大结构改革。希腊帕特雷大学也有一个科技博物馆在项目阶段（Theologi-Gouti，2003）；伦敦大学学院将把其考古、艺术和图书馆藏品，包括皮特里博物馆的埃及学藏品，重新安置在新的珍品展览室中，于2008年开放①。

在经历了本章前面所述的收藏评估、选择和（有时）分散过程后，许多大学重组了他们的博物馆和藏品。虽然不同的国家在这一过程中处于不同的阶段，但新兴的趋势是显而易见的：大学越来越多地将收藏整合到一个单一博物馆里面或单一管理结构下。目标似乎有三个：一是，大学正在为建筑、收藏和员工寻求更便宜、更高效的管理模式；二是，它们旨在帮助“孤立”或“休眠”收藏，特别是第一代收藏重生；三是，大学越来越意识到与社会建立联系的重要性，因此正在寻找面向当地社区和全体公众的“窗口”。

① 珍品展览室在希腊语中的意思是“所有可见的”，它是伦敦大学学院的“世界之窗”，为大学校园提供了一个新的入口。更多信息见佩特里博物馆网站，http://www.petrie.ucl.ac.uk/index2.html，访问于2005年7月10日。另见莫里斯(2002年)。

一个综合的机构或博物馆，比分散在大学各处的20所较小的博物馆更容易协调和管理。综合的机构或博物馆在大学和社会中都更突出。它们也更有可能从文化遗产部门获得公共资金（文化部或同等机构，通常是博物馆的供资机构）。正如一座大学博物馆的馆长所说，"今天，用于'文化'类收藏的资金似乎比'科学'收藏多。"（W. Los，采访于2003年5月11日）①。

从大学遗产的角度来看，这些综合项目带来了挑战和风险，但同时也提供了一个获得认可的绝佳机会。如果新项目能够在有意义的公共展示，与收藏对未来研究和教学的相关性之间取得平衡（这三个使命之间的平衡），如果它们能够持续长久地获得这样做的条件（资金和人员），那么大学收藏很可能能够发挥其潜力——可能比以往任何时候都更加充分。

5.5.1 不同形式的整合

导致最近事态发展的过程，在整个欧洲范围内基本上一致——对收藏和用户的评估，通常伴随着挑选——整合收藏的趋势也很普遍，但这种趋势所呈现的形式因大学而异。

已经拥有博物馆的大学，可能已经选择扩建和翻新这些博物馆。分散在不同院系的收藏被整合到已有的博物馆中，要么是因为它们无人看管，不用于教学和研究，要么只是因为各院系不想再保留它们了。乌得勒支大学的一些医学和自然历史的研究和教学收藏，被整合到乌得勒支大学博物馆。赫尔辛基和格罗宁根大学博物馆，也整合了第一代收藏和博物馆。在撰写本报告时，柏林洪堡大学医学人类学研究所的人类学收藏，因为该研究即将进行迁移，转移到医学历史博物馆/维尔肖故居（U. Creuz，采访于2004年6月10日）。

通常，当博物馆不存在时，它们的创建是有目的的。博洛尼亚大学的波吉宫博物馆建于2000年（尽管该建筑可以追溯到16世纪），汇集了自然历史、物理学史、考古学和医学等历史收藏。古斯塔维亚纳姆博物馆（图5.17）也建

---

① 这些项目的大部分资金，来自体制外、欧洲委员会、地方或地区当局、文化部和整个遗产部门。大学的财政贡献微乎其微。例如，就乌得勒支大学博物馆而言，该大学只承担了翻新总费用的15%（S. de Clercq，2003年5月5日采访）。密特朗总统（Grands Travaux）委托开展的一系列重大文化举措，包括艺术博物馆的翻新，资金通过特别补助金提供。通常情况下，高等教育机构提供空间，并继续承担工作人员和业务费用，而其他资金需要从其他地方筹措。

于2000年，收集了乌普萨拉大学的所有重要的历史收藏（考古学、物理学史、医学、钱币学、艺术学）。该博物馆的名字来源于1620年的建筑——古斯塔维纳姆。该博物馆保存和解释乌普萨拉大学从1477年至今的历史，包括第一代和第二代埃及考古学、科学和医学史、钱币学和艺术的收藏。博物馆还包括建于1663年的解剖剧院，由老奥洛夫·鲁德贝克监督，除自然历史，2005年2月一座新博物馆——进化博物馆顺利揭幕。

图5.17　乌普萨拉大学的古斯塔维亚纳姆博物馆(Gustavianum Museum)
（照片来源F. Galli,经乌普萨拉大学授权）

在最近的一些项目中，收藏不一定汇集到同一地点。例如，斯特拉斯堡大学路易斯巴斯德分校科学园项目（Jardin des Sciences project）和蒙彼利埃第一、二、三大学博物馆项目（MuseUM project）的新博物馆，包括几个博物馆和收藏的使命、战略和活动的协调整合，而没有任何有意义的藏品流动。同样，都灵大学的新博物馆旨在整合人类解剖博物馆、切萨雷·隆布罗索博物馆（犯罪人类学收藏）、人类学和人种学博物馆以及人类古生物学实验室的研究收藏。

在其他情况下，博物馆和收藏保持独立，但有一个共同的“伞式（umbrella）”结构。英国大多数大学都是这种情况，除了少数例外。这些大学在学院内保留了博物馆和收藏，但在大学结构内，设立了专门的委员会和单位来管理它们——例如雷丁大学的大学博物馆及其藏品服务部、邓迪大学博物馆服

务部、伦敦大学学院的博物馆和遗产委员会（图5.18），以及牛津大学、剑桥大学、曼彻斯特大学、圣安德鲁斯大学等的类似跨部门单位。这也是大多数意大利的大学在20世纪90年代末和21世纪初，开始创建博物馆系统时遵循的方法（见第4章）：博物馆和收藏留在院系和研究所，但西塞马博物馆（sistema museale）承担协调管理和部分财务责任①。例如，博洛尼亚大学的博物馆系统，具有相当于一个院系的地位，它被赋予自主权，拥有自己的章程②，有一位指定的主任和专门的年度预算，该预算根据占地面积、工作人员和游客人数按配额由博物馆和藏品划分（F. Bonolì，2003年3月12日采访）。其他大学也发展了正式或非正式的“伞式”结构，例如里昂的“克劳德·伯纳德大学收藏小组”等。

这些博物馆和结构组织，在大学等级制度中对谁负责因情况而异。这可能是最终成败的关键因素。汉弗莱（1992a，b）和伯尼（1994）指出，博物馆和收藏之上的管理者的权力级别越高，大学根据博物馆的实际性质和重要程度划拨预算的可能性就越大，从而提高了整体认可度及其效率。在意大利，不同的博物馆系统往往由校长或副校长直接管辖。在伦敦大学学院，博物馆和遗产委员会隶属于大学理事会（图5.18）。博物馆及遗产委员会由副教务长担任主席，成员包括一名副教务长（通常负责伦敦大学学院财务）还有三名外聘顾问。该委员会由两个小组委员会提供支持：（1）馆长委员会，所有馆长都列席，由藏品馆长担任主席；（2）院系主管委员会，由各学院院长轮流担任主席。馆长向博物馆及遗产委员会负责，并同时担当两个小组委员会之间的沟通桥梁。里斯本大学没有正式的协调结构，但国家自然历史博物馆和科学博物馆的馆长都向里斯本大学校长报告③。

---

① 与帕维亚、佛罗伦萨、帕多瓦或都灵相比，博洛尼亚大学开发了一种混合系统：一些藏品在波吉宫博物馆，一些留在院系和研究所。显然，没有规定的模式；每所大学都是一个独特的案例，需要仔细评估。

② 大学博物馆制度的组织和运作条例（见www2.unibo.it/musei-universitari/statuto.htm，2003年1月13日查阅）。该条例列出了博洛尼亚大学的17个博物馆和藏品。

③ 一名副校长负责博物馆，并朝着综合管理结构的方向采取了一些步骤。

图5.18　伦敦大学学院博物馆和收藏品的简化流程图(实施日期为2000年)

在其他大学，综合结构由非学术或行政单位管理——例如，在阿伯丁大学，马里斯卡尔博物馆由信息系统部管理（图5.19）；在阿姆斯特丹大学，两个重要的博物馆——阿拉德·皮尔森博物馆（Allard Pierson Museum）（艺术和古董）和德·阿格涅滕卡佩尔（De Agnietenkapel）（大学历史），都由大学中央图书馆管理。

图5.19　马里斯卡尔博物馆(人类学、考古学、美术和钱币学)
目前在阿伯丁大学结构中的定位

鉴于分散的藏品数量众多，其安全和保存仍面临挑战，当实际转移不可能发生或不被希望实现时，一些大学正在增加院系和部门的责任。任命“全职负责这些收藏的人”是英国调查的建议之一（Merriman，2002）。在乌得勒支大学，乌得勒支大学博物馆对分散在大学其他地方的收藏负有正式的“检查角色”①，特别是具有重要价值的藏品，如兽医收藏（位于同名学院）、制图收藏（位于地理学院）和解剖博物馆（位于医学院）（图5.20）。图中右边的灰色表示位于博物馆场地之外的收藏，博物馆对这些收藏有监督作用（只显示更重要的收藏）。馆长在学院和中央服务主任理事会中有一个席位，每月开会讨论共同问题。实际上，这意味着部门或学院定期向博物馆报告藏品状况。

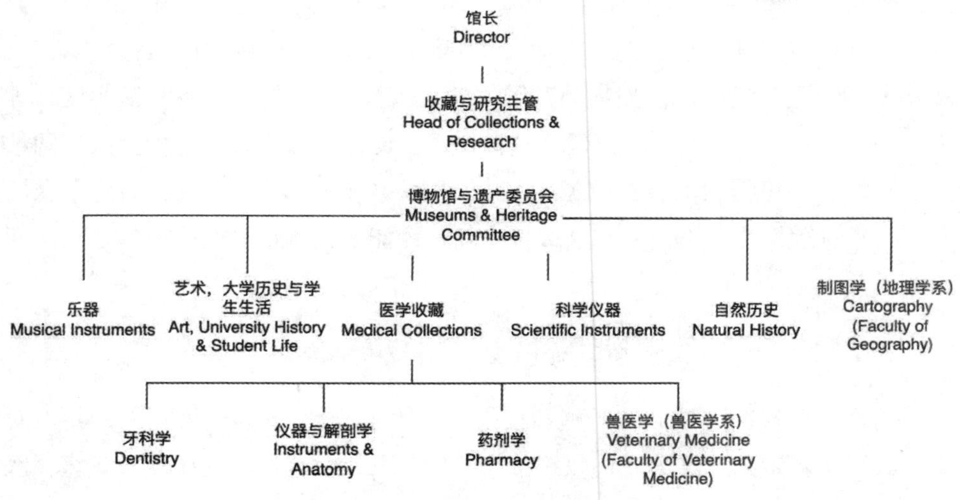

图5.20 乌得勒支大学博物馆流程图（收藏和研究部分）

最令人担忧的结构是管理博物馆、收藏和工作人员的特设基金会和协会。这已经成为一些意大利、法国和葡萄牙大学议程上的突出问题。增加获得外部资金的资格和管理灵活化似乎是两大目标。虽然这些基金会的法律条款因国家而异，但需要谨慎，避免收藏和建筑物所有权的转让和转移，并保证工作人员的职业道路稳定且具有吸引力。在这方面，大学应仔细研究学术界（例如，已经提到的阿姆斯特丹大学植物园于1986年“私有化”，格罗宁根大学哈伦植物

① 这一名称最近被简化为“咨询角色”（J. Schuller，访谈于2003年5月8日）。

园于1990年代“私有化”）和整个博物馆界（例如，一些意大利和荷兰国家和地方博物馆的基金会和外包管理）的过往经验[①]。

简而言之，大学博物馆及其藏品，可能会从负责协调和直接向校长负责的中央结构中受益匪浅。这种结构可以促进合作，帮助共同政策和协同战略的制定[②]，为大学内（不平等的）博物馆和收藏提供一致的意见（特别是如果该结构在大学执行机构中有代表），促进管理，提高知名度，增加获得外部资助的可能性。此外，这种结构可以监督分散在各部门的无人看管的收藏，这些收藏由于各种原因无法转移到博物馆。

然而，受益最大的是公众。学校团体和普通游客都将受益于联络人制度，而不是20个对话者，每个对话者都有不同的电话号码、网站和开放时间，提供信息（地点、活动、方案、收藏），协调特别活动的预订和设施租赁，接收和转发科学服务请求（例如物品和图像的出借），处理公共关系和新闻稿，等等。如今，一些欧洲的大学已经在这样做了。此外，其中许多结构为门户网站提供资源，如可搜索的收藏数据库[③]。大学博物馆长期以来一直在讨论公众的角色，很难理解为什么需要花这么长时间，才能实施哪怕是最简单的公众访问协调机制。

5.5.2 向“第三使命”的转变：困境和风险

向“历史遗产”领域的迁移和仅仅从“第三使命”（公共展示）的角度对大学收藏重新定义，给第一代收藏带来了比第二代收藏更大的挑战。毕竟，医学和科学仪器的收藏、数学模型的历史教学收藏和大学纪念品都是历史遗产。对于一些第一代收藏——如民族志、艺术或考古学的研究和教学收藏——向第三使命的迁移是不成问题的，尽管这可能涉及藏品的角色的转变（例如，民族

① 在欧洲大学中，为包括研发在内的多种目的而建立由体制外立法管辖的非营利组织并不少见，包括为了公众对科学的理解。事实上，位于芬兰万塔的赫雷卡科学中心Heureka和位于科英布拉的D. 恩里克探索科学中心Exploratório Infante D. Henrique都是协会/基金会的产物，各自的大学都是这些协会/基金会的创始伙伴。塔尔图阿哈新科学中心的类似结构似乎正在讨论（T. Siild，采访于2003年10月10日）。

② 包括大学层面急需的收藏政策，目前仅限于英国和意大利的大学博物馆，不过也没有普遍适用。

③ 特别丰富的门户网站，是阿尔伯塔大学博物馆（http://www.museums.ualberta.ca/）、麦考瑞的博物馆和藏品（http://www.lib.mq.edu.au/mcm/）和欧洲邓迪大学博物馆服务（http://www.dundee.ac.uk/museum/）的门户网站，所有这些门户网站都是2005年7月10日访问的。

志艺术品从“文件”转变为“艺术品”）。

对于其他第一代收藏——特别是自然历史和医学领域的教学和研究收藏——向第三使命的迁移带来了重大挑战，尤其是因为在实践中，许多人在很大程度上被排除在外。虽然可行，但公众很难对胚胎学研究收藏进行解释，并将产生许多问题，包括伦理问题。人体解剖学或体质人类学的研究和教学收藏也是如此。许多大学收藏对研究和教学很有价值，却对“第三使命”的价值有限。文化遗产或私营部门，不太可能为这些收藏的长久维护和保存提供资金，因此需要从其他地方寻找资金。也许更令人担忧的是，迁移到第三使命意味着第一代和第二代收藏之间的差异逐渐淡化，这反过来又将导致一些自然历史和医学研究收藏的角色发生重大变化。

至少可以说，“历史性”自然历史收藏的概念是有问题的，因为与科学仪器不同，自然历史标本不会失去其原始目的。用一位来自拥有400年历史植物标本馆的策展人兼研究员的话来说：“当代研究是我们的首要任务，我们不是一个历史悠久的植物标本馆；成为一个历史悠久的植物标本馆将意味着死亡”（B. Gravendeel，采访于2003年4月29日）。另一位策展人对此表示赞同：“历史价值仅次于分类价值——即使标本已有数百年的历史”（S.A. Ulenberg，采访于2003年5月11日）。角色的改变是一种风险，因为许多新项目都是由文化遗产部门资助的，而该部门不一定支持教学和研究议程。如果第一代收藏与其主要用户在地理位置上分开或被置于非学术单位（如公共关系部门、图书馆或大学的中央行政部门），这种情况可能会严重恶化。

在过去的30年左右的时间里，许多教学和研究收藏已经与其自然使用者分开了。在整个欧洲，实验室、讲师、研究人员、学生、设备等搬到了现代化的建筑设施中。最先进的校园通常位于城镇郊区，而收藏通常保留在市中心的旧建筑中。就其本身而言，将博物馆保留在市中心并不是一个不合逻辑的想法。最初，工作人员可能希望这可以改进他们的活动效果，扩大活动范围，改善工作条件（例如，由于部门离开而获得更多的空间），并提高同事的重视程度。然而，这种分离往往会造成困难局面。

里斯本大学的案例既典型又能说明问题，因为它有两个不同的博物馆，并且都经历了类似的逐步转型到第三使命的过程，再加上在1990年代与其创始院系的实际位置分离。国家自然历史博物馆（正式创建于1919年）的收藏是第一代收藏，汇集在致力于动物学、矿物学、地质学和植物学的研究和教学的院系中。科学博物馆（正式创建于1985年）的收藏来源于物理、数学、化学和衍生科学系历史设备。最初，这两个博物馆都是在科学学院内创建的。20世纪80年代后期，院系开始逐步迁往市中心以外的新校园，而博物馆则留在里斯本市中心的旧建筑中。与此同时，博物馆被“升级”为中央行政部门，两位馆长都开始直接向校长报告。

这一过程的影响仍然难以评估，但对于每个博物馆来说，它似乎有很大的不同。虽然对科学博物馆来说，这一过程非常有益，它能够加强公共活动和事件，使受众多样化，改善公共服务并筹集外部资金，并取得了一定的成功；但对于国家自然历史博物馆来说，向“第三使命”的转向是存在问题的，它仍在寻找目标和受众。正如植物园（国家自然历史博物馆的一部分）的主任所解释的那样：“突然之间，我们在那里——孤独而空旷。生命是虚空的，目标是飘渺的，一切都是空洞的。”他描述了新形势带来的困境：“当需要分离时，我感到我担任教授的植物学系和我指导的园区之间有很大的分歧。我亲身经历了所有这些的衰落，因为在1980年代，我鼓励我的员工与院系合作。……大学的生活在于学院和院系：是学生，是讲座，是研究。我希望我的学院进步，我想要论文发表，我想要优秀的研究人员。植物园很重要，但我觉得它对大学来说已经不算什么了。此外，如果我不再拥有实验室，我为什么还需要研究人员呢？”（F. Catarino，访谈于2000年4月12日）。同样，地质和矿物博物馆馆长解释说：“我们升级了，但成本太高了。我们过去完全融入了该系的研究，现在研究是碎片式的，以项目为基础，而且往往不是基于收藏的”，更重要的是，“在系里，我们有义务做研究。今天只要我们向公众敞开大门，没有人在乎——就算我们交叉双臂，整天无所事事地坐着，没有人会问我们为什么不创造任何科学——这是一种完全不同的思维方式，我们花了很多时间来适应”（A.M.G. Carvalho，采访于2000年4月24日）。

欧洲其他地方也有类似的困境。20世纪70年代末，巴黎矿业学院从卢森堡公园迁至枫丹白露（巴黎郊区）的新建筑内，留下了博物馆。博物馆在使用收藏进行教学和研究方面大幅下降，现在其作用似乎仅限于历史保护和公

共展示，以及对自然历史的研究（它很活跃，包括在欧洲层面的积极伙伴关系中）。分离过程可能具有矛盾和讽刺的意味。鉴于第一代收藏继续被使用，研究人员和讲师经常在新的地方开发新的收藏，而不是使用留下的藏品。在枫丹白露的新巴黎矿业学院创建了教学收藏，其中一些几乎与博物馆拥有的收藏完全相同（J. Touret，采访于2002年6月21日）。在里斯本大学的新科学学院，动物学、植物学和地质学的教学和研究收藏继续在新的实验室中被创建和使用，而国家自然历史博物馆的收藏则处于休眠状态，实际上未被使用（C. Lopes，采访于2001年8月29日）。同样的事情也发生在都灵大学，当时动物学博物馆于1979年被撤销并转移到地区博物馆；该部门继续收集藏品："是的，我们当然会创建和使用收藏。我们将大部分收藏保存在实验室或研究人员的办公室内。它们被编目，就像是在博物馆里——我们遇到的问题和博物馆收藏（1979年之前）的问题完全相同：缺乏空间，无法扔掉很多东西"（P.P. d' Entrèves，采访于2003年4月4日）。

整合收藏，使其与实际物理位置分离，以前已经尝试过。例如，在1960年代，有一个项目将哈佛大学博物馆的所有公共展览整合到一个单一的展览设施中；该项目后来被放弃（Williams，1969）。1928年，以前分散在密歇根大学安娜堡分校的四个博物馆，被迁移到一座新建筑里面。这是各部门第一代收藏的首批迁移之一，也可能是首批将多学科收藏整合到单独的负责人和专业管理下的大学博物馆之一。在新博物馆中，"研究博物馆"和"展览博物馆"之间有区分：前者充当研究的催化剂，与校园其他地方的部门保持联系，而后者则包括从四个博物馆中挑选出标本的综合展览，主要针对学生，并给出对"人类的起源和结构及其生物环境、所居住的星球"的普遍理解（Reimann，1967）。该模式在20世纪50年代被放弃，主要是因为与院系的联系不够牢固，无法保持"研究博物馆"的活力，也无法防止使用藏品进行教学和研究的下降（Reimann，1967）。因此，这些收藏返回到了各院系。今天，密歇根大学动物学博物馆，是系统研究中最多产的大学博物馆之一[①]。

① 对系统学领域两本同行评议的国际期刊——《分支系统学》和《系统生物学》——进行了三卷（2000年、2001年和2002年）的调查，以确定哪些大学博物馆正在发表系统学研究成果。该调查包括《系统生物学》的147篇文章和《分支系统学》的72篇文章，仅涉及作者的来源，而不涉及论文的实质内容。密歇根安娜堡动物学博物馆是在这两种期刊上发表最多文章的大学博物馆之一。

总而言之，由于1980年代和1990年代的“危机”和僵局，大学博物馆及其藏品的格局正在发生变化。融合趋势日益明显，更倾向于将藏品整合到同一建筑里或共同结构下。这对大学（更合理的资源管理，单一的公共关系途径），收藏和博物馆（提高知名度和自主权，协调一致意见的机会，对日益多样化的资金难以辨认，保护小型或孤立收藏）以及公众来说（单一接入点）都有好处。但这并不是说没有任何风险。这种整合的主要风险是重新定义大学收藏的作用，完全是为了服务第三使命，即公共展示。这一点，加上第一代收藏与其主要用户的实际分离，可能会进一步使大学收藏与学术生活疏远，削弱它们现在和未来在科学和教育中的作用，并淡化它们的历史和身份。

今天，大学正在避免实际分离，这些大学最近才开始进行大规模的重组，因此有机会从过去在其他地方犯下的错误中吸取教训。两年前，塔尔图大学正在考虑收藏和院系的实际分离，但今天的想法已经完全相反：“我们正在帮助研究人员、学生更真实地接触收藏，以促进收藏用于教学和研究，同时平衡公共展示的需求”（U. Koljalg，塔尔图大学自然历史博物馆馆长，2005年7月1日）。通常，了解大学如何运作至关重要。2002年，由于深刻的内部和外部重组，曼彻斯特大学的曼彻斯特博物馆设立了称作MAJAs的工作职位（由博物馆与同源学术院系联合任命），旨在在战略层面上在博物馆与大学其他院系之间建立更紧密的联系。最近，加拿大不列颠哥伦比亚大学人类学博物馆馆长、大学人类学和社会学系博物馆人类学教授卡罗尔·梅耶尔（Carol Mayer），讨论了两个“世界”带来的职业困境：“……挑战在于，当每个世界都有不同的期望时，如何在两个‘世界’中保持可信度和联系”，同时对策展和教学的丰富性、深度和意义进行诠释（Mayer，2005）。在大学博物馆中，三大使命之间的平衡是困难的，需要合作、创新和激情。

目前，评估最近重组的影响还为时过早，因为大多数重组始于过去五年，有些仍饱受争议[①]。在这方面，需要更多的研究，尽管最终采用的模型将始终取决于收藏的类型、用途、建筑物的管理、大学年龄、校园位置（在城镇或郊区），以及该地区其他博物馆的存在。不存在通用的做法。

① 汇编好的做法，再加上评价每种模式的利弊，将是非常有用的。然而，我不确定大学是否正在对新的组织模式进行任何评估——他们显然应该这样做，并公布结果。

5.5.3 下一代大学博物馆

在教学、研究和公共展示这三个使命之间保持平衡，是新大学博物馆有意义的关键。不仅是收藏仍然与教学和研究相关，而且确实正被使用，它们在多个新领域的研究和教学潜力是巨大的。这当然取决于资源，但首先且最重要的，取决于个人的主动、视野、对新方法和新主题的接纳，以及谨慎的策略规划，以确保武断的重组不会消除与科学和教育的相关性。

第三代大学博物馆有一个绝佳的机会，将自己定位在大学的核心，打破学科边界，旨在对过去和现在的知识历史进行综合的公共解释。它们将会与每个人息息相关，而不仅仅是A或B学院的事，或者更糟——X教授或Y教授的事。收藏将成为任何学科的任何学生或研究人员的研究和教学资源——从艺术到动物学，从物理学到社会学，从医学史到统计学，从化学到天文学。他们研究产生的材料将当场向公众解释。第三代大学博物馆，还将有机会获得现在在大学其他部门产生的知识，这些知识也将解释给广大公众。他们不仅关注我们知道什么，而且关注我们从前如何知道以及我们现在如何知道。他们将成为大学与非大学博物馆之间合作项目的关键参与者——不是展示，而是大学与社会之间的真正门户连接，大学凝聚和交流的焦点，以及向公众对过去、现在和未来知识进行有意义解释的地方。

这将是从目前的现状向前迈出的重要一步。为了发挥这一潜力，新的大学博物馆不能仅仅靠近大学，就好像它们是“历史性”或“装饰性”的附属物一样——它们需要真正融入其中。他们需要获得充足的资金，并配备胜任的跨学科人员团队，并完全融入大学的长期战略计划——然后，他们确实将成为招募学生的重要工具。仅仅作为历史性和装饰性的附属物不会吸引许多人，当然也不会吸引聪明和好奇的人。

5.6 小　　结

在讨论大学收藏面临的挑战时，不可能忽视当今大学面临的挑战。大学收藏不一定受制于其他博物馆所经历的相同规则和发展。无论其规模或自主权如何，每个大学博物馆或收藏都存在永久和内在的脆弱性。博物馆很小，而大学很大。大学内部的任何变化都会对收藏产生重大影响，大学最近经历的变化当然不小。大学收藏不稳定的主要来源是大学本身，但归根结底，原因是经济的和政治的。

虽然大学博物馆及其藏品的表现，在很大程度上取决于个人的主动和视野。但有很多例子表明，大学收藏的管理及其在大学结构中的地位，对研究、教学和公共服务产出有直接影响。至于研究和教学，第二代大学收藏或将受益于与科学技术史的院系、研究所或研究中心的密切联系（尽管这些在欧洲大学中很少）或关于这些主题的研究生课程。对于第一代收藏，这些联系是至关重要的基本要求。所有这些都没有与“伞式”结构的存在不相容，最好是对校长报告，以协调政策、战略和公共服务。它也不是与日益增长的自治权不相容，特别是对于主要、高调和专业化运营的大学博物馆，如艺术博物馆（CNAM）、亨特利安博物馆（格拉斯哥大学）、曼彻斯特博物馆（曼彻斯特大学）、菲茨威廉博物馆（剑桥大学）和牛津大学博物馆。

大学博物馆确实是一种怪异的存在。它们在博物馆界和学术界之间波动——有时同时涉足，有时只占一边。大学博物馆在博物馆领域并不完全能掉以轻心，在大学领域也是如此。正如前述章节所表明的，文献中充满了这种分歧所产生的固有困境。大学博物馆的术语充满了这种分歧的迹象。墨菲（2003）解释说，大学博物馆及其藏品容易受到“多种精神分裂症危险”的影响，这来自于“他们自己的实践和更进步的博物馆学标准”与“可能与收藏无关的专业职责和学术环境的动力”之间同时的错位。大学博物馆馆长谈到这一点感到困惑，甚至不满。安德斯·厄德曼（Anders Ödman），瑞典隆德大学历史博物馆前任馆长解释说：“……基本问题是博物馆隶属于教育部而不是文化部。我们站错队了。（戏谑）”[①]。许多博物馆试图应对并结合两个世界的更好一面，但分歧常常太大了。

大学之大。博物馆和收藏在庄严场合的演讲中可能被认为是“皇冠上的宝石”，但它们在大学的优先事项清单中排名却很靠后。——有教授和研究人员的工资支付，建筑物的运营成本，实验室和教室的维护和改进，建设和扩建，

① A. Ödman，载于《欧洲博物馆论坛公报》（*Bulletin of the European Museum Forum*）（2001年1月）。访问于2001年6月4日，stars.coe.fr/museum/bulletin_e.htm。

投资和开发，学术医院的药品，学生补助金。博物馆和收藏需要与所有这些进行永久竞争。一位馆长这样说："……我的感觉是，我是一名在橄榄球队中迷失的网球运动员"[①]。比起斗争，这更是对渺小的不断认识——甚至是轻率，有时就像"珠宝"一样——往往使大学博物馆及其藏品变得如此脆弱和迷失。这就是为什么博物馆与大学的相关性，对于收藏至关重要。相关性带来资源，但更重要的是，相关性消除了永远受校长或院长预算自白裁量权摆布的感觉，相关性带来认可度和可见性，相关性带来稳定性、自主性和意义。

两个世界之间的鸿沟和身份问题，在很多方面都是最近才出现的。直到50年前，尽管资源可能总是稀缺，但大学博物馆既属于博物馆界也属于大学界。他们的实践既符合当时的博物馆学标准，也符合学术势头。许多人遵循三重使命——教学、研究和公共展示——但许多其他人只做研究或教学，这同样是可以接受的。到20世纪中叶，教学和研究的相关性似乎逐渐受到质疑。科学在发展，研究和教学也在发展，大学也不例外。研究政策和资金发生了变化，百年历史的纽带开始瓦解。大学博物馆及其藏品感到迷失，无法发声。许多人在博物馆领域寻找身份，却发现博物馆总体上也发生了很大变化，公众和社会的期望也发生了变化，这加剧了孤立感。大学收藏与他们的大学、整个博物馆界以及当代社会都脱节了。

不久之前，大学博物馆通常完全属于"博物馆界"，在它们的使命、公众、身份，甚至它们的历史方面与非大学博物馆保持一致。事实上，许多大学博物馆更愿意将自己视为一系列科学博物馆、科学中心等类似组织链中的又一个环节。在1970年代，欧洲一家备受瞩目的大学艺术博物馆的馆长确信，投射可信的公众形象与大学博物馆是不相容的。用一位分享这段经历的策展人的话来说，"至少在公开场合，那位馆长不想与大学有任何关系，以至于从信件、文具、海报和名片中删除所有大学相关信息"（匿名，2002年）。这是一个合法的，也许是可以理解的立场，但这种立场不仅否认了非凡的历史遗产，而且无法发挥大学博物馆的最大优势。最有可能的是，这些例子在今天并不常见，因为人们越来越意识到大学收藏的重要性——虽然还不够，但一直在提高。

意见不一造成的紧张局势，不一定是负面的。至关重要的是，要摒弃分

① 匿名博物馆馆长，引自维克斯(2000)。

歧、分离和难以逾越的隔阂，而向前迈进。大学博物馆及其藏品不是正在两个世界间分离，而是处于两个世界交汇的十字路口，这在基础数学中只是意味着它们整合了两者共享的元素，从而产生了一个截然不同，风格独特的实体。

从属于两个世界可能是紧张局势的根源，但矛盾的是，这正是大学博物馆及其藏品的身份定位。每天都有博物馆在不同地方被创建，模仿它们是毫无意义的。成为大学里的一座博物馆太容易了，成为一座大学的博物馆或为大学而生的博物馆也是如此。目前面临的挑战在于找出今天成为一座大学博物馆、一个大学的收藏，意味着什么，这是大学博物馆及其藏品面临的困境。其余的——机构知名度、认可度、专业水准、员工能力和职业道路、受众、资源——取决于大学博物馆及其藏品如何解决这一困境，在两个世界之间取得综合平衡，并定义它们在当代社会中的角色。最有可能的是，关键在于文物、实物和标本以及它们可以向研究人员、学生以及现在和未来的广大公众讲述的故事。

参 考 文 献

[1] Alberch, P., 1993. Museums, collections and biodiversity inventories. *Trends in Ecology and Evolution,* 8: 372-375.

[2] Allmon, W.D., 2005. The importance of museum collections in paleobiology. *Paleobiology*, 31: 1-5.

[3] Anonymous, 1990a. A major museum goes “populist”. *Nature*, 345: 1-2.

[4] Anonymous, 1990b. Fate of The Natural History Museum, London, formerly British Museum (Natural History). In *Society of Avian Palaeontology and Evolution Newsletter* 4, http://www2.nrm.se/ve/birds/sape/sapenews4.html.en, accessed 22 March 2005

[5] Araújo, J.M de, 1998. A science museum at the University of Oporto. In M.A.A. Ferreira & J.F. Rodrigues (eds.), Museums of Science and Technology, pp. 141-145. Fundação Oriente/Museu de Ciência da Universidade de Lisboa, Lisboa.

[6] Aubert, G., 1998. L' histoire de la médecine à l' université de Louvain. *Louvain Med.*, 117: 359- 373.

[7] Baker, F.C., 1924. The place of the museum in university instruction. *Museum Work* 7 (3): 81-87.

[8] Bartholomew, G.A., 1986. The role of natural history in contemporary biology. *BioScience* 36: 324-329.

[9] Bateman, J.A., 1975. The functions of museums in Biology. *Museums Journal,* 74: 159-164. Bennett, J.A., 1997. Museums and the establishment of the history of science at Oxford and Cambridge. British Journal for the History of Science, 30: 29-46.

[10] Beutler, S., 2002. Die Siegelsammlung des Karl-Sudhoff-Instituts [Universität Leipzig]. Shaker Verlag, Aachen.

[11] Birney, E.C., 1994. Collegiate priorities and natural history museums. *Curator,* 37: 99-107.

[12] Black, C.C., 1984. Dilemma for campus museums: open door or ivory tower? *Museum Studies Journal*, 1 (4): 20-23.

[13] Boylan, P.J., 2003. European cooperation in the protection and promotion of the university heritage. *ICOM Study Series*, 11: 30-32.

[14] Brown, E.H., 1997. Toward a natural history museum for the 21st century: Catalogue of change. *Museum News,* 76 (6): 39-40.

[15] Bryant, J.M., 1983. Biological collections: legacy or liability? *Curator,* 26: 203-218.

[16] Cato, P.S. & C. Jones (eds.), 1991. *Natural history museums: directions for growth.* Texas Tech University Press, Lubbock.

[17] Clercq, S.W.G de, 2003. The 'Dutch approach', or how to achieve a second life for abandoned geological collections. *Museologia*, 3: 27-36.

[18] Collier, D., 1962. Museums and ethnological research. *Curator,* 5: 322-328.

[19] Corn, J.J., 1996. Object lessons/Object myths? What historians of technology learn from things. In: W.D. Kingery (ed.), *Learning from things. Method and theory of material culture studies*, pp. 35-54. Smithsonian Institution Press, Washington DC.

[20] Cusset, G., 1995. Les centuries: objets de collection ou sujets de recherche? In: J.- L. Hartenberger, P. Guillet & J. Maigret (eds.), *La systématique et les musées*. Actes du séminaire ‘Les methods modernes en systématique dans les musées et dans les laboratories: réalités et perspectives’, Dijon 6- 7 April 1994, pp. 23-34. OCIM, Dijon.

[21] Dalton, R., 2003. Natural history collections in crisis as funding is slashed. *Nature*, 423: 575.

[22] Davies, D.G., 1984. Research: archaeology collections. In: J.M.A. Thompson (ed.), *The manual of curatorship,* pp. 164-169. Butterworths & Museums Association, London.

[23] Dedò, M., 2001. Più matematica per chi insegna matematica. *Bolletino UMI* [La matematica nella società e nella cultura], 8 (4-A): 247-275.

[24] Duggan, A., 1964. The functions of a modern medical teaching museum. *Museums Journal,* 63: 282-288.

[25] Ebach, M.C., 2005. DNA barcoding is no substitute for taxonomy. *Nature,* 434: 697.

[26] Ferrarese, G. & F. Palladino, 1998. Sulle collezioni di modelli matematica dei Dipartimenti di Matematica dell' Università e del Politecnico di Torino. *Annali di Storia della Scienza* 18 [Preprint No. 18, 1996, 22 pp.].

[27] Fenton, A., 1995. Collections research: local, national and international perspectives. In A. FAHY (ed). *Collections Management*, pp. 224-232. Routledge, London.

[28] Ferriot, D., B. Jacomy & L. André, 1998. *Le Musée des Arts et Métiers*. Réunion des musées nationaux & Fondation Paribas, Paris.

[29] Fleming, E.M., 1969. The university and the museum: needs and opportunities for cooperation - Problems and unfinished business. *Museologist*, 111: 10-18.

[30] Fischer, G. (ed.), 1986. *Matematische Modelle/Mathematical Models* (Vol. 1-2). Friedrich Vieweg & Sohn, Braunschweig.

[31] Giacardi, L. & C.S. Roero, 1999. Biblioteca speciale di Matematica “Gi-

useppe Peano" . In C.S. Roero (ed), *La Facoltà di Scienze Matematiche Fisiche Naturali di Torino 1848-1998. Tomo primo: Ricerca, Insegnamento, Collezioni Scientifiche,* pp. 437-58. Deputazione Subalpina di Storia Patria, Torino.

[32] Giacobini, G., 1997. Wax model collection at the Museum of Human Anatomy of the University of Turin. *It. J. Anat. Embryol.* 102, (2): 121-32.

[33] Glowiak, E.M. & S.M. Rowland, 2003. Did Clovis hunters butcher Pleistocene mammals at Gypsum Cave, Nevada? *Abstracts with Programs* (Geological Society of America), 35 (6): 498.

[34] Godfray, H.C.J., 2002. Challenges for taxonomy. *Nature,* 417: 17-19.

[35] Graves, G.R. & M.J. Braun, 1992. Museums: storehouses of DNA? *Science*, 255: 1335-1336.

[36] Gray, J., 1988. [Review of] Mathematische Modelle/Mathematical Models by G. Fischer. *The Mathematical Intelligencer,* 10 (3): 64-69.

[37] Greenaway, F., 1984. Research: science collections. In: J.M.A. Thompson (ed.), *The manual of curatorship,* pp. 142-146. Butterworths & Museums Association, London.

[38] Gropp, R.E., 2003. Are university natural history collections going extinct? *BioScience*, 53: 550.

[39] Hawkes, C., 1982. Archaeological retrospect. *Antiquity,* 56: 93-101.

[40] Heads, M., 2005. The history and philosophy of panbiogeography. In: J.L. Bousquets & J.J. Morrone (eds.), *Regionalización biogeográfica en Iberiamérica y tópicos afines,* pp. 67-123. Primeras Jornadas Biogeográficas de la Red Iberoamericana de Biogeografía y Entomología Sistemática (RIBES XII.I-CYTED). Facultad de Ciencias, Universidad Nacional Autónoma de México, México, D.F.

[41] Hester, J.M., 1967. The urban university and the museum of art. *Art Journal,* 26: 246-249.

[42] Herbert, D.G., 2001. Museum natural science and the NRF: crisis times for

practitioners of fundamental biodiversity science. *South African Journal of Science*, 97: 168-172.

[43] Hewitt, G.M., 2004. The structure of biodiversity-insights from molecular phylogeography. *Frontiers in Zoology* 1:4, doi: 10.1186/1742-9994-1-4. Available from http://www.frontiersinzoology.com/content/1/1/4, accessed 17 December 2004.

[44] Holland, J., 2002. *Scientific instrument makers in an institutional context.* Unpublished paper presented at the XXI Scientific Instrument Symposium, 12 September 2002, Athens, Greece.

[45] Houde, P. & M.J. Braun, 1988. Museum collections as a source of DNA for studies of avian phylogeny. *Auk,* 105: 773-776.

[46] Hounsome, M.V., 1986. Zoological collections of university museums. In: P.J. Morgan (ed.), *A national plan for systematic collections*. Proceedings of a Conference held at the National Museum of Wales in conjunction with the Biology Curators Group, July 1982, pp. 29-33. National Museum of Wales, Cardiff.

[47] Humphrey, P.S., 1992a. University natural history museums systems. *Curator,* 35: 49-70. Humphrey, P.S., 1992b. More on university natural history museums systems. *Curator,* 35: 174-179.

[48] Hutterer, K.L., 2005. University museums of natural history. In: P.B. Tirrell (ed.), Proceedings of the third conference of the International Committee for University Museums and Collections (UMAC), pp. 17-20. Sam Noble Museum of Natural History, University of Oklahoma, Norman, OK.

[49] James, N., 1960. The museum and the college student. *Museologist*, 77 (December): 15-18.

[50] Jonaitis, A., 2003. The challenge: to convince potential funders and legislators of the value of research collections in a university museum. Museologia, 3: 71-76.

[51] Kingery, W.D. (ed.), 1996a. Learning from things. Method and theory of material culture *studies*. Smithsonian Institution Press, Washington DC.

[52] Kohlstedt, S.G., 1988. Curiosities and cabinets: natural history museums and education on the antebellum campus. *Isis*, 79: 405-426.

[53] Krell, F.-T., 2004. 'Collecting, preserving and research is out!' *Systematic Entomology* 29: 569-570.

[54] Kriegsman, L.M., 2004. Towards modern petrological collections. *Scripta Geologica, Special Issue* 4: 200-215.

[55] Krishtalka, L., 2003. At natural history museums, the ox is gored. *Museum News*, (July/August): 37, 64-65.

[56] Krishtalka, L. & P.S. Humphrey, 2000. Can natural history museums capture the future? *BioScience,* 50: 611-617.

[57] Leeton, P., L. Christidis & M. Westerman, 1993. Feathers from museum bird skins-a good source of DNA for phylogenetic studies. *Condor,* 95: 456-466.

[58] Lindsay, G.C., 1962. Museums and research in history and technology. *Curator,* 5: 236-244.

[59] Lourenço, M.C., 2002. *Working with words or with objects? The contribution of university museums.* Unpublished paper presented at the meeting "Do Collections Matter to Instrument Studies?" organized by The British Society for the History of Science and the Scientific Instrument Commission of the IUHPS/DHS, 29-30 June 2002, Museum of the History of Science, Oxford.

[60] Lubar, S. & W.D. Kingery (eds.), 1993. *History from things. Essays on material culture*. Smithsonian Institution Press, Washington DC.

[61] MacDonald, S., in press. The Panopticon, University College London. Museologia, 4. MacGregor, A., 2001. The Ashmolean as a museum of natural history, 1683-1860. *Journal of* the History of Collections, 13: 125-144.

[62] Maigret, J., 2001. Les collections d'histoire naturelle: définitions et statuts. 1ères rencontres du patrimoine naturel en Rhône-Alpes, Grenoble, 11 & 12 octobre 2001, pp. 13-18. Muséum d' Histoire Naturelle, Grenoble.

[63] Mares, M.A., 1988. *Heritage at risk: Oklahoma's hidden treasure*. Oklahoma Museum of Natural History, Norman OK.

[64] Mares, M.A., 1993. Natural history museums: bridging the past and the future. In: C.L. Rose, S.L. Williams & J. Gisbert (eds.), *Current issues, initiatives, and future directions for the preservation and conservation of natural history,* pp. 367-404. International Symposium and First World Congress on the Preservation and Conservation of Natural History Collections, 10-12 May, Madrid. Consejería de Educación y Cultura, Comunidad de Madrid & Dirección General de Bellas Artes y Archivos & Ministerio de Cultura, Madrid.

[65] Mares, M.A., 1999. Bureaucrats pose threat to museums. *Nature,* 400: 707.

[66] Mares, M.A., 2003. Did we help create the crisis in university natural history museums? The Newsgram, Mountain Plains Museum Association Newsletter, (November): 22-23.

[67] Mares, M. A., 2005. The moral obligations incumbent upon institutions, administrators and directors in maintaining and caring for museum collections. In H. H. Genoways (ed.), *Museum Philosophy.* AltaMira Press (in press).

[68] Mares, M.A. & P.B. Tirrell, 1998. The importance of university-based museums. *Museum News*, (March/April): 7, 61-62.

[69] Mayer, C., 2005. Gladsome moments: From the museum to the academy... and back? *Museum Management and Curatorship*, 20: 171-181.

[70] McKitrick, M.C., 1981. Old specimens and new directions: a comment. *Auk*, 98: 196-198. Merriman, N., 2002. The current state of higher education museums, galleries and collections in the UK. *Museologia*, 2: 71-80.

[71] Miller, S.E., W.J. Kress & K.C. Samper, 2004. Crisis for biodiversity collections. *Science,* 303: 310.

[72] Morgan, C.G., 1972. Archaeology and explanation. *World Archaeology,* 4: 259-276.

[73] Morris, J., 2002. University challenge: Jane Morris discusses the Panopticon plan with Nick Merriman of University College London. *Museums Journal,* 102: 20-21.

[74] Murphy, B., 2003. Encircling the muses: the multi-disciplinary heritage of uni-

versity museums. *Museologia*, 3: 9-16.

[75] Nicholson, T.D., 1991. Preserving the earth's biological diversity: the role of museums. *Curator,* 34: 85-108.

[76] Nudds, J.R. & C.W. Pettitt (eds.), 1997. *The value and valuation of natural science collections- Proceedings of the International Conference, Manchester,* 1995. The Geological Society, London.

[77] Olson, S.L., 1981. The museum tradition in ornithology-a response to Ricklefs. *Auk,* 98: 193-195.

[78] Pääbo, S., 1993. Ancient DNA. *Scientific American,* 269 (5): 60-66.

[79] Parr, A.E., 1963. The function of museums: research centers or show places. *Curator,* 6: 20- 31.

[80] Patterson, B.D., 2002. On the continuing need for scientific collecting on mammals. *Journal of Neotropical Mammalogy,* 9: 253-262.

[81] Payne, R.B. & M.D. Sorenson, 2002. Museum collections as sources for genetic data. *Bonner* zoologische Beiträge, 51: 97-104.

[82] Peruzzi, G. & S. Talas (eds), 2004. *Bagliori nel vuoto. Dall' uovo elettrico ai raggi X: un percorso tra elettricità e pneumatica dal Seicento a oggi*. Ed. Canova/Museo di Storia della Fisica dell' Università degli studi di Padova, Padova.

[83] Poinar, G., 1999. Ancient DNA. *American Scientist*, 87: 446-457.

[84] Ramalho, M. da G.I.S.-B. C., 2001. *Contributo para a Recuperação e Integração Museológica do Laboratorio e Amphitheatro de Chimica da Escola Politécnica de Lisboa*. Unpublished MA Thesis, Universidade Nova de Lisboa.

[85] Ray, C.E., 2001. Prodromus. In: C.E. Ray & D.J. Bohaska (eds.), *Geology and paleontology of the Lee Creek Mine, North Carolina,* Ⅲ, pp. 1-20. Smithsonian Contributions to Paleobiology, 90.

[86] Read, H., 1943. *Education through art*. Faber, London. [Appendix E-The Place of Art in a University (From an inaugural lecture given by the author at the University of Edinburgh on 15th October 1931), pp. 256-264].

[87] Reimann, I.G., 1967. The role of a university museum in the education of students and the public. *Museum News,* 46 (3): 36-39.

[88] Remsen, J.V., 1995. The importance of continued collecting of bird specimens to ornithology and bird conservation. *Bird Conservation International,* 5: 145-180.

[89] Ricklefs, R.E., 1980. Old specimens and new directions: the museum tradition in contemporary ornithology. *Auk,* 97: 206-207.

[90] Robertson, D.A., 2000. The University of Oregon Museum of Art: a bridge across the Pacific. *Museum International,* 52 (2): 39-44.

[91] Roselaar, C.S., 2003. An inventory of major European bird collections. *Bulletin of the British Ornithologists' Club*, 123A: 253-337.

[92] Rosenberg, H., 1964-65. Problems in the teaching of artists. *Art Journal,* 24: 135-138.

[93] Ruthven, A.G., 1931. *A naturalist in a university museum.* Published by the author, Ann Arbor.

[94] Santa-Bárbara, G., 2001. The preservation of the Laboratorio Chimico of the Polytechnic School, Lisbon: Conservation and interpretation issues. Museologia, 1: 91-98.

[95] Santos, C dos & J.M de Araújo, 2003. *2o Centenário da Academia Real da Marinha e Comércio da Cidade do Porto. 1803-1837.* Reitoria da Universidade do Porto, Porto.

[96] Saville, A., 1999. Thinking things over: aspects of contemporary attitudes towards archaeology, museums and material culture. In: N. Merriman (ed.), *Making Early Histories in Museums,* pp. 190-208. Leicester University Press, London.

[97] Saville, A., 2002. *Archaeology, material culture studies and museums.* Unpublished paper presented at UMIS (University Museums in Scotland) Meeting, University of St. Andrews, 7-8 November 2002 [proceedings at http://www.dundee.ac.uk/umis/conference2002/saville.htm, accessed 20 July 2005].

[98] Scaravelli, D. & A. Bonfitto, 1994. Imateriali della Collezione Altobello del Museo di Zoologia dele Università di Bologna. 1. Mammiferi. *Hystrix* 5 [for 1993]: 88-99.

[99] Seymour, J., 1994. No way to treat a natural treasure. *New Scientist,* 12 March: 32-35.

[100] Shaw, M.R., 2002. *Natural sciences research in the National Museums of Scotland and its relationship to the collections.* Unpublished paper presented at UMIS (University Museums in Scotland) Meeting, University of St. Andrews, 7- 8 November 2002 [proceedings at http://www.dundee.ac.uk/umis/conference2002/shaw.htm, accessed 20 July 2005].

[101] Sheldon, F.H., 2001. Molecular collections for basic research: museums, methods, and morality. In: Z. Yaacob, S. Moo-Tan & S. Yorath (eds.), *Proceedings of the International Conference on In-Situ and Ex-Situ Biodiversity Conservation in the New Millenium,* pp. 331- 346. Yayasan Sabah, Kota Kinabalu, Sabah.

[102] Sibum, H.O., 2000. Experimental history of science. In: S. Lindqvist (ed.), *Museums of modern science,* pp. 77- 86. Proceedings of the Nobel Symposium 112, Stockholm 1999. Science History Publications & Nobel Foundation, Canton MA.

[103] Simpson, A., 2003a. The plight of geological collections in the Australian tertiary education system. *Museologia,* 3: 37-44.

[104] Simpson, A., 2003b. Who looks after our university geology collections? *Nomen Nudum,* 28: 17-20.

[105] Slaviero, G. & M. Galloni 2000. L' Archivio Scientifico e Tecnologico dell' Università di Torino. Gli strumenti scientifici come bene culturale e risorsa storica. In A. D' Orsi (ed), *Quaderni di Storia dell' Università di Torino* V (4): 307-355.

[106] Sturtevant, W.C., 1969. Does anthropology need museums? *Proceedings of the Biological Society of Washington*, 82: 619-650.

[107] Suarez, A.V. & N.D. Tsutsui, 2004. The value of museum collections for research and society. *BioScience*, 54: 66-74.

[108] Sumrall, C.D., P.T. Work, D.L. Meyer, G.W. Storrs & E. Merritt, 2000. Notice of transfer of the University of Cincinatti paleontology collections to Cincinatti Museum Center. *Journal of Paleontology*, 74: 1198.

[109] Tassy, P., 1995. Le cladisme, le musée et l' intérêt du public. In: J.-L. Hartenberger, P. Guillet & J. Maigret (eds.), *La systématique et les musées*, pp. 39-46. Actes du séminaire ‘Les methods modernes en systématique dans les musées et dans les laboratories: réalités et perspectives’, Dijon, 6-7 April 1994.

[110] Taub, L., 2003. The history of science through academic collections. *ICOM Study Series,* 11: 14-16.

[111] Tega, W., 2002. *Science and art in Palazzo Poggi. In: W. Tega, (ed.), Guide to Palazzo Poggi Museum. Science and art,* pp. 8-16. Palazzo Poggi Museum, University of Bologna.

[112] Temin, C., 2003. A troubling picture at Harvard's art museums. *Boston Globe On Line*, accessed 9 August 2003.

[113] Thackray, J. & B. Press, 2001. *The Natural History Museum. Nature's treasure house*. The Natural History Museum, London.

[114] Theologi-Gouti, P., 2003. Le musée de sciences et techniques: archives de la recherche universitaire ouvertes aux différents publics. *ICOM Study Series,* 11: 12-13.

[115] Ursem, B., 1994. *The golden age of the Hortus Botanicus of Amsterdam.* Stichting Interimbeheer Hortus Botanicus, Amsterdam.

[116] Weeks, J., 2000. The loneliness of the university museum curator. *Museum International*, 52 (2): 10-14.

[117] Wheeler, Q.D., 2004. Taxonomic triage and the poverty of phylogeny. *Philosophical Transactions of the Royal Society of London B*, 359: 571-583.

[118] Wheeler, Q.D., P.H. Raven & E.O. Wilson, 2004. Taxonomy: impediment or expedient? *Science*, 303: 285.

[119] Whitfield, J., 2002. Old insects in new order. *Nature,* 417: 29.

[120] Williams, S., 1969. A university museum today. *Curator*, 12: 293-306.

[121] Winker, K., 1996. The crumbling infrastructure of biodiversity: the avian example. *Conservation Biology* 10: 703-707.

[122] Winker, K., B.A. Fall, J.T. Klicka, D.F. Parmelee & H.B. Tordoff, 1991. The importance of avian collections and the need for continued collecting. *Loon,* 63: 238-246.

[123] Zuger, A., 2004. Anatomy lessons, a vanishing rite for young doctors. *New York Times,* 23 March 2004. http://www.nytimes.com/2004/03/23/health/23CADA.html, accessed 23 March 2004.

第六章 讨　　论

所有这些遗产应该被赋予什么意义？为什么？究竟是为什么？怎样赋予？

——P.U.卡尔佐拉里（博洛尼亚大学校长）

我们怎样才能说服大学“博物馆很重要”？大学将如何实现其目标——其中两个目标专注于拓展，一个是将……学生与他们的遗产联系起来？如果对这一遗产的物质证据真的无趣，怎么能实现目标？……只有一本理论书，没有使用收藏，只有语言争议方法……我们每天都有很多来自小学和中学的学生，但没有地方可以带他们去，更不用说普通大众了。

——Y.A.B.

在25个欧盟国家，可能有5000座大学博物馆。虽然很难得到确切数字，但很明显，欧洲大学所拥有的遗产在我们的科学、艺术和文化遗产中占有很大一部分。由于各种原因，这一重要遗产没有得到应有的关注和认可，而且在很大程度上仍然不为公众所知，并且无法触及。

本研究于2000年至2004年进行，由来自10个国家50所大学的236座大学博物馆及其藏品组成。本章总结了主要成果，概述了需要进一步研究的领域，并就大学的文化角色提出了一些结论性意见。

6.1　结论和主要结果

本书的主要目的，是全面了解欧洲大学博物馆及其藏品的现状，从而更好地了解当今大学收藏的作用和意义。资料来源于文献和实地收集的数据。最终得到了三个综合分析：大学收藏历史（第3章）、20世纪文献（第4章）和当代现状（第5章）。

面临的两大主要困难，是大学博物馆及其藏品现状的波动性和多样性。该领域里事件的快节奏，使客观分析变得困难。大学博物馆及其藏品的多样性是势不可挡的，传统的（例如学科的）方法使它们作为一个群体研究起来很难。此外，大多数收藏不是在博物馆中组织的，且机构之间的规模差异也很大，因此在进行概括时，大型和备受瞩目的大学博物馆往往被低估了（Merriman，2002）。

克服大学博物馆及其藏品多样性所带来困难的一种方法，是基于收藏层面的方法，并关注共同特征。本研究的一个重要贡献是发展了大学收藏的类型学，使得他们可以作为一类群体进行研究。该类型学包括四种类型的大学收藏：（1）教学收藏；（2）研究收藏；（3）历史类教学和研究收藏；（4）大学历史的收藏。在全书中，前两种类型被命名为第一代收藏，后两种类型被命名为第二代收藏。就其本身而言，类型学并不新鲜，甚至可以在关于该主题的最早文献中找到——因为它简单直观。然而，它在本研究中得到了规范化和发展。

类型学的主要标准是收集过程：第一代收藏是通过有目的地收集教学和研究的需要，第二代收藏是通过历史积累。该标准是认识论的，因为它反映了两种不同的获取知识的方法——比较法和实验法。并且，对象在探究过程中处于两种不同角色：第一代通过比较得知，第二代通过实验得知。对大学收藏的认识论方法，为本书带来了第二个主要贡献，即进一步反思大学收藏的独特性质。我认为这些是知识史的物质证据，将在下面的结束语中进一步讨论。

认识论方法导致了两个不同的起源，以及由此引起的第一代和第二代大学收藏的不同发展路径。大学博物馆及其藏品的历史，与科学和教育的进步以及大学制度的发展联系更紧密，而不是与一般博物馆的发展（其影响在过去几十年中变得明显）。

第一代大学收藏较古老，其中有记录的有近500年历史。教学收藏最古老，然而，收藏或原始收藏很可能在教学中使用的时间更长。今天，教学收藏仍然在广泛的学科中使用，其作用保持不变：促进解释或比较，阐明一个想法，作为一个例子，或者展示一个原则或一种现象。研究收藏出现在18世纪后期，尽管至少在16世纪后期之前就出现了学习研究收藏。今天，研究收藏继续在最近发展的学科（微生物学、遗传学）和传统学科（动物学、植物学）中汇集。第一代收藏都是动态实体。这种动态性很难理解，而且常被误解。收藏太容易给人留下永恒不变的印象，也许是因为它们在一个更大的系统中固定了单个物品（Hamm，2001）。

尽管收藏在博物馆之前就已经存在，且在许多情况下继续独立于博物馆发展，许多大学收藏仍被纳入博物馆组织。第一批收藏的记录，或多或少被永久地存放在一个单一的地点用于教学——教学“博物馆”——这可以追溯到16世纪末（附属于解剖剧院和植物园）。第一次在一个地方为公众收集藏品的记录，出现于17世纪早期到中期。第一个现代意义上的大学博物馆的记录，来自17世纪末。大学博物馆只有在19世纪才蓬勃发展，部分原因是为了不同科学的发展，部分原因是为了巩固研究作为大学的机构使命。19世纪的科学将收藏置于研究的核心，而与此同时，洪堡模式将研究置于大学的核心——这是第一代博物馆和收藏的黄金时代。

第二代收藏出现在20世纪，尽管它们在此之前也可能存在。因为它们来源于物品的历史积累，一旦收集起来，第二代收藏就应该为子孙后代保存下来。它们不如第一代收藏富有动态性，也较少用作教学和研究的主要来源。

在20世纪，大学博物馆及其藏品的情况变得更加复杂。第二代博物馆成倍增加，但直到20世纪60年代才大量出现。其发展较晚源于四个原因：长期的收集过程，缺乏内部驱动力，大学缺乏容纳历史博物馆的正式结构，以及大学赋予其遗产的庆祝概念。第二代大学博物馆，也从20世纪60年代后博物馆界的全球扩张中，受益匪浅。第二代博物馆只展示历史和艺术收藏，更有可能吸引更广泛的观众。“二战”以后传统观众（学生和研究人员）下降，出现了更多样化的新观众，可能首次促使第一代大学博物馆考虑其公共角色。

在同一时期，大学数量显著增加，世界各地的高等教育系统面临重大改革。从20世纪60年代到今天，大学经历了巨大的变化。今天，它面临巨大的社会和政治压力、身份挑战和经济危机。大学的危机不可避免地导致了大学博物馆及其藏品的不稳定。

大学内部缺乏明确的使命和定位——欧洲大多数大学收藏和博物馆都没有

写入大学章程或战略计划——并且经过至少20年的不稳定、重组、关闭和损失，大学博物馆及其藏品今天面临着历史上最大的挑战。基于考察访问和访谈获得的见解，本书得出了一个主要结论，这些挑战可以分为两种密切相关的类型：身份挑战和认可挑战。身份挑战，包括学术界和博物馆界之间的“鸿沟”，特别是与传统观众和新观众、角色和用途难以结合的有关问题。内部的认可挑战，包括教育和研究的使用、法律和法定框架、地位和管理问题、可持续供资和自治问题。外部的认可挑战，包括提高工作人员的标准和专业资质，以及提高公众可访问性。毫无疑问，一些大学已经采取了积极措施，但一方面，如果没有国家甚至国际层面的协调办法，这些挑战中的许多挑战便过于复杂，甚至不可能克服。它们还需要弄清博物馆和收藏在大学和社会中的作用。要解决后者，最重要的是收藏的意义。

近年来，在欧洲和世界各地，大学博物馆界的行动和协调比以往任何时候都多。最近，文章、政策和宣传文件、专业协会和会议的数量增加，反映了该领域的活力。过去五年，也见证了博物馆界对大学收藏的兴趣越来越大。然而，这种日益增长的兴趣，并没有带来牢固的伙伴关系，以帮助到大学博物馆专业人士或大力倡导大学遗产重要性。对大学博物馆及其藏品的深入研究，也没有伴随着越来越大的兴趣而实现。

6.2 进一步研究

在对大学博物馆及其藏品进行研究之前，研究人员需要获得目前无法获得的基本信息，特别是哪些大学有收藏，以及这些收藏在哪里。在大多数国家，甚至没有简单、可靠的清单。大学需要向科学界提供关于其博物馆和收藏的基本信息，每个国家都有责任调查其大学遗产，并随时更新这些信息。大学博物馆研究，因为这个独特的群体才刚刚起步，还有很多工作要做。本书确定了目前最需要研究的三个主要领域。

第一个领域，涉及对第一代和第二代大学收藏的重组。动荡的局势需要采取后续行动。彻底的评估和案例研究至关重要，特别是涉及教学、研究和公众可及性的影响方面。

第二个领域是治理。从管理到工作人员的形象和职业路径，从博物馆在大学等级制度中的定位到自治。尽管已经对治理影响（Humphrey，1992a、b；Cato，1993、1994；Birney，1994；Genoways，1999）、战略规划和领导（Tirrell，1994、2001、2003）大学博物馆的表现进行了研究，但这仅限于大学自然历史博物馆。需要进行更深入的研究，以涵盖第二代大学博物馆。也需要对第一代和第二代大学博物馆之间、以及大型和小型大学博物馆之间，进行更深入的比较研究。这方面的深入系统调查和比较研究，加上对重组的彻底评估，将提供大量的信息。许多大学仅对博物馆和收藏实施新的管理和治理模式，并未对未来影响进行充分了解。

第三个领域是大学收藏的历史，包括早期的大学收藏和原始收藏。我们需要在高等教育的历史背景下，并与高等教育历史同步地、更多地了解大学收藏的发展。鉴于世界各地的高等教育系统经历了急剧的扩张和改革，20世纪的发展也紧密相关，更好地了解大学博物馆的近期历史，对于理解它们目前的困境最有价值。

此外，直接产生于本书的三组问题，将受益于进一步的研究：类型学、伦理学和大学遗产的概念。

6.2.1 类型学

本书中介绍的大学收藏类型学，需要在许多领域进一步发展。首先，大学历史类收藏只被简要提及。这些大学纪念品或机构历史的收藏——肖像、印章、半身像、庄严和正式的服装——与大学的教学和研究任务没有直接关系。然而，如果得到充分的解释，它们可能属于大学的“第三使命”，即它们的文化角色。与其他大学收藏一起，它们可以对大学在知识和大学遗产历史中的角色，进行综合解释，这当然是值得进一步发展的领域。其次，本书只是简要地考虑了新形式的大学收藏，研究和展示了数学中新型的教学收藏，但是还有大量的新领域（通常是跨学科的）已经汇集了用于教学和研究的收藏。调查最新领域（例如生物物理学、生物技术、分子寄生虫学）与新型教学和研究收藏的发展之间的认识论关系，以及它们与更传统的第一代收藏之间的认识论关系，将是有价值的。反过来，来自物理学、天文学和其他“传统”学科的新型研究和教学收藏——例如来自卫星图像、加速器、新望远镜的数据——也值得进一步研究。

6.2.2 伦理学

在任何职业中，对什么是"道德"的看法，都会随着时间的推移而改变。由于其巨大的动态和变化，伦理学将永远是一个令人兴奋的与大学收藏相关的话题，特别是第一代收藏。伦理学不是本书的核心主题，但撰写过程中出现了与大学收藏维护相关的伦理问题，并收集了现场数据以供将来研究。

与大学收藏有关的伦理问题，可以在两个不同的层面上处理。一方面，它们受到影响所有博物馆的相同问题的影响——包括人类遗骸[①]、自由贸易、物品来源等。另一方面，从基于收藏的教学和研究实践中，产生了更具体的问题，例如收藏的完整性、教学和研究收藏的藏品交换、收藏所有权可疑等。尽管更多研究将对更准确地界定和澄清这些问题是有价值的，这些问题目前已在新的《国际博协道德准则》(ICOM Code of Ethics)(ICOM，2004)中有所涉及。

在实践中情况有所不同，这类问题在一些国家似乎比其他国家更严重。许多大学收藏没有得到任何工作人员的维护，或者仅由简单培训和准备有限的工作人员维护。许多人不熟悉《国际博协道德准则》，甚至根本不了解所涉及的伦理问题。尽管最终由大学行政部门决定，但负责有关收藏的所有问题的责任（包括渎职和忽视）可能没有明确归因。甚至，有些收藏根本不存在于官方记录中。部门、院系和博物馆的连续重组、消亡和更名，包括将收藏从一个建筑物转移到另一个建筑物，而不记录过程或跟踪收藏，这些使得所有权通常难以确定。还有一些问题与个人和机构的收藏之间的重叠有关。简而言之，大学收藏的伦理问题引起了严重关注，值得研究。如果不考虑专业培训和标准以及机构责任，就无法讨论这个话题[②]。

---

① 在大学里，人类遗骸的问题往往更为尖锐。欧洲大学里有成千上万的体质人类学收藏，由于它们很少用于研究，而且一些影响它们的重组正在进行中，许多都引起了严重的担忧。

② 正是在道德和专业标准的背景下，大学收藏之间的差异变得更加明显。基本上有两种类型的大学收藏：(1)由专业人士维护的收藏，(2)那些由经验不足的个人维护的收藏（无论他们的意图多么良好），或者根本没有进行维护。

6.2.3 大学遗产

另一个值得进一步研究的话题，是“大学遗产”或“学术遗产”。该表达的使用越来越多，但确切的含义仍然不清晰。

当应用于大学环境时，“遗产”一词不仅包括博物馆和收藏，还包括纪念碑、天文台、实验室、温室、图书馆和档案馆等。它不仅关乎科学，还关乎艺术、人文和工程。它不仅是有形的遗产，而且是一套独特的“科学和技术发现……被遗忘和‘重塑’”（Van-Praët，2004），与教学和研究相关的精湛技艺和价值观念。它关于学术和学生生活传统，往往深深植根于城镇的日常生活和传统之中，以至于很难分辨出哪个先出现。它是对有关想象中的和学者与学生的跨国社区的认同（Sanz & Bergan，2002）。大学遗产是一个错综复杂的概念，与知识史对欧洲身份的影响直接相关。我们应该做更多的研究，来进一步澄清和发展这个概念。

有两所大学已被列为联合国教科文组织的世界遗产：美国夏洛茨维尔的弗吉尼亚大学（University of Virginia）和西班牙阿尔卡拉德埃纳雷斯大学（University of Alcalá de Henares）。这类定级关乎托马斯·杰斐逊（Thomas Jefferson）和米格尔·德·塞万提斯（Miguel de Cervantes）的遗产，而不关乎上述[①]提出的更广泛和包罗万象的大学遗产概念。

1997年，意大利帕多瓦大学的植物园被列为世界遗产。联合国教科文组织委员会解释道，“将这一遗产列入名下的决定……考虑到帕多瓦植物园是全世界所有植物园的原创，代表了科学的诞生、科学交流以及对自然与文化之间关系的理解。它为许多现代科学学科的发展作出了深远贡献，特别是植物学、医学、化学、生态学和药学。”[②]2005年7月15日，联合国教科文组织将斯特鲁维大地测量弧（Struve Geodetic Arc）列为世界遗产[③]，其中34个标记点之一

① 其他大学，如葡萄牙的埃武拉大学、西班牙的圣地亚哥德孔波斯特拉大学和萨拉曼卡大学，是被联合国教科文组织列为世界遗产的历史城镇中心的一部分。

② 见联合国教科文组织世界遗产名录，http://whc.unesco.org/pg.cfm?cid=31&id_site=824，访问于2004年4月30日。

③ 见联合国教科文组织世界遗产名录，http://whc.unesco.org/en/list/1187，访问于2005年7月22日。另见塔尔图大学新闻稿《斯特鲁夫的大地测量弧》列入联合国教科文组织世界遗产名录，2005年7月20日，http://www.ut.ee/111584，访问于2005年7月22日。

位于爱沙尼亚塔尔图大学天文台（图6.1）。弧线横跨从挪威到黑海的10个国家。它促成了对一长段子午线的第一次精确测量。该调查由天文学家弗里德里希·格奥尔格·威廉·冯·斯特鲁夫（Friedrich Georg Wilhelm von Struve, 1793—1864）在1816年至1855年间进行，他于1813年到1839年在塔尔图大学监督调查。这两处定级，更符合大学对知识进步作出贡献的认知。同样在这些情境中，葡萄牙科英布拉大学正在准备申请世界遗产（已于2013年成功列入世界遗产，译者注）。

图6.1　标记指示塔尔图大学天文台的斯特鲁维大地测量弧

大学的整体遗产对欧洲和世界有何意义？博物馆如何融入这一遗产？收藏如何与这一遗产中的其他有形和无形元素相联系？这些问题肯定会从进一步研究中受益，而以下结束语中提出了一些初步思考。

6.3　结束语:收藏与大学的文化角色

除了“第三使命”之外，欧洲各地的高等教育立法，还将两个主要使命归因于大学——教育和研究。具体措施因国家而异，“第三使命”可能采取公开传播研究（瑞典）、科学传播（荷兰）、对社会发展的贡献（瑞典）、文化（芬兰、爱沙尼亚、法国、葡萄牙、意大利），为人类服务（芬兰）或其他形式的社会角色。例如，《丹麦大学法》（*Danish Act on Universities*）对这三项使命描述如下：

“第2.1条　大学应进行研究，并在大学所涵盖的学科内提供国际最高水平的研究型教育。大学应确保研究和教育之间的平衡关系，定期进行战略选择，优先考虑和发展其涵盖的与研究和教育有关的学科，并传播有关科学方法和科学成果的知识。”（《丹麦大学法》，2003年5月）

《大学宪章》（*Magna Charta Universitatum*）是最近最重要的文件，为未来的欧洲大学奠定了基础，当然，它本身就是一个值得注意的文本。它不仅考虑了第三使命，而且比国家法律更进一步。在其第一个原则中，宪章指出“大学……通过研究和教学来产生、检视、评估和传承文化。”宪章并没有说大学除了教育和研究之外还要提供文化，就好像这三者是相互排斥的存在一样。相反，它体现了教育、研究和文化之间的综合，同时将文化置于大学是什么和做什么的核心。如果从字面上理解，《大学宪章》对大学收藏具有非凡的含义。

现实与《大学宪章》完全不同，第三使命很少被理解或探索。虽然大学经常将历史作为社会和学术合法性的基础，但它们往往低估了自己历史和遗产的重要性。通常，它们只在特别纪念活动期间，通过出版物或展览，调动资源来研究和保护遗产。第二代大学博物馆大多是在这种场合创建的。

“第三使命”通常的实施方式，似乎证实了许多大学对“文化”“社会角色”或“科学传播”的看法有限。大学定期制定“文化”计划，包括为学生和公众提供的各种活动（体育、戏剧、音乐会），从会议到展览、开放日、研讨会、出版物和所谓的电子学习和终身学习的各种服务。无论这些活动在单独考虑时的意图多好，价值多大，总体情况都是碎片式的和不一致的。文化活动和社区服务的发展，几乎完全脱离了教育和研究，仿佛大学一方面是一个科学机构，另一方面又是一个文化中心。大学博物馆及其藏品并不符合这种特殊的“文化”愿景。当为了适应而重组时，它们就会被取代，它们的真正含义就会被歪曲。虽然欧洲大学每年花费相当多的资金来支持“第三使命”，但这不仅仅是资金问题。

大学收藏的长期挑战，主要不在于第一使命和第二使命。收藏与当今的教学和研究相关，可以更多地被使用——这通常是个人主动性的问题。大学收藏的真正长期挑战在于“第三使命”，即如何将收藏融入大学对文化及其文化角色的有限观点中，同时又不损害其独特性？事实上，如何通过收藏拓宽大学对其文化角色的狭隘认知，才是真正的挑战——与之相比，将收藏与教学和研究关联起来却很容易。

大学收藏的意义是什么？所有这些遗产应该被赋予什么意义？找到答案需要微妙的观察方式。尽管每20个法国公民中只有一个知道，但蒙彼利埃第一大学医学院的阿特格博物馆，的确是法国第二大绘画收藏，仅次于卢浮宫。它不仅保存了提埃波罗、卡拉瓦乔和弗拉戈纳尔的杰出绘画收藏（图6.2）。当让-弗朗索瓦·阿特格在19世纪初捐赠这个收藏时，目的很明确：这些图纸的目标用于研究人相学和人体（Lorblanchet，2002）。该收藏展示出惊人的连贯性：它有关于人脸、四肢、身体——包括所有可能的表情和位置。几十年来，医学院的学生使用、研究这些图纸。这就是阿特格博物馆如此特别的原因，因其与20米外的植物园以及向北近1000公里的乌得勒支大学的解剖石蜡模型收藏紧密相连。这些出自提埃波罗和弗拉戈纳尔的画作，只会使该收藏更具价值[①]。

图6.2　吉安巴蒂斯塔·提埃波罗（Giambattista Tiepolo，1696—1770）的《老人和年轻人》

（经BIU de Montpellier授权，Atelier拍摄）

① 这并非偶然。阿特格博物馆馆长海伦·洛布兰切特解释说：“……因此，学生可以考虑将解剖学兴趣与艺术家品质相结合的人体表现”（Lorblanchet，2002）。

时间流逝，用途迁移，记忆丢失。今天，阿特格博物馆是医学院的艺术收藏——被艺术界低估，因为它在大学里；也被大学低估，因为它是艺术。它的确是一个艺术博物馆，但它也远不止于此——只有当我们了解它的历史并让绘画讲述他们真实故事时，它的真正含义才会闪耀出全部的光彩。

1920年代早期，博洛尼亚大学天文学教授圭多·阿图罗角（Guido Horn-d' Arturo）正在研究星云在天空中的分布、银河系的形状与星云的真实性质之间的关系（Clercq & Lourenço，2002）。据推测，在他一旁的是1888年的《新星云和星团总目录》（*New General Catalogue of Nebulae and Clusters of Stars*），他抓住了一个1792年的卡西尼天球仪，在一些五彩纸屑上写下了星云的星表编号，并将它们粘在天球上（图6.3）。事实上，那个天球仪已有近150年的历史，因此可以说他并没在意“历史”——他黏合了五彩纸屑，因为他正在研究星云的分布，这就是人们正常研究星云分布的方式。阿图罗角仅仅是用新的观测结果“更新”了旧球体。幸运的是，这块五彩纸屑仍然装饰在博洛尼亚大学拉斯佩科拉博物馆（Museo La Specola）的卡西尼天球仪上（Baicada等人，1995）。

图6.3　G.M.卡西尼（罗马，1792年，档案号.MdS-69）的天球仪

研究人员和教师使用实物和收藏作为工具，来理解和解释我们生活的世界。更多的时候，实物带有这种所追求的有形标记。研究和教学的过程和技巧，通过大学收藏得到巩固和具化。

记录、研究和解释大学收藏只作为历史或艺术遗产，或仅仅是科学、医学、药学或艺术史中的文件，这是可能的，但这还不够好。说阿特格博物馆是一个艺术博物馆，尽管它的确是，而且是一个宏伟的艺术博物馆，但这还不够好。将20世纪早期的温度计，从数十年的多次实验使用中分离出来，并说它记录了温度概念的演变，尽管它确实如此，但这还不够好。说人类与蘑菇的关系，比与菠菜的关系更密切，尽管它们的确如此，但这还不够好。仅仅展示、解释提取的结果和升华的想法，是不够好的。就好像想法是核心，而收藏在那儿仅仅是为了说明它们。这是可以做到的，但一方面，其他博物馆已经很长时间都这样做了，它们有更好的"例子"来说明思想进化。另一方面，这相当于将大学收藏从一个漫长且有意义的认识论过程链中分离出来——这并不是收藏必须讲述的真实故事[①]。

今天的博物馆界是一个拥挤的领域。有各种规模的博物馆，涵盖了从艺术到科学、从马鞋到亚麻布的历史、从无线电博物馆到农场博物馆所有可能的主题。新的博物馆正在创建，现有的博物馆也越来越大。

大学博物馆需要暂时退后一步，思考它们能提供什么，从而使自身变得独特和有价值。大学收藏可以唤起研究人员在寻求知识过程中所经历的各种回忆，那些渐进的、缓慢的、艰难的、坚定的、持久的、直觉的、耐心的、反复试验的、错误驱动的、错误的、"去修复光谱仪的某一部分，然后再试一次的"和枯燥的过程。直到今天，技术仍在进化，收藏呈现出不同的形式并获得新的藏品，但过程本质上是相同的：质疑、比较、学习、实验、拒绝、重新实验、分享结果和想法、创新、创造性思维。科学就如同人文和艺术。

几个世纪以来，像卡西尼这样的球体，像蒂波罗这样的绘画，加上惠更斯的镜头、牛津的星盘、无数保存鸟皮的抽屉和保存胫骨头骨的盒子，年轻艺术家创作的凸显个人艺术风格的绘画，在凝聚态物理实验室中使用的、从身边的废弃物中救回的平淡无奇的设备，已经辨认不出的拼修仪器，用于比较艺术教学的希腊圆柱和阿芙洛狄特的铸造复制品，在互联网发明之前很久就用于教授拓扑和表面理论的不美观的木材和石膏模型——这些收藏都有助于了解我们的

① 讲述过程不是一件容易的事情。其他博物馆和科学中心也尝试过，但大多数都失败了——通过收藏讲述思想更简单。

宇宙、我们生活的世界和我们自己。因为，它们中的许多正用于当前的研究与教学或将用于未来的研究与教学，将继续为提升我们的认知作出贡献。过去、现在和未来知识之间的这种关联，是大学收藏的基石，在向公众解释时不应被遗忘或低估。

大学通过收藏来讲述知识的故事——知识是如何创造的，以及它是如何一代一代传承的。大学收藏是真实的、有形的，展现无形的过去、现在和未来的知识。初看，这似乎难以承受，但实际上这是一种解放——它开启无限新的可能。

我们今天所知的大学的核心理念，始于中世纪的欧洲。在九百年的历史中，大学经历了战争、掠夺、革命、主权变更、瘟疫以及政治和社会动荡。自宗教改革以来，直到今天全世界只有66个机构无中断地幸存下来：天主教会、新教会、冰岛和马恩岛议会，以及62所大学（Rüegg，2002）。大学的寿命及其在高度复杂社会中的角色，之前已经讨论过（Ridder-Symoens，2002；Rüegg，2002）。这是大学长期成功的原因之一，也帮助它们有能力在不断变化的过程中适应政治、经济和社会环境，同时保持其结构特征和社会角色的普遍本质。然而，大学长期成功的主要原因，可能是社会相信它的重要性。大学是什么、做什么、代表什么，与来自世界各地人们的理想、梦想和希望产生共鸣。无论是在丹麦、肯尼亚、印度还是菲律宾，大学都被视为那个充满知识的地方，并且像九百年前一样，继续捕捉人类奇妙的想象力世界。

这些理想是否部分具有象征意义，并不重要。即使今天的大学不是纽曼式的[①]和洪堡式的，也没关系。世界各地的公民继续信任和尊重大学，赋予它们非正统的权利，而没有任何其他机构能做到这点，还期望它们取得巨大成就，期望它们通过知识进程在社会进步中发挥重要作用。这是大学留给世界最重要的遗产。它们的文化和社会角色，它们的“第三使命”，就是向社会解释这一遗产。大学必须以有形的和有意义的方式做到这一点，而唯一的且最重要的资源，就是收藏。

① 约翰·亨利·纽曼（John Henry Newman，1801—1890），都柏林天主教大学校长。在一个题为“大学的理念 The idea of a university”（1854年）的著名演讲中，纽曼支持保护所有的知识和科学、事实和原则、调查和发现、实验和推测。

参考文献

[1] Baiada, E., F. Bonolì & A. Braccesi, 1995. *Museo della Specola*. Bologna University Press.

[2] Birney, E.C., 1994. Collegiate priorities and natural history museums. *Curator*, 37: 99-107.

[3] Cato, P.S., 1993. The effect of governance structure on the characteristics of a sample of natural history-oriented museums. *Museum Management and Curatorship* 12: 73-90.

[4] Cato, P.S., 1994. Variation in operational definitions of natural history in a sample of natural history-oriented museums. *Museum Management and Curatorship* 13: 251-263.

[5] Clercq, S.W.G. de & M.C. Lourenço, 2003. A globe is just another tool: understanding the role of objects in university collections. *ICOM Study Series,* 11: 4-6.

[6] Genoways, H.H., 1999. Challenges for directors of university natural history museums. *Curator*, 42: 216-230.

[7] Hamm, E.P., 2001. Unpacking Goethe's collections: the public and the private in natural- history collecting. *British Journal of the History of Science,* 34: 275-300.

[8] Humphrey, P.S., 1992a. University natural history museums systems. *Curator,* 35: 49-70.

[9] Humphrey, P.S., 1992b. More on university natural history museums systems. *Curator*, 35: 174-179.

[10] International Council of Museums, 2004. *Code of ethics for museums*. Adopted at the 15th General Assembly, Buenos Aires, 4 November 1986, amended in 2001, and revised, Seoul, October 2004. (see http://icom.museum/ethics.html, accessed 24 April 2005).

[11] Lorblanchet, H., 2002. Le Musée Atger. In: E. Cuénant (ed.), *Médecine, art et histoire à Montpellier*, pp. 51-77. Sauramps Médical, Montpellier.

[12] Merriman, N., 2002. The current state of higher education museums, galleries and collections in the UK. *Museologia,* 2: 71-80.

[13] Ridder-Symoens, H. de, 2002. The intellectual heritage of ancient universities in Europe. In N. Sanz & S. Bergan (eds.). *The heritage of European universities,* pp. 77-87. Council of Europe Publishing, Strasbourg.

[14] Rüegg, W., 2002. The Europe of universities: Their tradition, function of bridging across Europe, liberal modernisation. In N. Sanz & S. Bergan (eds.). *The heritage of European universities,* pp. 39-48. Council of Europe Publishing, Strasbourg.

[15] Tirrell, P.B., 1994. Memote control: strategic planning for museums. *ACUMG Newsletter*, 1 (4): 2-9.

[16] Tirrell, P.B., 2001. Strategic planning and action for success in a university museum of natural history. In: M. Kelly (ed.), *Managing university museums: education and skills*, pp. 105-118. OECD, Paris.

[17] Tirrell, P.B., 2003. Looking for a superhero: a discussion of the qualities, training and experience needed to be a university museum director. *Museologia*, 3: 55-64.

[18] Van-Praët, M., 2004. Heritage and scientific culture: The intangible in science museums in France. *Museum International,* 56 (1-2): 113-121.

附　　录

图片列表

续表

续表

续表

续表

注:除非另外表述,照片都由本书作者拍摄。所有其他照片,都已获得了拍摄者和机构的授权。

表格列表

缩写词列表

缩写词	全称	中文
AAM	American Association of Museums (USA)	美国博物馆联盟
AMNH	American Museum of Natural History (USA)	美国自然历史博物馆
ANMS	Associazione Nazionale Musei Scientifici (Italy)	国家科学博物馆联盟
ACUMG	Association of College and University Museums and Galleries (USA)	大学博物馆与艺术馆联盟
AHRC	Arts and Humanities Research Council (UK)	艺术与人文研究委员会
AMCUE	Associación de Museos y Colecciones Universitarios Españoles (Spain)	西班牙大学博物馆与收藏联盟
ASTUT	Archivio Scientifico e Tecnologico (Italy)	科技档案馆
CAUMAC	Council of Australian University Museums and Collections (Australia)	澳大利亚大学博物馆与收藏委员会
CCSTI	Centres de culture scientifique, technique et industrielle (France)	文化科学与工业技术中心
CIMAM	International Committee for Museums and Collections of Modern Art (ICOM)	现代艺术博物馆与收藏国际委员会
CIMCIM	International Committee for Museums & Collections of Musical Instruments (ICOM)	乐器博物馆与收藏国际委员会
CIMUSET	International Committee for Museums & Collections of Science and Technology (ICOM)	科技博物馆与收藏国际委员会
CNAM	Conservatoire National des Arts et Métiers (France)	国立工艺与技术大学
CDESR	Steering Committee for Higher Education and Research (Council of Europe)	高等教育与研究指导委员会
CDHT	Centre d’Histoire des Techniques (CNAM, France)	技术历史中心

续表

缩写词	全称	中文
CDPAT	Steering Committee for Cultural Heritage (Council of Europe)	文化遗产指导委员会
CFAT	Carnegie Foundation for the Advancement of Teaching (USA)	卡耐基教学促进基金会
CNR	Consiglio Nazionale delle Ricerche (Italy)	国家研究委员会
CNRS	Centre National de Recherche Scientifique (France)	国家科学研究中心
CPU	Conférence des Présidents d' Université (France)	大学校长会议
CoE	Council of Europe	欧洲委员会
CRUI	Conferenza dei Rettori delle Università Italiane (Italy)	意大利大学校长会议
DRAC	Direction Régionale de l' Action Culturelle (France)	区域文化行动局
EC	European Commission	欧盟委员会
ECSITE	European Collaborative for Science, Industry & Technology Exhibitions	欧洲科学、工业与技术展览合作组织
EHEA	European Higher Education Area	欧洲高等教育区域
EU	European Union	欧洲联盟
GATS	General Agreement on Trades in Services (WTO)	服务贸易总协定
ICOFOM	International Committee for Museology (ICOM)	博物馆学国际委员会
ICOM	International Council of Museums	国际博物馆协会
IPM	Instituto Português de Museus (Portugal)	葡萄牙博物馆机构
HEI	Higher Education Institution	高等教育机构
HEMCGs	Higher Education Museums, Galleries and Collections	高等教育博物馆、艺术馆与收藏
KAUM	Korean Association of University Museums	韩国大学博物馆联盟

续表

缩写词	全称	中文
LOCUC	Landelijk Overleg Contactfunctionarissen Universitaire Collecties (NL)	大学收藏国家咨询联络人
MA	Museums Association (UK)	博物馆联盟
NATHIST	International Committee for Museums and Collections of Natural History	自然历史博物馆与收藏国际委员会
NH-NL	Nationaal Herbarium Nederland (NL)	荷兰国家植物馆
OCIM	Office de Coopération et d' Information Muséographiques (France)	博物馆学合作与信息办公室
OECD	Organisation for Economic Cooperation and Development	经济合作与发展组织
R&D	Research & Development	研究与发展
RCSE	Royal College of Surgeons of England (UK)	英国皇家外科医学院
SAE	Stichting Academisch Erfgoed (NL)	学术传统基金会
SIC	Scientific Instrument Commission	科学仪器委员会
TEI	Tertiary Education Institution	高等教育机构
ULB	Université Libre de Bruxelles (Belgium)	布鲁塞尔自由大学
UMAC	University Museums and Collections (ICOM)	大学博物馆与藏品委员会
UMG	University Museums Group (UK)	大学博物馆小组
UMIS	University Museums in Scotland (UK)	苏格兰大学博物馆
UvA	Universiteit van Amsterdam (NL)	阿姆斯特丹大学
WTO	World Trade Organisation	世界贸易组织

致　谢

本书受益于世界各地众多友人的帮助、兴趣和支持。若在下列名单中无意间忽略，我表示真诚的歉意，并敬请谅解。

首先，我深深感激里斯本大学科学博物馆的创始馆长Fernando Bragança Gil，他也是我这项研究最初几个月的导师。如果没有他带领我进入博物馆世界，如果没有我们之间跨越七年鼓舞人心的谈话，这项研究无法完成。我最感激Luisa Corte- Real，感激这些年来她的包容和不断鼓励。我也特别感谢，分管里斯本大学博物馆群的前任专业校长Fernando Costa Parente，他帮助我开拓眼界，认识到大学博物馆及其藏品当下面临的严峻挑战。

此外，我最好的导师，Dominique Ferriot和Steven de Clerq，向两位致以由衷的感激。他们对该领域起源和发展的贡献，无论是在知识洞察和评论方面，还是在灵感和鼓励方面，都至关重要。

感谢André Guillerme，Pietro Corsi和Michel Van Praët，感谢你们接受成为评判委员会的成员，也感谢你们对该研究的兴趣和支持。特别感谢André，感谢你为本论文提供的支持，使其得以以英文提交。

感激里斯本大学校长José Manuel Barata，允许我有时间来完成这项研究。感谢里斯本大学科学博物馆馆长Fernanda Madalena Costa的鼓励。也感谢里斯本Gulbenkian Foundation基金会，尤其是Manuel da Costa Cabral，提供了不可缺少的资助，足以支持我走访整个欧洲的大学博物馆及其藏品。我也向葡萄牙科技基金会（Portuguese Foundation for Science and Technology）致以谢意，你们提供的旅行资助帮助我参加了澳大利亚和美国的会议。

感谢300位知识渊博、兢兢业业的学者，如果没有他们的慷慨与兴趣，以及他们在过去四年接受的访谈，我将一无所获。与他们中每一位会面我都感到很荣幸，所有人都值得单独感谢。

我也感谢UMAC，ICOM的大学博物馆与收藏的国际委员会。尤其是它的第一任主席Peter Stanbury（2001—2004），他因为兴趣对本研究投入了陪伴和贡献。还感谢UMAC的第一届理事会，Steven Clerq，Sue-Anne Wallace和Peny Theologi-Gouti。UMAC会议为分享观点和经验，以便向全世界大学博物馆专家学习，提供了很好的机会。

因为本研究涉及到多个领域的专业知识，许多国家、许多人引导我了解不同的收藏和不同的国家，提供联系或者对部分文本进行了评论。我特别感谢Silke Ackermann, João Alves, Kate Arnold-Foster, Tristram Besterman, Olivia C. Bina, Paolo Brenni, Cristina Cilli, Pietro Corsi, Eszter Fontana, Giacomo Giacobini, Kees Hazevoet, Aldona Jonaitis, Paul Lambers, Michele Lanzinger, Reet Mägi, Mara Miniati, Ing-Marie Munktell, Bernice Murphy, David Pantalony, Alan Saville, Sébastien Soubiran, Peter Stanbury, Liba Taub, Peter Tirrell, Michel Van Praët, Sue-Anne Wallace, Cornelia Weber和Patrice Wegener。

其他必须提到的机构和组织是，欧洲委员会（CE）、欧洲大学联盟（EUA）、大学国际联盟（LAU/UNESCO）、国际博物馆协会（ICOM）、欧洲大学遗产学会（Universeum）、葡萄牙国家统计局（INE）、意大利全国科学博物馆协会（ANMS）、瑞典高等教育联盟（SUHF）、比利时佛兰芒大学校际委员会、美国博物馆联盟（AAM）、瑞士大学校长会议（CRUS）、意大利大学校长会议（CRUI），葡萄牙大学校长会议（CRUP），尤其是它的前任主席Virgílio Meira Soares。

我还要感谢，为我带来鼓舞的谈话、洞察的评论、翔实的资料、为我提供慷慨帮助的所有人。

感谢里斯本大学科学博物馆的同事们对我的鼓励和支持。由衷感谢Alexandre Cabral，João Pequenão和Martin Stricker，他们在计算机技术方面给予了我耐心支持。我想向图书馆管理员们表达感激之情，工艺美术博物馆文献中心（Centre de Documentation du Musée des Arts et Métiers），尤其是大英博物馆中心图书馆的Isabelle Taillebourg，Ben Taplin和Joanna Bowring，和里斯本大学科学博物馆图书馆的Fernanda Balau。

我也希望鼓励正在进行大学博物馆及其藏品研究的博士生们，也很感谢与

他们日常交流的收获，他们包括圣安德鲁大学的Helen Rawson and Zenobia R. Kozak，莱斯特大学的Barbara Rothermel和Wahiza Abdul Wahid，开罗大学的Placide Mumbembele，阿姆斯特丹大学的Thijs van Excel，和凯迪夫威尔士理工大学的Yaqoub S. Al-Busaidi.

最后，我把最热烈的感谢给予我的家庭和最亲密的朋友，感谢他们的支持，尤其是我亲爱的Keesje持续地鼓励和一丝不苟的编辑。

致谢受访者

我非常感激接受采访和提供大学博物馆与收藏信息的许多人，也非常感谢授权我进行拍摄，和在那段时间建立联系的同事们。